海岛旅游的可持续前景

(澳)杰克·卡尔森　(英)理查德·巴特勒　编著
吴姗姗等　译

海洋出版社
2015年·北京

图书在版编目(CIP)数据

海岛旅游的可持续前景/(澳)卡尔森(Carlsen,J.),(英)巴特勒(Butler,R.)著;吴姗姗等译. —北京:海洋出版社,2015.3

书名原文:Island tourism:sustainable perspectives

ISBN 978-7-5027-9120-9

Ⅰ.①海… Ⅱ.①卡… ②巴… ③吴… Ⅲ.①岛-旅游业发展-可持续性发展-研究 Ⅳ.①F590.3

中国版本图书馆CIP数据核字(2015)第061589号

图字:01-2013-5879

责任编辑:苏 勤 杨传霞

责任印制:赵麟苏

海洋出版社 出版发行

http://www.oceanpress.com.cn

北京市海淀区大慧寺路8号 邮编:100081

北京旺都印务有限公司印刷 新华书店发行所经销

2015年3月第1版 2015年3月北京第1次印刷

开本:787mm×1092mm 1/16 印张:15.5

字数:320千字 定价:86.00元

发行部:62132549 邮购部:68038093 总编室:62114335

海洋版图书印、装错误可随时退换

翻译人员名单

吴姗姗　张凤成　张盼盼　曹　东
李晓冬　方春洪　刘　亮　王智能
刘治帅　王　双

译者序

20 世纪 70 年代以来,世界范围内海岛旅游获得了快速发展。太平洋海域、加勒比海区域、地中海区域以及西欧部分地区逐步成为海岛旅游集中区域。我国海域辽阔,海岛众多。由于海岛得天独厚的自然环境、丰富多彩的自然景观与人文景观以及独特的资源组合,使其具有发展旅游业的独特优势。近年来,我国各海岛地区纷纷提出要大力发展海岛旅游,部分海岛地区已经成为全国知名的旅游目的地。随着海岛旅游的快速发展,海岛资源和生态破坏、环境污染严重、地方文化受到冲击等问题逐渐凸显,可持续发展旅游逐渐成为海岛旅游发展的重要选择。

《海岛旅游的可持续前景》一书从海岛旅游的生态可持续、社会可持续、经济可持续三个方面的前景进行了研究,并列举了多个案例,包括大西洋和南大洋的冷水岛屿以及更受欢迎的地中海、加勒比海、太平洋和印度洋中较温暖的岛屿。"他山之石,可以攻玉。"本书的研究成果可为我国海岛旅游发展与管理提供借鉴和指导。

由于时间和水平有限,疏漏和不足之处,希望得到专家、学者及广大读者的批评指教。

译者

2014 年 10 月于天津

编著者

汤姆·鲍姆(Tom Baum):教授,任教于苏格兰格拉斯哥斯特拉斯克莱德大学、斯特拉斯克莱德商学院国际旅游与酒店管理专业。鲍姆教授在阿伯里斯特威斯威尔士大学获得第一学位和硕士学位,在斯特拉斯克莱德大学获得旅游劳动力市场专业博士学位。他发表了大量关于旅游的文章,撰写了7部书,还发表了150余篇学术论文。鲍姆教授在小岛屿发展及其在旅游发展中的作用方面进行了大量研究,并撰写出版了相关著作。

苏珊·贝肯(Susanne Becken):博士,新西兰林肯大学副教授,目前在该校主持两个政府资助型研究项目——"旅游业与石油"和"旅游行业应对气候变化的准备"。贝肯博士现为《可持续旅游杂志》、《国际旅游评论》和《旅游、休闲及大型活动政策研究》杂志的编委,她同时还担任着《旅游研究纪事》的资源采集编辑。她与海伊教授合著了有关旅游与气候变化的书籍,还参与编写了第四届IPCC(政府间气候变化专业委员会)评估报告。

理查德·巴特勒(Richard Butler):教授,苏格兰格拉斯哥斯特拉斯克莱德大学商学院名誉教授。理查德·巴特勒不仅在很多旅游期刊上发表文章,编写了15部有关旅游的书籍,还承担并参与了一些书籍章节的编写。巴特勒教授关注的主要领域是旅游目的地发展历程和旅游业的后续影响、承载能力及可持续发展,以及偏远地区和海岛旅游等。他是国际旅游研究学院的创始成员和前主席。

杰克·卡尔森(Jack Carlsen):教授,西澳大利亚科廷大学可持续旅游专业教授,西澳大利亚科廷可持续旅游中心创始人、联席主席。卡尔森教授积累了丰富的研究经验(曾发表过200多篇学术成果),内容涉及旅游规划、市场、开发和评估等多个主题。目前,他主持并领导着可持续旅游合作研究中心的可持续企业研究计划,由其率领的专业团队还编制了2007—2011年马尔代夫第三届旅游发展总体规划。卡尔森教授的其他著作有《旅游及酒店业的家族企业》(CAB国际,2004年)、《全球葡萄酒旅游研究》、《管理与市场营销》(CAB国际,2006年)和《可持续旅游的创新》(古德费洛出版社,出版中)。

约翰尼·库曼星(Johnny Coomansingh):博士,出生于特立尼达,在特立尼达和多巴哥的大桑格雷镇长大,就学于堪萨斯州立大学、堪萨斯州的富特海斯州立大学和密歇根州的安德鲁斯大学。在堪萨斯州立大学,他获得了地理学硕士和博士学位,尔后,在北达科他州迈诺特州立大学任职,担任地理专业助教。在迈诺特立大学工作之前,他曾担任过密苏里州立大学旅游与地理课程的讲师。他的研究领域包括神圣的且有争议的景点、加勒比文化、节庆活动与旅游,以及全球非裔—印度裔之冲突等。

马尔科姆·库珀(Malcolm Cooper):博士,日本别府市立命馆亚洲太平洋大学旅游管理专业科研副主席、教授。库珀博士是旅游管理与开发、环境规划、水资源管理与环境法方面的专家,他在上述领域发表了大量著作。他曾在澳大利亚阿德莱德、新英格兰、南昆士兰的大学、新西兰国立怀阿里奇理工学院工作过,他还曾为澳大利亚联邦、州和地方政府组织过环境规划和旅游政策方面的会议。此外,他还曾担任过私人顾问以及中国政府和越南政府的顾问。

格伦·克罗伊(Glen Croy):博士,澳大利亚维多利亚市莫纳什大学高级讲师,旅游研究组成员。克罗伊博士教学的研究领域是旅游业。他研究的特殊领域是媒体在旅游业和旅游教育中的作用。克罗伊博士对自然保护区旅游业也抱有相当强烈的研究兴趣。他在新西兰奥塔哥大学获得了旅游专业博士学位,研究课题是电影在旅游目的地决策中的作用,他还是国际旅游与传媒(ITAM)会议的召集人。

帕特丽夏·艾尔福特-库珀(Patricia Erfurt-Cooper):博士,日本别府市立命馆亚洲太平洋大学旅游专业讲师,曾独立编撰或与他人合著过许多旅游和环境规划领域的书籍、文章。她的研究领域是火山环境下的风险管理及人类可利用的地热资源。

斯蒂芬·埃斯皮纳(Stephen Espiner):博士,新西兰林肯大学公园、娱乐与旅游专业的高级讲师。埃斯皮纳博士的研究领域主要针对自然保护区管理中的人为因素,特别是自然资源休闲娱乐与旅游和游客管理问题,这其中包括娱乐价值冲突、社会影响、风险认知、针对游客的沟通和干涉行为。

约翰·海伊(John E. Hay):教授,曾在学术界、私营部门和政府机构供职,拥有35年的研究经验。他的著作一直专注于将一种跨学科研究方法引入环境科学、技术和政策的相关评估中,尤其是在气候变化方面。作为政府间气候变化专业委员会(IPCC)的主要成员,海伊教授曾获得2007年诺贝尔和平奖,同时获奖的还有IPCC的阿尔·戈尔。海伊教授还是日本茨城大学的客座教授,并在新西兰林肯大学和南太平洋大学(一所区域性大学)任兼职教授。

兰吉特·伊哈拉纳雅克(Ranjith Ihalanayake):博士,澳大利亚维多利亚大学经济与金融学院的讲师。他的研究领域包括应用计量经济学、旅游税收与旅游业CGE(可计算一般均衡)建模、旅游影响研究和发展中国家的旅游业,具体参考国家为斯里兰卡。他于2008年在澳大利亚维多利亚州墨尔本获得第九届国际商务研究大会最佳论文奖(经济学),还曾入围由UniJobs主办的2008年全国年度讲师大赛决赛,还曾被提名为维多利亚大学十佳讲师之一。

法蒂拉·伊斯梅尔(Fathilah Ismail):博士,2009年获得澳大利亚墨尔本维多利亚大学博士学位。目前,她在马来西亚丁加奴大学任教。她的研究领域包括海岛旅游、旅游影响、旅游业跨文化之研究、旅游业的可持续性及承载能力。她目前的研究工作和著作主要集中在与海岛旅游相关的各类问题上,特别是针对马来西亚的研究。其中包括旅游影响认知、旅游期望、游客满意度和目的地特性等研究。

朱莉娅·贾博尔(Julia Jabour):博士,在澳大利亚塔斯马尼亚大学从事有关南极法律和政策的研究、写作及讲学近20年。先后5次对南极洲进行实地考察,两次作为澳大利亚代表团成员参加南极条约磋商会议。贾博尔博士还获得有文学学士学位,主修政治、哲学和社会学,获得了南极洲与南大洋研究专业的研究生文凭(荣誉)。贾博尔博士的博士研究方向是全球环境相互依存对策中北极与南极主权性质的变化。贾博尔博士的研究领域涉猎宽泛,其中包括南极旅游、国际法、环境法、濒危物种保护、国际海洋管理与科学道德。

嘉数藤原浩(Hiroshi Kakazu):博士,出生于冲绳本岛,目前任日本冲绳名樱大学董事会主席一职。嘉数藤原浩博士于1971年获得内布拉斯加大学经济学博士学位。从那时起,他开始在夏威夷檀香山东西方中心担任英国伦敦经济学院客座研究员。他不仅是一名富布赖特高级研究员,还在夏威夷大学和菲律宾大学(日本基金会)担任客座教授。同时,他还是国际小岛屿研究学会(ISISA)的联合创始人、国际岛屿发展科学理事会(UNESCO - INSULA)副主席、日本岛屿研究学会名誉会长。他曾在政府部门任过职,其中包括冲绳发展促进会,现职为该会的副董事长。岛屿研究是其毕生追求的事业。

布赖恩·金(Brian King):教授,澳大利亚维多利亚大学旅游管理专业的教授,代理副校长(工业和社区)。布赖恩·金教授的研究领域包括发展中国家和微型岛国旅游业规划、度假区运营及市场营销、旅游教育和人力资源开发、亚洲新兴市场旅游业及旅游/移民之间的联系等。他撰写过多部有关岛屿度假区、旅游营销和亚太地区旅游业的著作。他还创办了《旅游、文化与交流》杂志,现任该杂志的联合主编。布赖恩·金教授还担任着国际认证机构——国际旅游与酒店业卓越教育中心(THE - ICE)主席一职,同时还担任着意大利撒丁岛艾伦大学的客座教授。

吉滕德兰·柯柯尼考(Jithendran Kokkranikal):博士,英国伦敦格林威治大学商学院市场营销、活动和旅游专业高级讲师。柯柯尼考博士的研究领域集中在旅游与发展方面,特别侧重于旅游业的创业、社区网络和人力资源等领域。目前,柯柯尼考博士正在研究权力下放后的旅游规划、发展中国家旅游业中社区网络的作用,研究重点区域是南亚。他还对健康旅游的质量及其社会问题的研究很感兴趣。

珍妮·利伯德(Janne J. Liburd):博士,南丹麦大学旅游、创新和文化中心主任、副教授。她是一位人类文化学家,其研究领域是旅游业的可持续发展。利伯德博士发表的著作涵盖国家公园开发、文物旅游、开放式创新和Web 2.0、旅游教育、旅游危机通信、非政府组织(NGO)和问责制等方面。利伯德博士还对旅游从业者及旅游教育人员能力的培养进行了大量研究。她现任BEST教育网络主席,是旅游教育未来学会指导委员会成员。

桂·洛曼(Gui Lohmann):博士,澳大利亚悉尼南十字星大学(SCU)旅游及酒店管理学院交通和旅游专业讲师。此前,他曾在夏威夷大学马诺阿分校旅游产业管理(TIM)学院任教。罗曼博士的研究和教授内容涉及旅游与交通关系等诸多方面。除澳大利亚和美国之外，他还在其他国家从事过研究工作，如巴西、阿联酋、新西兰和新加坡等。

布兰特·莫伊尔（Brent Moyle）：博士，在澳大利亚维多利亚州莫纳什大学完成了博士课题研究。莫伊尔博士的研究重点是主客间的相互作用及其对岛屿可持续旅游的影响。他还获得商务学士学位，主修专业为管理与旅游。他的研究主要集中在自然及保护区游客满意度方面，他的研究领域主要包括主客间的相互作用、岛屿可持续发展、自然及保护区、战略规划与目的地管理。莫伊尔博士现任莫纳什大学旅游研究小组研究员，同时还是澳大利亚昆士兰大学旅游学院研究员。

大卫·阮玉（David Ngoc Nguyen）：夏威夷大学马诺阿分校地理系的研究生，夏威夷檀香山东西方中心的员工，专门从事亚太地区运输与经济地理学相关研究。他已经进行了日本群岛、夏威夷群岛、南太平洋岛屿交通的有关研究。

吉里什·普拉亚格（Girish Prayag）：博士，现为法国商科联盟国际商学院市场营销系助理教授。在此之前，普拉亚格博士曾担任过毛里求斯大学讲师，是新西兰怀卡托管理学院的博士生。他的研究领域是目的地管理、航空公司市场营销、消费者行为与可持续旅游业。他的著作曾发表在多家期刊杂志上，如《国际品质与可靠性管理期刊》、《旅游分析》、《旅游业的现存问题》和《旅游市场营销杂志》。普拉亚格博士最感兴趣的是与岛屿目的地有关的营销问题。

乔瓦尼·鲁杰里主席（President Giovanni Ruggieri）：意大利巴勒莫大学旅游经济学讲师，欧洲岛屿旅游观察协会（OTIE）主席。他的研究领域是创新与旅游业、旅游经济及其影响、海岛旅游开发和可持续性，以及旅游与贫困。他的主要著作是关于邮轮旅游对地中海岛屿经济的影响[《世界旅游杂志》（World Journal of Tourism，2009）]、旅游业对利帕里群岛私人住宅的经济影响[《旅游地产和开发：成功策略和工具》（Real Estate and Development in Tourism：Successful Strategies and Instruments），埃里希·施密特出版社（Erich Schmidt Verlag，2008）]，以及意大利小型岛屿上官方和隐藏旅游业的消费行为（Adas de las Jornadas de Economia del Turismo，2006）。

贝蒂·韦勒（Betty Weiler）：教授，澳大利亚维多利亚莫纳什大学教授，其领导的研究团队专门从事游客服务和旅游体验管理方面的研究。韦勒教授的履历包括加拿大不列颠哥伦比亚省维多利亚大学博士学位、加拿大萨斯喀彻温省滑铁卢大学规划专业硕士学位。韦勒教授的著作被广泛发表，特别是他的有关游客沟通与生态旅游等领域的著作。韦勒教授采用合作式研究方法，与公园管理机构、旅游景点和行业协会进行合作。她研究或参与研究的项目领域包括：自然与文物旅游景点和导游、口译、有说服力的沟通、旅游保护区合作和健康旅游等。

希瑟·泽佩尔（Heather Zeppel）：博士，澳大利亚昆士兰州凯恩斯市詹姆斯库克大学旅游专业高级讲师。泽佩尔博士讲授的课程包括：旅游与环境、澳大利亚生态旅游、旅游业分析和发展中国家旅游业问题等。她的研究领域包括土著旅游、生态旅游、野生动物旅游、环境解释和可持续性。泽佩尔博士博士学位的研究课题是婆罗洲的伊班族长屋旅游，她还是《土著生态旅游：可持续发展与管理》（CAB 国际，2006）一书的作者。2010 年，泽佩尔博士从詹姆斯库克大学毕业，获得了可持续发展专业硕士学位。目前，她在澳大利亚布里斯班市南昆士兰大学任教，担任澳大利亚可持续商业及发展研究中心副教授一职。

马利亚姆·祖尔法（Mariyam Zulfa）：博士，2010 年毕业于西澳大利亚珀斯市科廷科技大学，获得了博士学位。祖尔法博士的论文研究了小型岛屿旅游目的地的竞争力。他还是西澳大利亚大学法律专业的研究生。在此之前，她曾在南澳大利亚大学修完了城市和区域规划专业的学士学位课程，并在新西兰怀卡托大学获得工商管理硕士学位。她连续多年在政府部门担任城市规划师一职，目前在马尔代夫从事执业律师工作。2010 年 11 月，祖尔法博士被任命为马尔代夫旅游部长。

前　　言

关于海岛旅游可持续发展问题，已经有多位学者进行过研究，并出版了著作。其中包括：阿帕斯特洛博洛斯（Apostolopoulos）和盖尔（Gayle）于2002年出版的《海岛旅游与可持续发展：加勒比、太平洋和地中海地区的经验》、布里古格里奥（Briguglio）等于1996年出版的《小岛屿国家的可持续旅游：问题与政策》和《小岛屿国家的可持续旅游：案例研究》等。如果没有之前众多研究人员对海岛旅游可持续发展这一重要而复杂的课题所做的研究和贡献，就不会有上述著作和本书的出版。本书内容基于原始研究成果，在出版前已经过同行的审校。

从可持续发展角度进行海岛旅游开发研究，这一兴趣可能基于如下事实，即：海岛构成了完美的"现实实验室"，可以使研究人员能够区分旅游发展对海岛社会、环境和经济的偶然影响和即时影响，并在细节层面进行研究。这在进行其他对旅游目的地的研究中是不可能做到的。海岛吸引的不仅是游客，它同样吸引了那些研究旅游影响的学者。本书从可持续旅游研究者的角度，对以往的研究成果加以补充。此外，由各章节引发出的研究课题及启示被纳入最后一章。希望本书能够激发人们对特定领域或地区展开研究的兴趣。

鸣　　谢

首先,我们要感谢本书的编撰人员,没有他们的努力,就不会有本书的出版。我们不仅感谢他们编写的各个章节,同时感谢他们在完成项目期间所给予的支持、合作和耐心。希望本书作者能够对我们目前所取得的成果满意。而我们,作为本书的编辑人员,很愿意承担任何因失误或误解产生的责任。

其次,我们要感谢 CABI 的工作人员,特别是莎拉·赫尔伯特(Sarah Hulbert)和凯瑟琳·达尔顿(Katherine Dalton),非常感谢他们在本书编辑过程中给予的支持、鼓励、耐心和理解。

最后,我们要感谢科廷可持续旅游中心的雪莉·比克福德(Shirley Bickford),感谢她在本书编著的两年中所做的出色的编辑工作。

致　　辞

杰克·卡尔森(Jack Carlsen)

在此,谨将本书献给我的儿子——劳伦斯(Lawrence)、文森特(Vincent)和多米尼克(Dominic),是他们启示我致力于对世界岛屿的了解,他们将继承到我的知识。

理查德·巴特勒(Richard Butler)

特将本书献给我的孙子、孙女——埃尔斯珀斯(Elspeth)、托马斯(Thomas)、格雷姆(Graeme)和伊芙琳(Evelyn),希望他们还能够发现这世界上还有未被污染的岛屿,能够与我一起享受同样的快乐。

目 次

1 海岛旅游的可持续前景概述

杰克·卡尔森[1] 理查德·巴特勒[2]
1. 西澳大利亚科廷大学 2. 苏格兰斯特拉斯克莱德大学

概述

几个世纪以来,海岛一直被认为是田园诗般的旅游目的地。海岛凭借自己独特的景致,为来自城市世俗环境的游客提供完全不同的真实文化和自然体验。海岛往往被当作一个城市化生活的对立面,为人们提供有别于日常生活的感知距离和差异,这正是度假本身必须具备的基本要素。

长久以来,海岛在游客的心目中始终占有重要地位,因为它代表着人们在水面上的旅程,代表着人们对一种神秘和未知世界的探索(Baum,1997)。海岛也经常被人们用来比作天堂。地中海、加勒比、南太平洋海岛是主要的旅游目的地(Butler,2008),与日俱增的空中交通工具和海上交通工具,促进了大西洋和印度洋海岛旅游业的发展。

尽管如此,无论人们在旅游文献中对海岛旅游给予怎样的定义和研究,已经达成共识的一点是:海岛旅游正面临着多重问题和多重挑战,这在很大程度上已经成为致使社会、环境和经济发展的动力(Lockhart & Drakakis - Smith,1997)。洛克哈特(Lockhart,1997)在其岛屿和旅游概述中提到:"旅游发展的结果是,很多岛屿经历了戏剧性的外观变化,大多数海岛建起了住宿、娱乐和交通设施,以满足外国游客的需求。"这句话反映了20世纪90年代海岛旅游不断发展所产生的经济、物质和社会影响。

例如,从经济角度来看,海岛旅游发展中呈现出多个具有共同特点的问题,其包括与世隔绝、规模小、经济条件差(Lockhart & Drakakis - Smith,1993;Robinson,2004)以及相应的开发成本、市场渠道和专业知识。这些"结构性"弱点还包括资源基础有限、国内市场狭小、规模不够经济、交通不够方便、基础设施有限、体制性机制不够完善、对外部力量过度依赖等(Ioannides et al. ,2001)。这些弱点造成了一种"僵化偏狭"(Robinson,2004)。进入海岛和群岛的有限交通设施和不断增加的迁徙成本,意味着岛上的当地住民需要补贴和补偿,这便造就了另一种依赖循环(Britton,1991;Milne,1997)。旅游已被描述为一种新型的"单一作物"(Robinson,2004),因为在许多岛屿上,旅游已经取代了以往的传统农业活动。几十年来,作为许多海岛经济的特点之一——风险性、脆弱性和季节不确定性并没有因时间的推移而有所减少(Britton & Clarke,1987)。

由于海岛所处环境相对比较孤立,于是针对这种孤立的状态产生了一种概念——岛屿边缘性(peripherality of islands)概念。所谓岛屿边缘性概念,不仅带有地理意义上的边缘性,同样还包括政治意义和经济意义上的边缘性。作为投资基金所产生的回报,政治与经济的“核心”区域(通常是内陆省会城市)获得了绝大多数的经济利益。经营海岛旅游要面临的经济问题和财务问题很多,其中包括国内通货膨胀、资源利用竞争、经济低迷和工资低下、技能低下及季节性就业等问题(Baldacchino,2008)。即使海岛旅游可以产生经济利益,这些利益的分配依然是一个问题。最重要的是,海岛容易受到市场变化的影响,而且海岛的经济利益过度依赖于游客来源国的经济状况(Robinson,2004)。

从社会角度来看,海岛旅游的开发已经被打上了新殖民主义的烙印,应该对脆弱的生活文化、传统生活方式的开发,以及因此而造成的破坏负责。旅游,因其高度的社会互动性,会对小岛屿社区产生广泛的影响(Robinson,2004)。人类学家、人种学家和人文地理学家已经发现旅游对社会方面和文化方面的诸多影响,其中包括文化商品化和“示范”效应(Kokkranikal et al.,2003)。例如,百慕大和马耳他等小岛,大众旅游已经导致当地本土文化的消亡,引发了国内的通货膨胀,导致那里脆弱的生态系统遭受破坏(Baldacchino,2008)。许多人哀叹,与大众旅游相关的“3S”旅游占据了旅游市场的主流(Ryan,1995;Wing,1995;Kokkranikal et al.,2003),而提供这些要素的海岛形象比比皆是。具有讽刺意味的是,阳光(Sun)、沙滩(Sand)和海洋(Sea),加上第四个S,即性(Sex),如果管理得当,可能是海岛上最主要的可持续体验。此外,游客,尤其是那些冬季里来自欧洲的游客,他们寻求的正是这些体验。由于大众旅游的发展和沿海地区的过度开发,加之薄弱的或根本不存在的资源管理和环境管理,导致海滩上人满为患、环境污染,甚至使当地资源环境遭到破坏,使人们在这里原本可以获得的体验大打折扣(Conlin & Baum,1995)。

从生态角度来看,无论是在海上,还是在陆地上,旅游的发展往往会比历史上其他任何人类活动都更加严重地、肆意地破坏越来越脆弱的海岛生态系统。当然,这里不包括住宅开发、基础设施项目,以及诸如采矿业和渔业等初级生产活动。所有这一切,在许多岛屿上司空见惯,十分令人沮丧。海岛旅游开发造成了一连串严重的生态影响,包括对陆地和海洋的污染、栖息地的破坏及物种的灭绝等。最近,乘坐飞机前往岛屿的长途旅行已被认定为导致气候变暖的温室气体(GHG)的来源。由此可见,海岛旅游不仅会造成旅游本身的消亡,也会加剧对全球变暖的影响,这其中包括平均海平面的上升、极端天气事件的发生等。许多学者认为,由于全球变暖和海平面上升的综合效应,太平洋和印度洋上的岛国注定有一天会被淹没(Mimura,2007)。即使岛屿能够在周期性洪水中得以幸存,但是,现实中对应海平面的上升,岛屿的面积可能将不断缩小(webb & kench,2010),所以,依然会存在诸多的生态威胁。

最后,还有人相信石油供应已经达到峰值,一旦剩余原油用尽,海岛旅游开发就将结束(Zubair et al. ,2010)。大多数海岛旅游目的地几乎完全依赖于航空交通服务,这使得旅游者们很容易受全球航空运输业的影响。而航空运输业本身正在发生着日新月异的变化,即使航空运输业本身,也正在承受着成本方面的压力。难以承受的生态压力和经济压力,将对岛屿产生关键性影响。每当面对这个问题时,可以说,可持续发展的概念似乎都显得很多余,因为,无论人们如何致力于可持续发展的建设,情况似乎都不会有所改变。

旅游业也是一个以市场为导向的产业,因为需求仍在不断增加,所以海岛旅游依然在持续发展着。祖拜尔(Zubair,2010)等声称:在过去的 20 年里,以海岛为旅游目的地的旅游人数不断增长,该增长率超过了全球旅游人数的增长率。在一些岛屿,如马尔代夫,在过去 20 年里,旅游人数增加了一倍。有限的容量和资源,意味着海岛旅游业的发展可能无法承受日益增加的旅游人数,和随之加重的社会压力、经济压力,以及环境压力。

初涉这一领域的学者在阅读海岛旅游文献时,一定会感到奇怪:既然在过去的20 年里已经发现这么多障碍、问题和影响,为什么这种形式的旅游业还会继续向前发展呢?它们又是如何发展的呢? 除此之外,新学者会对如何从可持续发展的角度看待海岛旅游业的发展感到困惑。

不过,这恰恰正是本书所要讲述的内容:不是对海岛旅游业影响的一般性概括,而是通过具体案例来说明岛屿不仅面临着旅游业发展的挑战,同时还必须以多种方式响应旅游业的发展,以使之走上真正可持续道路。本书是一部专注于旅游业发展变化过程的书籍,也是第一部有关海岛旅游的书籍。然而,本书并非仅将重点集中在海岛旅游问题上。为此,本书就这一话题提供了一个乐观的看法,这一看法将更符合许多海岛旅游社区、开发商和游客本身。

本书的结构

本书分三个部分来说明海岛旅游可持续发展在生态、社会和经济方面的前景,每个部分各分五章。本书的划分法可以视作虚拟三分法,假定在论证真实可持续性时,要针对每一案例通过三个角度进行考虑。但是,在我们生活的世界里,所有重要的可持续发展问题都可以从多个角度观察,那些在此类问题上持有具体观点的人,可以提供他们的、更重要的见解。为了获得有关海岛旅游发展更为详细具体的生态、社会和经济方面的见解,我们特别邀请了来自世界各地的专家和研究员参与本书的编写。本书吸收了众多优秀专家的观点,涉及的学科包括人类学、地理、法律、经济、规划、市场营销和商业等。本书中列举的案例包括大西洋和南部海洋的冷水岛屿,还包括了更受欢迎的地中海、加勒比海、太平洋和印度洋中较温暖的岛屿。以下部分将从所选的三个角度,即生态、社会和经济方面的可持续性，对海岛旅游开发各章节加以介绍。

海岛旅游业发展的生态可持续前景

第 2 章的主题是麦夸里岛(Macquarie Island)的可持续之路。位于澳大利亚塔斯马尼亚亚南极地区的麦夸里岛旅游业的主要问题集中在生态方面。但本章节的目的旨在调查前往南极半岛地区的亚南极岛屿旅游的制约因素，其中包括南极半岛旅游本身的制约因素。在这一章节中，还将调查这些制约因素是如何对替代旅游目的地麦夸里岛产生影响的。

第 3 章是回顾芬瑟岛(Fraser Island)艰难的可持续发展进程。在这一章节中，介绍了旅游业发展的条件和历史背景，其中包括此前的采砂和伐木经济，以及 20 世纪 90 年代被纳入世界遗产名录的历程，还包括了加入世界遗产名录这一荣誉对当地旅游业发展的推动。在本书付梓之时，临近澳大利亚昆士兰海岸的另一个沙岛——北斯特德布鲁克岛(North Stradbroke island)，也正在经历着很类似的从采砂业迈向生态旅游业的进程。

根据第 4 章中的描述，绿岛(Green Island)的环境管理一直是其可持续发展的主要驱动力。绿岛是距澳大利亚热带北昆士兰地区凯恩斯市 45 分钟路程的一座珊瑚礁海岛，在这一章节中，对绿岛及其周边地区的旅游环境管理进行了回顾。

在第 5 章中，从海岛旅游业可持续发展的角度，介绍了生态环境较为脆弱的印度洋拉克沙群岛(Lakshadweep Islands)的旅游业。通过考察拉克沙群岛旅游业的结构和发展特点，本章节旨在确定具体的发展模式和管理模式(如果有的话)，并探讨了可能会促进拉克沙群岛旅游可持续发展的策略。

对低矮岛屿，例如对马尔代夫，人们认为，气候变化对当地既是一种威胁，也是一个难得机会。这种对可持续发展形成的重大威胁、针对这些威胁做出的反应，以及改变适应性的机会，都将在第 6 章中一并探讨。

海岛旅游业发展的社会可持续前景

在第 7 章中，讨论了马来西亚海岛旅游开发中的跨文化交流。这一章节探讨了主人与游客之间的交流，探讨了文化差异对马来西亚小岛背景下的旅游业可持续前景存在的潜在影响。

海岛旅游发展的特殊形式可能代表着社会可持续发展中的一个对立面，这种现象正是第 8 章中将要介绍的内容，所举的例子是美属维尔京群岛圣克罗伊岛和圣诞岛上赌博业开发的例子。这些对岛屿赌场发展的反思，会促使人们了解到当政策进程未考虑到价值观和背景时，是如何阻碍社会可持续发展的。

特立尼达和多巴哥的“狂欢心态(carnival mentality)”造成的不良社会形态和紧张局势代表了社会可持续性面临的主要威胁,这种情况正如第9章中所述。第9章旨在描述特立尼达和多巴哥目前社会状况的真实性质,因为那里目前呈现的社会状况的真实性质与刚刚起步的旅游业有关。在本章节中,将以特立尼达在四旬斋前的狂欢节为例,对依然闭锁在“狂欢心态”中的社会进行一番动力学研究。

第10章探讨了两座澳洲岛屿——布鲁尼岛(Bruny)和磁岛(Magnetic Island)的社会互动。在第10章中,分别从游客和当地居民两个角度,以社会交流理论为框架,探讨了岛屿上旅游互动的进程。

第11章探讨的内容是苏格兰设得兰群岛(Shetland Islands)可持续旅游规划的性质。在最近的一项全球调查中,设得兰群岛被选为世界最可持续旅游目的地之一。在第11章节中讨论了该岛旅游规划、控制和开发的性质。如果要采取一个更可持续的方法,重要的是要强调对规划和开发的地方控制。

海岛旅游业发展的经济可持续前景

第12章中采用了旅游地生命周期(TALC)模型方式,介绍了毛里求斯可持续旅游的经济状况和市场状况。这一章节旨在从不断变化的产品、游客概况及新生市场几个方面解读毛里求斯岛的复兴。

第13章的主题是日本冲绳琉球群岛向更加可持续发展时,其经济基础的转型。这一章节将介绍像冲绳这样的岛屿是如何迅速转变为依赖旅游业的经济体的。其原因是,日本一直保持着国内的政治稳定,而且一直为游客提供着热情周到的服务。

第14章对24个地中海岛屿进行了比较,分析了代表欧洲7个国家的岛屿旅游业的主要状况。通过这种分析对比,使可持续发展的经济障碍凸显出来。对岛屿按面积的大小或按人口的密度高低进行分型,可以分为大型岛屿、中型岛屿、小型岛屿和微型岛屿4种。地中海岛屿代表了各种各样的情况和普遍存在的问题,借此可以看到,每一个经济决策对每个岛屿经济的可持续性都产生了立竿见影的影响。

第15章详细介绍了夏威夷的可持续交通政策和实践。这一章节旨在进一步阐述可持续旅游业的交通问题。在这章中,不仅探讨了衡量可持续交通实践的主要指标,还从夏威夷旅游交通的角度对这个问题进行了进一步讨论。

最后一章是16章,在第16章中,讨论了马尔代夫旅游业开发的规划进程。在这一章节中,回顾了马尔代夫旅游业的发展和历史,分析了能够维系当前可持续旅游经济发展的法律、规划、政治架构及进程。

总结

可持续性为人们打开了一扇窗子，透过这扇窗子，可以看到海岛旅游业为海岛经济、社会和生态所做的积极贡献。本书通过从可持续发展的角度进行有关海岛旅游的研究，希望能够使人们更加了解，伴随着旅游业的进一步发展，人类应该如何更好地实施对那生态脆弱、社会敏感、经济孱弱地方的管理。

参考文献

1. Baldacchino, O. (2008) Island tourism. In: Lüick, M. (ed.) Encyclopedia of Tourism and Recreation in Marine Environments. CAB International, Wallingford, UK, pp. 254 – 255.
2. Baum, T. G. (1997) The fascination of islands: a tourist perspective. In: Lockhart, D. G. and Drakakis – Srnith, D. (eds) Island Tourism: Trends and Prospects. Cassell, London, pp. 21 – 35.
3. Britton, S. G. (1991) Tourism, capital and place: towards a critical geography of tourism. Environment and Planning D: Society and Place 9, 451 – 478.
4. Britton, S. G. and Clarke, W. (1987) Ambiguous Alternative: Tourism in Small Developing Countries. Institute of Pacific Studies, University of the South Pacific, Suva, Fiji.
5. Butler R. (2008) Islands. In: Ltick, M. (ed.) Encyclopedia of Tourism and Recreation in Marine Environments. CAB International, Wallingford, UK, p. 254.
6. Conlin, M. V. and Baum, T. (1995) Island Tourism: Management Principles and Practices. John Wiley, Chichester, UK.
7. Ioannides, D., Apostolopoulos, Y. and Sonmez, S. F. (2001) Mediterranean Islands and Sustainable Tourism Development: Practices. Management and Policies. Pinter, London.
8. Kokkranikal, J., MacLellan, R. L. and Baum, T. (2003) Island tourism and sustainability: a case study of the Lakshadweep Islands. Journal oJ Sustainable Tourism 11, 426 – 447.
9. Lockhart, D. G. (1997) Islands and tourism: an overview. In: Lockhart, D. G. and Drakakis – Smith, D. (eds) (1997) Island Tourism: Trends and Prospects. Cassell, London, pp. 3 – 20.
10. Lockhart, D. G. and Drakakis Smith, D. (1993) The Development Process in Small Island States. Routledge, London.
11. Lockhart, D. G. and Drakakis – Smith, D. (1997) Island Tourism: Trends and Prospects. Cassell, London.
12. Milne, S. (1997) Tourism, dependency and South Pacific micro – states: beyond the vicious cycle? In: Lockhart, D, G. and Drakakis Smith, D. (eds) Island tourism: Trends and Prospects. Cassell, London, pp. 281 – 301.
13. Mimura, N., Nurse, L., McLean, R. F., Agard, J., Briguglio, L., Lefale, P., Payet, R. and Sem, G. (2007) Small islands. In: Parry, M. L., Canziani, O. E, Palutikof, J. P., Linden, P. j. van der, and Hanson, C. E. (eds) Climate Change 2007: Impacts, Adaptation and Vulnerability. Contribution of Working Group II to the Fourth Assessment Report of the Intergovernmental Panel on Climate Change. Cambridge University Press, Cambridge,

pp. 687 – 716.

14. Robinson, M. (2004) Tourism, Globalisation and Cultural Change: An Island Community Perspective. Channel View Publications, Clevedon, UK.

15. Ryan, C. (1995) Islands, beaches and life – stage marketing. In: Conlin, M. V. and Baum, T. (eds) Island Tourism: Management Principles and Practices. John Wiley, Chichester, UK, pp. 79 – 94.

16. Webb, A. P. and Kench, P. S. (2010) The dynamic response of reef islands to sea level rise: evidence from multi – decadal analysis of island change in the central Pacific. Global and Planetary Change 72, 234 – 246.

17. Wing, P. (1995) Tourism development in the South Indian Ocean: the case of Mauritius. In: Conlin, M. V. and Baum, T. (eds) Island Tourism: Management Principles and Practices. John Wiley, Chichester, UK, pp. 229 – 236.

18. Zubair, S., Bowen, D. and Elwin, J. (2010) Not quite paradise: inadequacies of environmental impact assessment in the Maldives. Tourism Management, doi: 10. 1016/j. tourman. 2009. 12. 007.

第一部分　海岛旅游的生态可持续前景

2　古代山水中的外来者——麦夸里岛上的兔子、鼠类和游客

朱莉娅·雅博尔
澳大利亚塔斯马尼亚大学海洋和南极研究所

概述

对海鸟、海豹和企鹅来说，澳大利亚塔斯马尼亚南部亚南极地带的麦夸里岛，是广阔南大洋上为数不多的避难所。这些生物的存在为生长在海洋底层的低温植物、草类植物和大型草本植物（不包括树木）提供了赖以生存的营养物质。外来动植物，如海象和国王企鹅，或者更笼统地说，岛上的生物景观，是海岛旅游体验不可或缺的一部分。麦夸里岛旅游业的可持续性在很大程度上依赖这一体验的持续存在，因此，麦夸里岛旅游业的命运与持续塑造岛上的物理进程紧密相关。旅游业本身并不是对岛屿造成干扰的最主要因素，但是，却有可能是这些物理变化造成的不幸的受害者。本章节讨论的是在当代气候变化和由此产生的生态效应背景下，麦夸里岛未来旅游业的可持续性将会如何。

数十万年前，一块约900万年历史的大洋地壳被“抛出”南大洋海面，麦夸里岛从此诞生。它是唯一一个以这种方式形成的亚南极岛屿（图2.1）。该岛于1997年被列入世界遗产保护区（World Heritage Area）。最先发现麦夸里岛的是海豹猎捕者，麦夸里岛的近代史始于200年前。随之而来的是一段灰色的野生动物大屠杀史，尤其是那些海豹和企鹅，它们或者被打死，或者还活着便被扔进锅里炼了油（塔斯马尼亚公园，2009）。可以说岛上首批游客留下的遗产是一把双刃剑。麦夸里岛不同寻常的起源和对野生动物的虐杀，使该岛成为一处凸显普遍价值的著名旅游目的地，从而大大保护了岛上生物的多样性。但是很不利的一面是，一直以来人们有意无意地引入了一些非本地物种。今天，有证据表明，这些外来物种（尤其是兔子和鼠类）对当地特有的动植物造成了严重影响。这种影响反倒有可能危及到麦夸里岛作为旅游目的地的存在，影响到麦夸里岛作为东南极洲旅游跳板所呈现出的吸引力。

21世纪初是气候变暖的过渡性时期，气候影响首先显现在亚南极岛屿。早期迹象虽然有些模糊，但仍表现出一种产生更加极端局部天气条件的可能性。这些极端局部天气条件已经在亚南极地区出现，气候变化可能更有利于外来物种的生存和繁殖，比如微

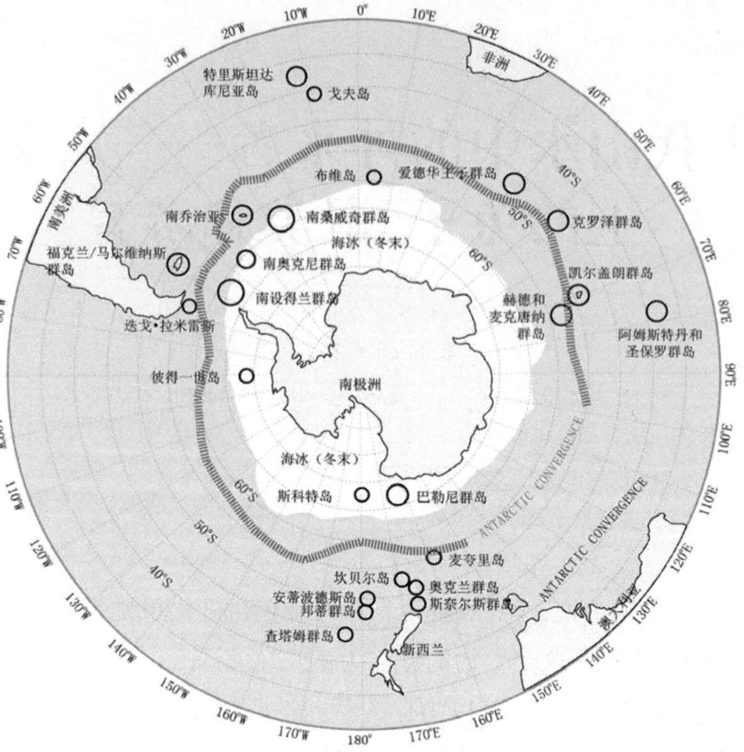

图 2.1　亚南极群岛（南极塔斯马尼亚，2006 年，绘图：Peter Boyer，South wind）

生物，于是随之产生了生物安全问题；还可能使麦夸里岛变得更加多雨，而多雨，只能成为吸引少数人到此旅游的条件（Pendlebury & Barnes - Keoghan，2007）。

对于在狂风、暴雨、低温中屹立千百年的该岛或其他亚南极岛屿来说，“脆弱”并不是一个最有效和最贴切的形容词。那里的植物和动物都很健硕，否则它们是不会在人类称作“极端”的环境中生存下来。然而，这些遥远的亚极地生态系统肯定是脆弱的，在当今气候变暖条件下，外来物种的进入仍然是影响生态系统因素中的最大因素。包括麦夸里岛在内的所有亚南极岛屿的管理者，他们不可能有能力改善那些外在因素，例如气候变暖造成的影响等等。但是，他们可以对内在因素进行管理和调整，如引进外来脊椎动物、引入人类活动。如果麦夸里岛的生态完整性可以保持，相对地免受人类中心主义压力的干扰，那么，就可以更好地抵御那些从来源上便无法控制的压力。

麦夸里岛旅游业的发展过程

麦夸里岛目前还没有成形的旅游发展规划。这个偏僻的、荒无人烟的岛屿的首批来访者是 19 世纪早期因游猎来到南大洋的人们，他们是南大洋上的海豹猎捕者。尔后，捕鲸船和探险家相继来到这里。20 世纪 50 年代初，科学家在岛上建起了研究基地，而且一直坚持至今。事实上，是澳大利亚南极科学家和探险家道格拉斯·莫森爵士（Sir Douglas Mawson）在其1911年南极科考（此次科考在岛上建立了无线通信设施，以支持其极地考察）中曝光了残酷而无可辩驳的动物炼油产业，之后他又第一个提出对麦夸里岛进行保护的问题。根据塔斯马尼亚《1928年动物和鸟类保护法》规定，1933年麦夸里岛首次被宣布为野生动物保护区，这其中莫森爵士起了很大作用。1979年，麦夸里岛被划定为禁入区，对该岛的保护得到进一步加强。无论以什么理由，只要想进入该岛，便需要从负责管理该岛的政府部门——塔斯马尼亚公园和野生动物服务处（以下简称塔斯马尼亚公园）获得许可证（塔斯马尼亚公园，2009a）。

> 由于人们对南极洲东部地区的兴趣逐渐升温，带动了商业旅游以一种特别的方式发展。位于南纬54度的麦夸里岛与赤道的距离几乎与英格兰中部地区距赤道的距离一样远，但是没有人在岛上居住。这个海洋中的小岛位于塔斯马尼亚东南偏南方向约1 500千米处，距霍巴特港3天航程。即便船舶能够到达，但由于风力太大（平均每年有268天强风），保证不了乘客顺利登陆。所以，因没有可供停靠的码头，船舶必须在海上抛锚，然后用登陆艇（例如，Zodiac橡皮艇）运送游客上岸。这个纬度被人们称之为"愤怒的50度"，因为乘客的安全是最重要的，所以为了确保安全，并不是每次都能够登陆成功。有时，只能乘船沿其34千米的海岸线、透过风雨交加的"纱幕"远观岛上的风光和野生动物。这种探险式的旅游使游客人数一直维持在较低水平（图2.2）。一名从业人员对自己的高端游客做出如下预先警告：虽然我们对极端亚南极和南极地区的行程安排是基于多年的集体经验做出的，但是这个区域当时的天气及冰情是不可预知的，所以，是大自然决定了我们的旅程。这可不是普通的航行，而是向地球上最荒凉的地区行进的真正探险，一定要具备冒险精神和机动性才行。
>
> （猎户座探险邮轮，2009年）

尽管如此，游客人数还是呈稳步上升趋势。卡迈克尔（2007）指出，不断增加教育性旅游兴趣，是麦夸里岛面临的最重要和最紧迫的管理问题之一。之所以这么说，是因为潜在的环境风险一直不断增加，"特别是检疫风险"始终存在。只有少数正规的澳大利亚和新西兰旅游经营者喜欢利用麦夸里岛作为往返南极大陆的路线。

有三家澳大利亚旅游经营者和一家新西兰旅游经营者，他们都是自发性的行业机构——国际南极旅游经营者协会（IAATO）的正式成员。国际南极旅游经营者协会是南极与亚南极旅游信息的主要提供者。该协会的报告显示：根据行程统计，在南极全部年度旅游中，包括麦夸里岛和其他亚南极岛屿（奥克兰，坎贝尔和恩德比）在内的东南极部分，仅占南极旅游非常小的比例（在全球范围内，南极旅游份额本身就非常小）。例如，2008—2009年，全年共有563 497人登陆岛屿，其中只有6 213人到达东南极，仅占登岛游客的1%稍多一点儿。而这当中，只有大约880人登上了麦夸里岛（IAATO，2009）。

可持续发展规划

麦夸里岛本来没有什么管理规划。自1825年起，该地区便归属于塔斯马尼亚州（原

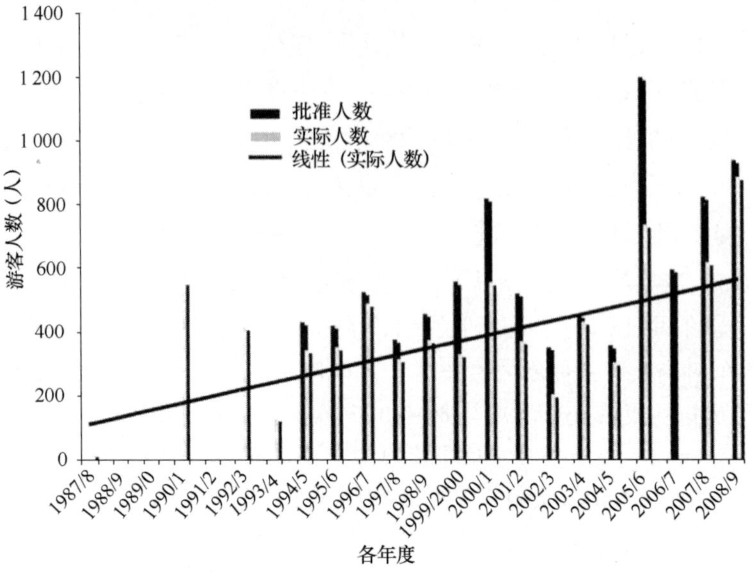

图 2.2　麦夸里岛的游客人数

其中没有收集 2006 年和 2007 年的实际数据。批准人数和实际人数之间的差异通常是由于天气原因造成的，因为旅游经营者没能安排某些游客登陆（诺埃尔·卡迈克尔（Noel Carmichael），霍巴特（Hobart），个人信件，2009 年）

范迪门斯地）。但是，由于距离太过遥远，麦夸里岛实际上并未进入人们的视野。1997 年，随着世界遗产保护区的确定，麦夸里岛成为强制性综合规划区域。

在 1919 年，早期形成的动物炼油行业被叫停了，此后，岛上只有非常有限的人类活动。自 1948 年以后，岛上一直驻有科研人员和工作人员，其中包括附属于澳大利亚国家南极科学探险小组（ANARE）人员和澳大利亚气象局的人员。自 1972 年起，麦夸里岛变成塔斯马尼亚保护区，塔斯马尼亚公园的巡查员和研究人员也在岛上工作。每年会有少量游客上岛参观历史文物、野生动物，参观岛上壮丽的自然景观和现有的研究设施。所有性质的人类活动和所有等级的人类活动，都被限定在麦夸里岛自然保护区和世界遗产保护区的管理计划中（以下简称“管理计划”）（Parks Tasmania，2009b）。

麦夸里岛管理计划

麦夸里岛管理计划相当于一张为保护岛上自然和生态的完整性而制定的战略性蓝图。计划采用空间划分管理分区的方法，再结合其他方法，对人类活动加以规定和规范。其目的是，可以在岛上持续进行科研、管理，实施长期监测计划，确保这些活动不会造成任何长期性的不良影响。麦夸里岛管理计划包括对某些价值的妥协，正是这些价值，使得麦夸里岛成为受到普遍欢迎的旅游目的地，例如这里获得了世界遗产称号、生物圈保护区称号、塔斯马尼亚国家公园称号，并被列入澳大利亚国家房地产注册处名单(Parks Tasmania,2009b)。

麦夸里岛管理计划的目标是有效落实和执行该计划中所做的规定,其中包括保护和保存该岛屿的价值、协调和整合科学研究、监测和管理岛上的活动,以及确保安全并对突发事件做出及时响应(Parks Tasmania,2009b)。岛上驻守着一名塔斯马尼亚公园巡查负责人,还驻守着负责辅助履行管理职能的其他人员,由他们实现对旅游船只的监察。

该岛的管理方法根据景点具体情况而定,主要包含三个不同层次的划分(图2.3)。首先,有三大管理区:A区为服务区(研究站及设施均驻扎的地峡区域)、B区为限制进入区(岛上全部剩余区域)、C区为海洋区(塔斯马尼亚沿岸三海里海域)。其次,大区内有较小的特殊管理区(SMA),其中包括旅游管理区(TMA,稍后再作讨论)。最后,特殊管理区本身又进一步划分为不同类别,并设立了开放季节和关闭季节。特殊管理区每年修订一次,涉及全部两个区域和开放/关闭的日期。例如,2006年时分为三个类别:第一类,因为此类地区极难进入,所以在描述中称其为对人为干扰非常敏感的区域;第二类,高密度繁殖区域,在描述中称其为人们很难无障碍进入的区域;第三类,是较为稀疏的繁殖区域,但这里仍然很脆弱(Parks Tasmania,2009b)。

对上述大区域和小区域都有严格规定,只有在特定时间范围内,只有为科研或管理目的,才能获得科研许可或出入授权。以保护物理和生态完整性为目标,麦夸里岛特殊的保护区身份有效地禁止了普通大众的一般性进入行为(Parks Tasmania,2009b)。

正如前面提到的,即使游客数量很少,最大的风险仍然是生物安全风险。在违背了生物安全有关规定之后,再尝试通过恢复和维持还原当地生态的完整性,对此,麦夸里岛的管理员有过一段漫长且不太辉煌的历史。

生态的完整性:障碍和指标

对麦夸里岛采取的极端隔离措施至少可以将人类的影响降低一些,这个假设是合乎逻辑的。可悲的是,实际情况并非如此(Bergstrom & Selkirk,2007)。麦夸里岛管理机构——塔斯马尼亚公园公共网站上的这条标语,恰恰体现了这里的脆弱性(Parks Tasmania,2009c):

> 兔子和鼠类对麦夸里岛作为世界遗产的价值构成了严重威胁。研究表明,在那里,陆地生态系统遭受到大面积的破坏。这些影响包括对本土动物、植物、地貌、自然景观价值和营养回收系统的破坏和影响。

不幸的是,人们天真地将兔子作为应对船舶失事等紧急情况的食物来源引了进来。因为当时的检疫控制能力很差,当时,为了防止携带病菌的啮齿类动物上船,船上一直都有一项传统性工作安排,那就是一定要在船上安排一个防鼠员岗位,但是,尽管人们这么

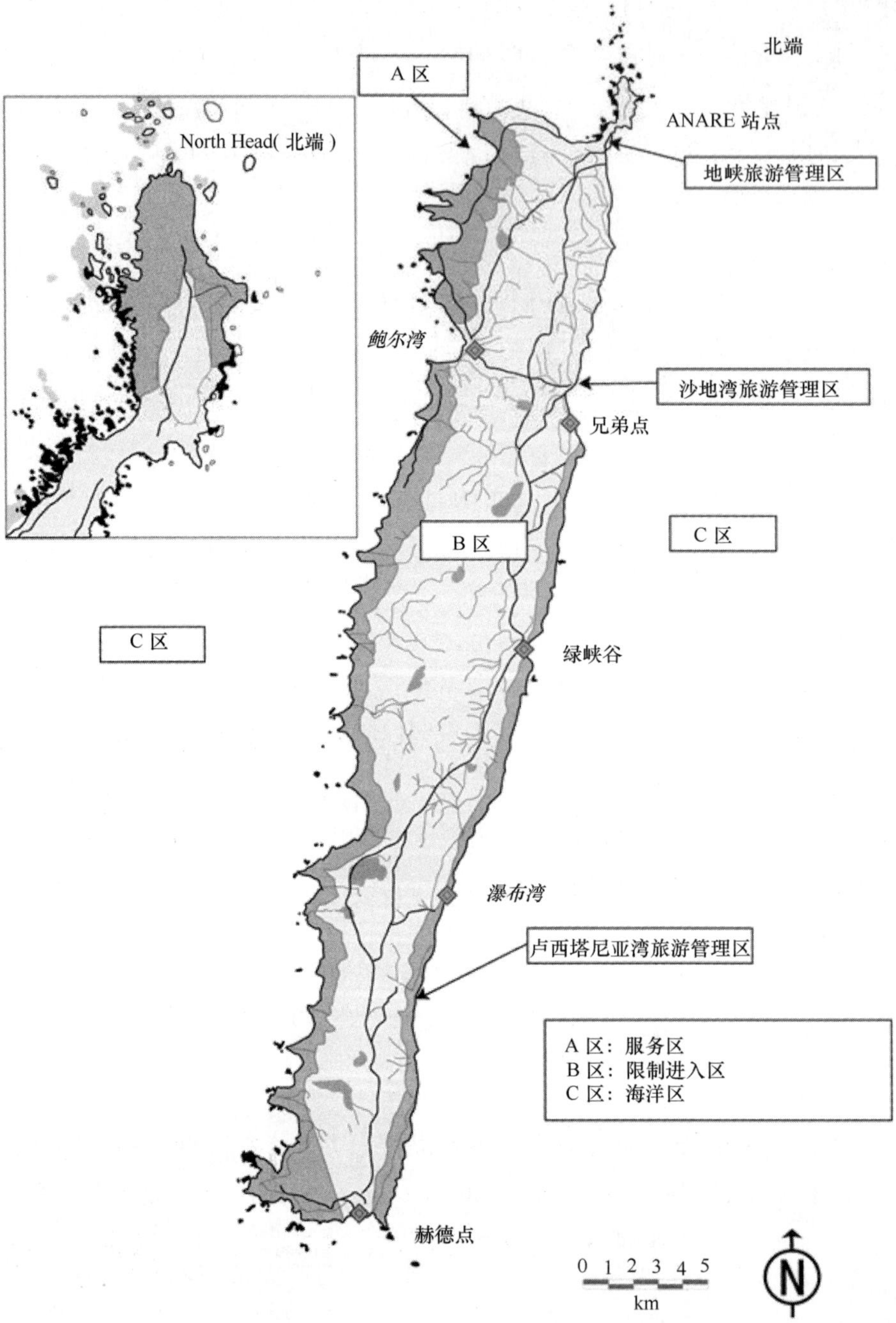

图 2.3　2006 年麦夸里岛的管理分区，该岛屿共有三大管理区（A、B 和 C），三个特殊管理区（SMA）。三个特殊管理区位于岛屿东西部沿岸和北端的阴影区域内，那里还有三个旅游管理区（TMA）。ANARE（Australian National Antarctic Research Expeditions），澳大利亚国家南极科学探险小组（获塔斯马尼亚州公园和野生动物服务处许可）。

做了,也没能阻止住船上的鼠类登岛。这些外来物种一旦在麦夸里岛的生态系统中立住脚跟,它们的生命力便变得更加顽强,它们的难以根除,超出了人们最初的想象。当人们引进了猫,意在控制兔子和老鼠时,这个问题立刻变得更加严重了。这些猫同样在岛上繁殖,而且变得十分野性。最终,它们在2000年的时候被除掉了(Carmichael,2007)。由于猫的捕食减少,岛上的鼠类和兔子数量大大增加,直至今天,它们所造成的破坏依然是显而易见的,有时是具有毁灭性的。

在海洋中,麦夸里岛可能只是一个小小的斑点,但是,当人们试图消灭岛上的每一只鼠类和兔子或者一两株植物的时候,那里就相当于很大的一片区域了。在这里,我们无意谴责麦夸里岛曾经试图消灭岛上害虫的历史,但需要引起注意的是,鉴于岛屿面积太大,岛上又缺乏适当的技术、合适的天气情况或相关经验,评论家承认该工作具有相当的难度(Scott & Kirkpatrick,2008;Turbett,2008)。现今的管理计划以"价值"为总标题,主要包括三大项目:保护受威胁的物种、保护珍稀植物和消灭害虫(管理计划的附录9)。

可持续性的主要指标

麦夸里岛管理计划在附录10中列出了一系列关键指标,这为评估其管理策略的成功与否提供了一个指导和参考,特别是涉及上述三大项目的指标更是一个参考。成功与否在很大程度上取决于能否有效执行和遵守该管理计划。例如,作为物种健康的一个指标,对高危物种的任何国家性恢复、减少威胁或行动计划都应该被视作是有效的。这也就意味着,如果采取了这些措施,那么这些物种的减少速度就会减缓,或者甚至这些物种的数量可以明显恢复到一个更有利于对它们实施保护的状态。此外,有害生物根除计划(2010年冬季开始)应该显示已经根除了所有的外来物种。这一战略的关键性部分是引入了伴随检疫和环保实施的一项措施:如果没有进一步的外来物种进入,便不会再出现新的物种(Parks Tasmania,2009b)。显而易见,这一措施被视为成功的。在管理计划被启动执行7年后(2006年7月至2013年7月),开始对其进行重新审定,也就是说,关键指标至少应该在7年内取得明显改善(Parks Tasmania,2009b)。

目前没有证据表明游客应该对麦夸里岛上引入的外来物种或对麦夸里岛的损害及其生态活力负责。然而,旅游业有时很容易被当作环境问题的替罪羊,这样做似乎很不公平。与此相反,我们甚至可以说,麦夸里岛生态环境的完整性之所以能够得到保持,是由于对旅游业进行了严格控制获得的结果。因此,不管是自然原因促成了今天的结果(例如距离遥远或恶劣的天气),还是真的通过高度规范化的人为监管,总之,麦夸里岛的生态环境最终得以保全。环境的完整性对于海岛旅游体验是至关重要的,以往一直都有游客、旅游经营者和非政府组织(NGO)不断提出报告,是大家的努力,使麦夸里岛有害物种问题得到了较高的媒体关注。

可持续的旅游业：障碍和指标

麦夸里岛并没有为旅游目的而特设什么基础设施，除了一些木板路、观景平台和有限的指导性标志之外，所有的设施都是依靠门票收入建成的。每当旅游季节到来之时，经营者们必须预先从塔斯马尼亚公园购买许可证，为的是能够接待到指定数量的游客上岛。登岛游客的配额是事先分配好的，2008 年和 2009 年期间，游客的限额人数是 940 人。如果出现极端天气，游客不能如期登岛，经营者未能安排到游客成功登岛，也不可以转让他们的配额，不可以与其他未分配到配额的经营者做交易。一言以蔽之，他们不可以转让自己未使用的许可证。这个规定就可以解释图 2. 2 中的“批准的”和“实际的”数字之间为什么会有差距，而且可以解释长期以来，为什么“批准/实际”平均值只有 76%（Noel Carmichaer，Hobart，personal communication，2009）。

对经营者的选择标准是有明确规定的，其中包括：减少对环境影响的能力（最好通过一个独立的环境影响评估验证）；安全和自力更生的能力；对麦夸里岛的管理和保护，以及对塔斯马尼亚州具有实实在在的好处；对客户、船员和工作人员的教育水平；经营者的认证和相应的资质与经验；以及时间表的灵活性（Parks Tasmania，2009d）。

旅游业管理计划明确指出：“在该保护区内，只允许接待用于教育目的的有限制旅游。”（Parks Tasmania，2009b）该计划界定了旅游管理区域（上述的 TMA），更重要的也许是该计划还指出了禁止旅游的区域。这些方法与每年审查的一份名为“麦夸里岛自然保护区和世界遗产保护区旅游操作和访问指南”（Parks Tasmania，2009e）的文件相配合，有效地限制了游客人数，有效地遏制了旅游业造成的负面影响。这在某种程度上反而使得旅游活动能够得以长期持续下去。

旅游管理区域

塔斯马尼亚公园认识到了游客对麦夸里岛的价值，并对“如何限制以教育为目的的旅游业”做出了规定（Parks Tasmania，2009b）。在那里，只有三个旅游管理区允许游客进入，它们分别是 A 区、B 区和 C 区（图 2. 3）。这些区域都是经过精心设计的，可以保证游客的安全，而且降低了游客参观对野生动物、植物和自然景观产生的影响。游客不可以上岸睡觉，只能乘船休息（运载 200 名以上乘客的船只禁止进入保护区水域）。禁区也是禁止游客进入的，这主要是出于安全方面的考虑，同时也是为了减少人类活动对动植物的影响。

设立旅游管理区可以促进公众对该岛所持价值观的理解和欣赏。具有讽刺意味的是，如果没有这样的公众监督，有害生物问题的重要性可能就不会被发现，而且也可能不会像现在这样具有说服力，事情也有可能在进行验证和采取行动计划之前变得更糟。从这个意义上说，海岛旅游业本身正在帮助岛屿恢复其环境完整性。

旅游业务操作及参观指南

塔斯马尼亚公园发布了有关旅游参观的指南，目的是协助旅游业经营者在塔斯马尼亚州公园取得麦夸里岛造访权（Parks Tasmania，2009e）。旅游业经营者必须先从公园负责人（Director）那里获得可以登陆麦夸里岛的造访审批。在南极大陆的旅游目的地，人们通常都不大在意游艇或船舶的存在。但是在麦夸里岛上，情况完全不同，就连那些经过授权进入的游客都很容易被公园的工作人员发现，未经授权进入公园是违反塔斯马尼亚法律的行为。

尽管有关方面只发布了这样一个指南，但这个文件很规范，而且还包含了对经营者来说非常重要的信息。在本章节的上下文中，需要注意指南中的两个主题：检疫和野生动物。生物安全已经被标记为重要管理难题，所以岛上不允许游客携带土壤、植物、动物、动物产品、其他有机物质或食物上岸（有紧急规定时除外），以尽量减少外来物种趁机而入的可能性。出于同样的原因，每次登陆之前，管理人员还必须对携带上岸的服装和装备进行净化处理。人们不可将垃圾留在岛岸上，不得在保护区水域处理船上的垃圾或压舱水。为了防止船载无脊椎动物意外进入，规定不允许将缆绳拴到岸边，船只停靠距离不允许过近，至少要距离岛岸200米以上，换言之，船舶必须被认定是“干净”的（Parks Tasmania，2009e）。

管理计划中，针对野生动物，还对涉及小型船只的安全操作等做出规定，规定中包括避免与海洋生物相撞等内容。参观海岛的安全观看距离是强制性规定。巡航速度限制在5节，而且必须安装螺旋桨防护装置。小型船舶不可以在驳船以外的任何地方加油（Parks Tasmania，2009e）。

可持续性的关键指标

除了衡量管理计划是否成功的一般性关键指标之外，在管理计划的附录10中还指出：旅游业经营者是否按照规定进行经营，也是管理计划能否成功贯彻落实的关键指标。计划指标大致包括如下几个方面，濒危物种是否呈现不断恢复迹象、已经受到影响的景点是否正在自然恢复、被修复过的景点是否有复原迹象。如果出现了这些迹象，就可以说明，针对旅游影响所进行的空间性控制已经取得了一定成效（Parks Tasmania，2009b）。

针对具体的旅游管理区进行监测，通过监测可以得知当地一直在严格地遵守着他们的战略规划,栈道和观光区并未对环境造成任何伤害,而旅游参观活动也仅只是对动植物产生了少许轻微影响,而且这些影响是很短暂的(Parks Tasmania,2009b)。总体而言,在旅游管理区即使存在有外来物种,比如兔类、鼠类或某些植物等,但是,在严格监管和严格执法状态下,几乎可以肯定地说,麦夸里岛的旅游具有可持续性。

讨论

没有经验证据证明是旅游业导致了麦夸里岛环境的退化,或是旅游业威胁到了岛上特有的物种。但是,如果对人类活动的限制过于严苛,旅游业的发展确实有可能会失败。从目前看来,管理计划不仅保护了岛屿的价值(包括岛上的陆地景观和生物的多样性),同时还促进了旅游业的发展,值得一提的是,这是一种资源有限的、对环境负责的、具有教育意义的旅游业的发展。目前,尚不清楚短期内在什么情况下这种旅游业的发展状态会发生改变。

麦夸里岛的旅游业每年通过收取门票为塔斯马尼亚州政府带来少量收入。这笔钱用来帮助支付塔斯马尼亚公园驻岛巡查员的薪金,购置、维护和升级当地旅游业的基础设施(例如安全栈道、观景平台、解译标志),规划和实施管理措施,例如落实消灭有害生物的计划(Noel Carmichaer,Hobart,personal communication,2009)。在2009年和2010年期间,该岛摊销在每个人头上(游客及义工队员)的费用是165澳元,每艘船只的不可退还保证金是2000澳元。关于人头和船只的这项费用一直保持在这一水平上,很多年都没有变过。2008年和2009年,获准登岛的游客是940名,涉及船只是14艘,按照这个数据计算,岛上产生的总体收入大约是18.3万美元。可以看出,塔斯马尼亚州政府并未不打算从麦夸里岛的旅游业中获取经济利益。事实上,在岛上持续开展研究和执行国家公园相关管理职能的成本,要远远超过如此少量的游客带给这里的收入。澳大利亚联邦政府承担了在当地进行研究所需的航运费用和基础设施成本,政府还对塔斯马尼亚州政府提供了支持。如果这种模式仍然可以维持的话,对旅游业的管理不太可能会发生什么改变。

在南极旅游经营者的日程安排上,麦夸里岛的经济状况可能仍会保持其低位状态,而且就游客人数来讲,相对于南极旅游整体而言,这里的游客数量还算恰到好处。绝大多数访问南极半岛的游客都是从南美洲出发的,因为从这里出发距离更近(图2.1)。南极旅游的经营者主要来自美国,主要市场也在美国,所以,与欧洲或澳大利亚的经营者相比,他们的运营成本相对较低。

然而,像亚南极一样,南极半岛的环境也正处于转型期。例如最大的气候变暖记录就位于南极半岛西侧,那里是科学研究和旅游的重点区域(ACE CRC,2009)。该地区聚集的野生动物最多,随处可见。经验数据表明,这正是游客前往南极的主要动机(Bauer,2001)。然而,很不幸的是,气候变化有可能给野生动物增加新的压力,海冰或多或少会影响到动物的觅食行为,会影响到它们成功觅食的可能性。较大的冰山可能会阻挡住企鹅进入大海的路线。一些物种的种群,如南极海狗,在某些区域它们的数量正在快速增加,这可能导致食物争夺加剧;最糟糕的也许是气候变暖吧,因为气候变暖可能会为外来物种(尤其是微生物)的进入和繁殖提供更为有利的栖息地。南极半岛艰难、危险的工作条件还可能需要越来越多的对旅游业的监管措施,这反过来可能对南极东部的旅游目的地产生一种不确定的流动性影响。现在,可以看到这种变化正在发生。

南极半岛的旅游几乎完全是船载旅游。官方的港口记录显示,在 2008 年 10 月至 2009 年 4 月期间,共有 36 艘船只,233 次离开乌斯怀亚(阿根廷)前往南极半岛(阿根廷政府,2009)。海上航行从来都是一项危险活动,极地环境下由于海图较少、极端天气、冰山和海冰的存在,更由于其他因素,从而加剧了风险的存在。南极半岛的旅游路线已经有一些搁浅,近期还发生了一次沉船,鉴于经营条件的局限,可以理解,经营者和管理者会对未来可能出现的发展趋势表现出担心。这些局限包括搜索和救援能力有限,气候变化情况难以捉摸,海冰的形成、成分、范围和持续时间等产生的影响(ACE CRC, 2009)。

世界航运监管机构——国际海事组织(IMO)已经审查通过了一部北极航运规范(IMO,2002),这个规范或许可以用作编制南极规范的基础。这项任务已经持续了多年,甚至成了南极条约协商会议(Antarctic Treaty Consultative Meeting)的头号难题。因此,用"如履冰川"来形容其进展情况似乎再恰当不过了。然而,在 2009 年会议上,南极条约协商各方通过了一项决议(2009 年第 8 号),批准国际海事组织尽快制定一部可行的强制性的极地规范(南极条约秘书处,2009)。航运监管的收紧(包括最近禁止重质燃料油)可能会对南极半岛的旅游业产生显著影响,在这里,不再对航运监管收紧是否会影响到南极洲东部(包括麦夸里岛)的旅游业务量作猜测。

最后一点要说的是,南极半岛的旅游业占据了当地旅游业的大部分份额,尽管如此,依然还没有一种办法来对该旅游目的地是否已经达到饱和程度作出评估。以下评估仅是根据如下事实作出的一种主观评估:由旅游经营者提供的独特野外体验必将会变得越来越难以维持,与此同时,还将会有许多船只、经营者和游客在争夺麦夸里岛的同一资源。

发生在最近的金融危机已经导致南极旅游人数下降,一位从业多年的经营者预计:在 2009 年和 2010 年两年,由于全球金融紧缩,总体上讲,旅游人数将下降 20%(Greg Mortimer, Hobart, personal communication, 2009)。如果经济衰退持续下去,将会暂时缓解旅游地人满为患的拥塞状况。日益困难的经营条件、不断攀升的成本(特别是用在良性环保燃料上的成本)以及更加严格的航运法规,各种因素共同作用,将会减缓南极旅游业的增长速度。如果这种情况蔓延到麦夸里岛,麦夸里岛的管理人员可能只需坐在岛上养精神就可以了。因为,岛上的管理者完全可以对岛上到位的管理和掌控手段充满信心。

结语

麦夸里岛旅游业的可持续性取决于一些关键因素，这些关键因素包括享有联合管辖权的政府在何种条件下履行职能，例如联邦政府是否会继续为州政府在岛上的花销买单；气候变暖将对岛上的生态价值产生怎样的影响，进而影响岛上的旅游体验；在当前全球金融危机的背景下，会对南极旅游市场的经营成本和其他方面产生什么影响？未来管理者需要尽一切可能，确保岛上免受人类活动造成的影响，从而保持麦夸里岛生态的完整性，此举本身，可以使麦夸里岛具有更大的、能够承受住来自各种不可控方面的压力。

旅游业并未导致麦夸里岛的环境退化，因为栈道和观景平台控制了游客的活动；旅游业也未造成当地环境的脆弱，因为官方巡察员监视着岛上的所有活动。然而，无论是对麦夸里岛来说，还是对更大范围的南极地区来说，如果政府加重对人类活动的限制，旅游行业真的有可能变成最终的受害者。

麦夸里岛的旅游业是一项商业活动，政府的门票收入主要用于帮助支付工资、维护基础设施和支持科学研究。由于游客人数少，各年度都有接待人数限制，使当地的旅游业经由"管理计划"和"指南"，得到了很好的控制。在这些条件下，旅游业最多只能对岛上的生态环境产生较轻微的或较短暂的影响。

游客的存在提醒媒体乃至公众，是外来物种造成了严重的环境退化，并迫使联合管理部门达成共同出资执行根除计划的协议。只有当他们认识到，要想治理如此大规模的物种入侵，必须借鉴其他地方的技术和经验，唯有如此，他们的计划才有可能成功。一旦计划实施完成，再经过几年的监测，就可能会得出最终结论：这些外来物种是否已经从麦夸里岛上消失了。而其他外来物种——游客，仍将在如此严密的控制下，继续对麦夸里岛的环境产生着积极影响。

参考文献

1. ACE CRC (2009) Changes to Antarctic sea ice: impacts. Position Analysis, II June 2009. Antarctic Climate&. Ecosystems Cooperative Research Centre, Hobart, Tasmania. Available at: http://www. acecrc. org. au/drawpage. cgi? pid = publications&aid = 797037 (accessed 18 June 2009).

2. Antarctic Tasmania (2006) Sub – Antarctic Map, 2006. In: International Forum on the Sub – Antarctic. Available at: http://www. sub – antarctic. org/ifsa. html (accessed 3 September 2009).

3. Antarctic Treaty Secretariat (2009) Antarctic Shipping Code. In: ATCM XXXII (Thirty – second Antarctic Treaty Consultative Meeting – Twelfth Committee on Environmental Protection Meeting, Baltimore, USA, 6 April – 17 April 2009). Available at: http://www. ats. aq/devAS/ats meetings_meeting. aspx? lang = e&id = 72 (accessed 4 September 2009).

4. Bauer, T. G. (2001) Tourism in the Antarctic: Opportunities, Constraints, and Future Prospects. Haworth Hospitality Press, New York.

5. Bergstrom, D. M. and Selkirk, P. M. (2007) Human impacts on sub – Antarctic terrestrial environments. Papers and Proceedings of the Royal Society of Tasmania 141, 159 – 167.

6. Carmichael, N. (2007) Macquarie Island, its conservation and management. Papers and Proceedings of the Royal Society of Tasmania 141, 11 – 17.

7. Government of Argentina (2009) Report of activities of Antarctic tourism cruise ships operating from Ushuaia during austral summer season 2008/2009. Information Paper (IP) No. 119. Submitted to ATCM XXXII (Thirty – second Antarctic Treaty Consultative Meeting – Twelfth Committee on Environmental Protection Meeting, Baltimore, USA, 6 April – 17 April 2009) – CEP XII – Meeting Documents. Available at: http://www. ats. aq/devAS/ats_meetings_documents. aspx? lang = e (accessed 23 April 2009).

8. IAATO (2009) Tourism Statistics, 2008/2009 Statistics. International Association of Antarctica Tour Operators, Providence, Rhode Island. Available at: http://www. iaato. org/tourism _ stats. html (accessed 3 September 2009).

9. IMO (2002) Guidelines for ships operating in Arctic ice – covered waters. MSC/Circ. 1056 – MEPC/Circ. 399, 23 December 2002. International Maritime Organization, London.

10. Orion Expedition Cruises (2009) Voyage Summary: Antarctica. Orion Expedition Cruises, Sydney. Available at: http://www. orionexpeditions. corn/expeditions/ antarctica/voyagesummary (accessed 3 September 2009).

11. Parks Tasmania (2009a) History of sealing at Macquarie Island. Parks and Wildlife Service, Hobart, Tasmania. Available at: http://www. parks. tas. gov. au/index. aspx? base = 1819 (accessed 3 September 2009).

12. Parks Tasmania (2009b) Management Plans, Site Plans and Other Publications: Macquaria Island Nature Reserve and World Heritage Area Management Plan 2006. Parks and Wildlife Service, Hobart, Tasmania. Available at: http://www. parks. tas. gov. au/index, aspx? base = 5957 (accessed 30 August 2009).

13. Parks Tasmania (2009c) Macquarie Island World Heritage Area. Parks and Wildlife Service, Hobart, Tasmania. Available at: http://www. parks. tas. gov. au/index. aspx? base = 394 (accessed 30 August 2009).

14. Parks Tasmania (2009d) Guidelines for Tourist Operations and Visits: Criteria for Selection of Macquarie Island Tourist Vessels. Parks and Wildlife Service, Hobart, Tasmania. Available at: http:// www. parks. tas. gov. au/index. aspx? base = 2999 (accessed 30 August 2009).

15. Parks Tasmania (2009e) Guidelines for Tourist Operations and Visits: Guidelines for Tourist Operations and Visits to Macquarie Island Nature Reserve World Heritage Area. Parks and Wildlife Service, Hobart, Tasmania. Available at: http://www. parks. tas. gov. au/index. aspx? base = 2999 (accessed 30 August 2009).

16. Pendlebury, S. F. and Barnes – Keoghan, I. P. (2007) Climate and climate change in the sub Antarctic. Papers and Proceedings of the Royal Society of Tasmania 141, 67 – 79.

17. Scott, J. J. and Kirkpatrick, J. B. (2008) Rabbits, landslips and vegetation change on the coastal slopes of subantarcfic Macquarie Island, 1980 – 2007: implications for management. Polar Biology 31, 409 – 419.

18. Turbett, A. (2008) Macquarie Island: progress in managing an island of outstanding universal value. Bachelor of Antarctic Studies (Honours) Thesis, University of Tasmania.

3 从采砂到沙丘冲浪的30年——芬瑟岛迈向可持续旅游的艰难旅程

马尔科姆·库珀　帕特丽夏·埃尔福特－库珀
日本别府市立命馆亚太大学

概述

本章节最后定稿于2009年9月，当时正值澳大利亚赏鲸季（7—11月）中期。赫维湾（Hervey Bay）和距岸边约15千米的大沙岛上，到处都是游客（图3.1）。

赫维湾，它既是澳大利亚大陆面对芬瑟岛一个城市的名字，也是将芬瑟岛从昆士兰州分离出去后那片广阔而又相对安静的水域名称。海湾内，雌鲸和它们的幼崽，以及偶尔出现的雄性座头鲸，将在此休息大约两周的时间，它们在夏季来北方繁殖，在长途跋涉返回南极的路上，途经此地稍作休整（Corkeron，1995）。芬瑟岛的大部分距离海岸很近，这里是赏鲸爱好者的胜地。在这里，在澳大利亚东海岸，是所有可以观看到座头鲸南下北上的地点之一。无论是从海岛自身的环境来说，还是从海岛对周围海洋环境的影响来看，都是芬瑟岛使该区域变成了一处独特的旅游目的地。

芬瑟岛是世界范围内最大的沙岛，它位于澳大利亚大堡礁南端的下方，超过一半的陆地面积属于国家公园。根据《1988年国家旅游休闲区管理法》规定，由昆士兰公园和野生动物服务处对芬瑟岛实施管理。芬瑟岛也是澳大利亚16个世界遗产保护区（1992年列入）中的一个，其标志景观为岛上的栖息湖泊（见下文）和正在减少的但仍很重要的“纯种”野狗（本地狗）群。下面会详细论述影响到芬瑟岛可持续发展的两个因素。

澳大利亚的海岛旅游在世界旅游市场份额中占据很大比例，这主要归功于世界七大天然奇景之一的大堡礁和邻近岛屿所具有的魅力和吸引力。

因此，在海岛环境下，旅游业的可持续发展已经成为澳大利亚旅游经营者、管理者和游客的一个重要目标，因为这关系到游客是否能够在体验自然环境的同时，避免对环境的生存能力造成威胁。

芬瑟岛在布里斯班以北300千米，位于大堡礁的正南面，具有很重要的地理优势，芬瑟岛在自然价值保护方面的作用也很重要。20世纪90年代后期，《大沙地地区旅游活动回顾的最终报告》指出：在“自然”方面，包括芬瑟岛在内的地区排名要高于昆士兰州

图 3.1　澳大利亚昆士兰州芬瑟岛

（来源于 2009 年维基百科和昆士兰州环境保护局地图 MAQ250）

其他相关地区（库珀,2001）。但是,在《大沙地地区旅游活动回顾的最终报告》中,虽然明确了建立在这些自然价值基础上的生态旅游活动的价值,但是同时也指出了不受控的登岛行为潜在的问题,无论是对环境来说,还是对游客来说,不受控的登岛行为都存在问题。该报告支持许多游客和当地人所持的观点,即芬瑟岛已经被“过度使用”。在目前情况下,昆士兰环境与遗产部（DOEH——现在称为环境与资源管理部或 DERM）,需要解决的问题是:如何想方设法满足游客对环境可持续性的期望,同时又能够允许尽可能多的人登岛体验芬瑟岛。

迈向可持续发展的旅程

芬瑟岛旅游业的可持续发展之路尚未完成,途中出现了几个主要的问题。本章节介绍了芬瑟岛旅游业发展的概况和历史背景,内容涵盖了与此前采砂和伐木有关的经济状况,这些经济状况对目前限制使用岛屿及其资源的政府政策和社会态度,具有明显的影响(影响的结果是一个非常重要的淡水水源被关闭)。本章节还包括了该岛在20世纪90年代被列入世界遗产名录的过程,还有周围的大沙地海峡地区在最近被列为联合国教科文组织生物圈保护区(2009年5月26日)的过程。在面对一些标志性景点时,我们还介绍了一些具有重大影响的管理政策、海岛可持续旅游的脆弱性,这些政策有:国家公园和野生动物服务处对野狗采取的措施、水污染的防治(岛上最独特的栖息湖泊曾受到水污染影响)、依靠旅游业收入来支持对岛上国家公园的保护(此举有可能弄巧成拙)、研究岛屿背景下的游客本身对旅游产业可持续的态度。本章节在最后还记述了以下的内容:驾驶四轮驱动(4WD)车辆进行沙滩冲浪;开展大型钓鱼比赛,结果是滥用了有限住宿条件,浪费了管理系统;非法饲养野狗;由于游客缺乏信息支持和相关培训而产生了一系列问题。

对澳大利亚和世界旅游业来说,芬瑟岛是一个重要的旅游景点,但这里只是在最近一些年才发展成为重要旅游目的地的。在这里,大规模的采砂(于1976年停止)和重要林木资源的砍伐(于1991年停止)已告停止,在向可持续发展旅游业迈进的历程中,芬瑟岛经历了30年。本章节的讨论是在岛屿背景下进行的,其中包括在已经列入世界遗产名录的情况下进行的。基于环境价值和通过创收来保护这些价值的需要,本章节为利用一种资源密集型产业——旅游业来替代此前的资源密集型产业这一实际问题提供了重要参考。

芬瑟岛的历史、环境及开发

地质与环境

芬瑟岛长约123千米,最宽处可达22千米,几乎全部是由沉积在Indian Head、Middle Rocks和Waddy Point处的岩石暴露部分周围的浮沙构成的,总面积为18.4万公顷,是世界上最大的沙岛。芬瑟岛是世界上唯一在海拔超过200米的沙丘上发现高大冠木雨林生长的地方。从进化和生态角度看,岛上那种低矮的、名为“沃伦”的灌木同样具有特殊意义,在春季和夏季,会形成非常有吸引力的野花盛开景观。

芬瑟岛对赫维湾和大沙地海峡海洋公园和生物圈保护区形成了一道防护屏障。大沙地海峡也被列入了“拉姆塞尔公约(Ramsar Convention)”,为稀有图案形蕨类植物、红树林地、海草床和多达4万种的迁徙水鸟提供了栖息地。稀有、脆弱或濒危物种还包括儒艮、海龟、依散灰蝶和大杓鹬(Williams,2002;Cooper & Erfurt,2003)。

湖泊

芬瑟岛上独特的沙丘湖泊有100多个,都是小型集水湖。湖中没有溪流流入,也没有溪流流出,就连湖水和区域含水层之间也是互不相连的。这些湖泊中,雨水的养分浓度很低,生物多样而独特,湖泊在生态系统中显现的生物学和生态学特性吸引了许多研究人员、环保人士和游客的关注(Hadwen,2009)。面对越来越大的游客压力,维持湖中理想的低养分浓度对旅游业的可持续性提出了严峻问题。海岸线上的垃圾、对岸边植被的践踏,以及由此产生的营养物质加速进入湖泊,这些都只是旅游活动后果中的一小部分。进入湖泊环境的营养物质可以大大增加藻类的繁殖,反过来又很有可能改变这些系统中食物链的运行方式,从而最终降低这些湖泊对旅游的吸引力。

沙子

大风、海浪和洋流,从遥远的澳大利亚东南部、甚至南极洲,携带着沙子经过数10万年的沉积形成了芬瑟岛,并在昆士兰沿岸形成了一串儿沙岛。这些沙岛散布在黄金海岸附近的南斯特德布鲁克岛(South Stradbroke Island)至芬瑟岛这片区域之内。作为这些岛屿中最大的一个,芬瑟岛是由沙子沉积形成的,这些沙子沉积在一片100多万年前由火山活动形成的丘陵地带,而这个丘陵地带曾经地势很低。这种动态的风景形成了一系列重叠的沙丘系统,距今至少有70万年。芬瑟岛巨大的沙暴和具有彩砂特性的悬崖,是世界上最长、最完整的海岸沙丘系统年龄序列中的一部分,而且目前仍在不断演化着。岛上最高的沙丘最高可达海平面以上240米(Williams,2002)。

雨林

芬瑟岛的两个最独特之处在于岛上植被的多样性和沙土中保持植被的能力。但是,岛上的沙土中严重缺乏植物生长必不可少的营养物质。生长在沙丘上的植物只能从仅有的两个来源获取营养成分(除氮以外)——雨水和沙子。沙子表面覆有无机化合物,比如铁和铝的氧化物。在靠近岸边的地方,空气中含有由浪花带来的营养物质,这些物质会沉积在沙子表面。在这种共生的关系中,沙土中的菌类使得这些营养成分可以被植物吸收利用,反过来,植物为菌类提供了各种有机化合物,而菌类不具有叶绿素,不能自己合成这些物质。

沙丘上生长的热带雨林标志着植被发展的顶点。在岛屿中心潮湿的水沟中,可以发现亚热带雨林。这些林木的叶子撑起一个个厚重的树冠,只有很少的阳光可以穿过树冠照射到林中的地上。这种现象迫使树木长得又高又直,以便能够接受到阳光的照射,当然也使这些树木长得更适合于被砍伐。贝壳杉(*kauri pine*)、澳大利亚缎木(*satinay*)和澳大利亚棕榈树(*piccabeen palm*)是热带雨林中常见的树种(Williams,2002)。

动物

芬瑟岛是许多种本土陆地动物和水生动物的家园,这里是许多物种分布的北限或南限,而且这里有很多被认为稀有或脆弱的物种。野狗或本地狗是最大的食肉动物(很早以前的某一时期,它们的主要食物来源是1879年引入岛屿的野马,后来被根除掉了),岛上还有其他47种哺乳动物,其中包括沼泽袋鼠、小耳山负鼠和蜜袋鼯。现在这里已经发现的鸟类超过354种,大片的栖息地为鸟类提供了不同的食物来源,还有筑巢和繁殖区域。岛上还生活着79种爬行动物,其中包括19种蛇。在岛屿周围的水域,经常会见到海豚、儒艮、海龟、鳐鱼,还有每年7月到11月迁徙来此的座头鲸(Williams,2002)。

原住民定居

Butchulla族人是芬瑟岛的原住民。Butchulla族有6个氏族,他们称呼芬瑟岛的传统名字叫"库尕莉",意为天堂(Williams,2002)。现在还不能确定Butchulla人占领芬瑟岛的时间有多长,但当地有证据表明,Butchulla人入驻芬瑟岛的时间至少超过5 500年,也有可能长达2万年。早期的人口数量尚不清楚,曾有人说在资源丰富时期,岛上的居住人口多达2 000人,稳定数量在300~400人。

英国探险家库克船长在1770年最先发现了芬瑟岛和Butchulla人,而且他还将岛上东部的海滩命名为"Indian Head"。之后,马修·弗林德斯船长成了与岛民接触的第一批白种人之一。在1799—1802年期间,他还与岛民们进行过和平友好的会面。不过后来欧洲的殖民者和土著人之间爆发了很大的冲突,原因是欧洲殖民者并不理解或者没有尊重岛上的部落边界、社会结构和环境对土著人具有怎样的重要性。殖民者清理了土地,在这里建起农业,他们的行动反过来扰乱了天然食品对本地人的周期性供给。殖民者急于获得澳大利亚的自然财富,对当地人犯下了诸多罪行,其中一次罪行的后果是最终将土著人从岛上彻底清除出去了。芬瑟岛原住民的故事特别令人担忧,因为它涉及该岛名字的起源——一个被歪曲了事实的经典案例,一种对"土著人"造成虐待的行径(Williams,2002)。

欧洲人对芬瑟岛的开发

1863年,美国人杰克·皮戈特开始在芬瑟岛上创建伐木业(Williams,2002)。采伐活动一直持续到1991年12月。当时,州政府发布"1991年5月菲茨杰拉德询问建议(Fitzgerald Inquiry Recommendations of May 1991)",建议叫停了伐木业,最终致使最后一家承包商从岛上撤出(Williams,2002)。岛上的主要木材是澳大利亚椴木和贝壳杉,在受控条件下，这些树木被逐渐砍伐，特别是1925年，人们发现澳大利亚椴木可以抗海中蛀虫，此后，澳大利亚椴木成了世界各地海洋环境中普遍应用的材料。在修建苏伊士运河时就曾用过澳大利亚椴木，在第二次世界大战后，还被用在英国伦敦码头的重建中。如今，伐木时需用的铁路和锯木厂已经被拆除，以前作为伐木营地的中央火车站，现在已经是昆士兰公园和野生动物服务处的巡查员信息站和咨询中心了。

然而，在经济方面，岛上真正具有吸引力的是金红石、钛铁矿、锆石和独居石矿藏。采砂租约的许可最初始于1950年，租约方式一直持续到1977年。当时出现的环境问题使联邦政府和各州政府叫停了采砂业，叫停依据是“内阁决定1794”(澳大利亚联邦政府，1976)。采砂业的直接就业岗位大约有300个，另外有200~300个辅助型工作岗位。

林业和旅游业是作为建议，被当作采砂业的替代产业提出的，在20世纪70年代，旅游业已开始有了小规模发展，岛上的木材资源也已经是众所周知的(根据《1794年内阁决议》，维持一个工作岗位一年需要9000澳元的补贴)。联邦政府为昆士兰州政府提供拨款，目的是叫停采砂业，但是政府并没有要求对采砂业进行阶段性淘汰，因为人们担心环境恶化，所以不敢贯彻实施正常需要5年才可能奏效的淘汰周期(澳大利亚联邦政府，1976)。

旅游业

21世纪初，旅游业一年为昆士兰州带来90多亿澳元的收入，同时还带来39亿多澳元的出口，旅游业带来的出口额是昆士兰州第二大的出口产业，雇佣员工约11.9万人。截至2008年12月，记录显示共有1 900万人次到过昆士兰州旅游。其中，60%为该州的州内游客，29%是来自其他州的游客，11%是国际游客。另外，岛上的一日游记录曾达到过2 800万人次。芬瑟海岸/南伯内特地区(在该区域内，赫维湾/芬瑟岛是主要旅游目的地和旅游人数增长最快的城市)每年吸引游客大约250万人次，其中大约有67%是来自昆士兰州内的游客，17%是来自澳大利亚其他州的游客，16%是国际游客。大伯内特湾(Wide Bay/ Burnett)地区的大部分游客消费，即游客69%的消费，来自于国内的过夜游，可以看到，国际游客市场出现明显增长。总体而言，旅游业对地区生产总值(GDP)的贡献达5.9%，通过旅游产业贡献给该地区的人数约占就业总量的7%(15 000)，凸显了旅游业对区域经济发展的重要意义(昆士兰旅游局，2009)。

昆士兰州的芬瑟海岸/南伯内特地区的旅游优势是拥有芬瑟岛标志性的旅游景点，而且还能够看到迁徙中的座头鲸。这些景点代表了该地区竞争优势的重要方面，尤其表现在全球游客对野生动植物和地质旅游的兴趣方面。这些自然资产对国内外游客来说，无疑是一个主要卖点，对相关的海洋公园和列入世界遗产的沙岛进行有效保护，对于保持目前游客数量的总体水平至关重要，特别是保持国际游客的水平更为重要。国际游客主要是由背包客构成的，他们几乎无一例外地会在完成凯恩斯（北昆士兰热带地区）至悉尼之间的旅游线路之后，将芬瑟岛列入他们的行程，而国内游客主要是家庭露营游客，他们会将芬瑟岛作为一日游的目的地或露营地（Cooper et al. ,2004）。岛上也有重要的度假胜地，吸引着国际和澳大利亚的高级旅游团来此，他们经过商洽最终签约入住，或举行会议和重大体育赛事等等。

迈向可持续管理的进程

近年来，人们已经注意到，对海岛生态旅游的需求正在不断增加（Morgans,2000；Harrison,2003）。但是，情况正如霍尔（Hall）在 1994 年所说的：对“阳光，沙滩和冲浪体验”的推销、对海滩度假村的开发，以及人们对海洋旅游兴趣的日益增长，都对世界各地沿海地区和邻近岛屿地区造成了压力。芬瑟岛对海岛自然价值的保护方面依然存在严重问题。游客上岛由环境部（Department of Environment）和大型度假村业主双向控制，例如翠鸟湾度假村（Kingfisher Bay Resort）。环境部主要负责管理背包客、希望将车辆带上岛的游客，以及希望在岛上露营的游客；度假村则负责旅游团和个人的接待，他们的住宿地点是固定地点。芬瑟岛国家公园资源的管理也是由环境部负责的，私有土地所有者和旅游业经营者们控制了对国家公园之外其他资源的利用。

行为的规范

国家公园为规范到此旅游的游客，制定了一些制度，此举将问题变得复杂起来。数量不固定的四轮驱动车辆和旅游巴士经营者是芬瑟岛旅游需求实际处理者。岛上所有运营商都是经过昆士兰环境与遗产部授权的，他们必须受芬瑟岛相关环境法律法规的约束，出于企业自身利益的考虑，他们也都会遵守这些法规（Cooper et al. ,2001）。许可证制度控制着每家公司可登岛的游客人数，控制着他们可以到访的地点。显然，对比起那些仅向游客出租车辆的经营者而言，那些通过自己的车辆/设备来此旅游的游客，或者因为与海岛度假村之间有合同关系来到这里的游客在岛上实际发生的事件中，具有更好控制和把握的特点。即使是那些车辆出租者，也会在出发之前坚持有组织地举行一个信息发布会。但是，对自驾游游客却没有强制性的信息沟通，所以很多上岛游客事先无法得到任何有关在岛屿环境中应该如何行动的指导。这类独立游客只会在驳船上自行购买登岛访问或露营许可证时，才会从公园管理部门得到一组印刷好的小册子（Cooper et al. ,2001）。

在这种旅游模式中，有陪同的旅游团和雇四驱车的游客，他们得到的信息发布非常相似；必须遵守的行为规范和相关环境介绍视频，通常在出行前一天的晚上才有讲解和观看。这种做法肯定不能算作全面培训课程，因为，这些介绍基本上仅只涉及紧急情况下的驾驶技能和驾驶行为，及相关环境下的基本行为。而且，人们也没有足够时间来消化这些信息，所以不可能做到真正理解，也不可能培养出能够在岛上使用的能力。

针对租用四驱车的游客，主要强调要保持车辆与海水的距离，不要离得很近，如果因距离海水太近而造成的任何损害，都要由对车辆负全责的驾驶员承担。在这里，除有确实紧急的情况之外，夜间驾驶绝对被禁止，原因就是太危险，因为看不见周围存在的很多动物，看不清道路条件，看到的离水距离有可能并不是离水的真实距离（Cooper & Erfurt，2003）。

综上所述，上述管理模式派生出一对矛盾。一方面是需要始终坚持的可持续理念，另一方面是海岛游经营者似乎没有办法将这些理念真正传授给他们的客户，或者说没有办法使客户能够遵守他们的管理理念（Conlin & Baum，1995）。所有的经营者都认为，可持续发展最终达到的是游客与环境的和谐，是环境可持续利用而不再是恶化，是以一个负责任和可持续的方式发展旅游业，从而提高人们对自然景观价值的认识。所有经营者都希望能够引导游客和当地人，引导他们自觉保护芬瑟岛的自然风光，希望培训他们的员工，在他们招徕游客的同时，能够实施对环境的保护。除此之外，所有的旅游经营者还希望赚取利润，希望政府环境监管部门尊重他们所做的努力。他们同时还希望政府能够加强基础设施建设，加大岛上道路建设的投资力度。

我们或许可以做出这样的预期：如果旅游团和度假村经营者们在芬瑟岛的现状下接受调查，他们大概都会坚定表示要遵循各项规章制度，而且一定会在游客出发之前尝试对他们进行登岛教育，要求他们尊重岛上的环境。然而实际情况是，大多数游客在到访该岛时，并没有获得足够的、有关环境保护的培训或讲解，环保在他们的优先事项列表中，很显然已经不值一提（Morgans，2000）。正如谢尔比（Shelby）和辛德勒（Shindler）（1992）指出的：在这种情况下，再加上条件很差的道路、标牌和可用信息（这里的信息只有英文版本——Cooper & Erfurt，2003），可以看出，经营者希望旅游者对自己行为负责的期望，以及许可证制度和相关法规的存在，其实不一定会招来很负责任的行为。

对管理的影响

毫无疑问的是，芬瑟岛环境的重要管理者将面临来自游客的压力，而且这种压力会越来越大。在可以预见的将来，这些游客将有很多是背包客、家庭游客，或其他形式的自由独立游客（FIT）。在可持续管理方面，毫无疑问，游客对保护他们行将参观的环境饶有兴趣，在某种程度上，他们可能会成为芬瑟岛当局环境保护方面的一个有用资源，甚至说，无需进行太多的教育，旅客们就会自行放弃机动车辆，自行想办法前往景点。

那么，在这种情况下，游客似乎只满足于对适当路线及应付环境的方法有大致的了解，在没有更多成型经验的情况下，充分利用“自由和灵活性”来放纵自己的激情。

游客对激情的释放方式可以是沙滩冲浪，也可能是完全无视环保指令（警示牌）。

事实上，公园巡查员已经指出，很多旅游团却仍旧无视警示牌的存在，他们的理由是因为警示牌是用英语标注的，而英语不是自己的母语……尽管他们知道警示牌告知的内容(Cooper & Erfurt,2003)!

政治因素——野狗

实际上政府已通过昆士兰公园和野生动物服务处向芬瑟岛上剩余的为数不多的本地狗"宣战"了，"宣战"使管理任务变得更加复杂(Chapman,2009)。清除本地狗存在的不可预测性和因"宣战"而带来的危险性，使人们有理由认为政府涉嫌威胁人类的个体和群体，是进行定期扑杀。当地政府的这一政策激怒了当地人和游客，群起反对的最主要动因是：在此之前，当地政府曾拒绝给这些狗提供食物，并对这些狗采取了强制性隔离措施，当然，作为政府，尽管他们对这一状况一直不予承认。最近，当地还竖立起一个价值 100 万澳元的隔离栅栏，当地原住民团体和其他居民对这一行动深表遗憾，人们认为，如果没有巡查员和游客骚扰，他们与狗从来都是相安无事的。

旅游业带来的可持续发展

在海岛背景下，要想兑现通过可持续的旅游业进行环境管理的承诺，重点在于管理者、本地人和旅游经营者都不要指望游客自觉遵纪守法，尤其是当这些游客在他们还没有受到严格环保要求的时候，或者在芬瑟岛这类世界遗产背景下，他们可以遵守的，只是他们这些环境保护者自己正在实行的对策(正如在野狗案例中，野狗是芬瑟岛生态系统的一部分，并对生态系统的维护起着一定作用)。在假设可持续旅游业对环境影响不大的情况下，并假定野狗是被引入的有害生物的前提下，政府政策本身对岛上旅游产生的环境问题做出了贡献。加大对游客和旅游团数量的控制(加大基础设施投资，无论此举需要多少支出，都由游客为它买单)，以减少不负责任的驾驶带来的环境退化影响，在登岛之前进行更为严格的四驱车驾驶和环保培训，这些似乎是芬瑟岛实现真正可持续发展的先决条件。

澳大利亚保护基金会(ACF)在其旅游政策(ACF,1994)中指出，可持续旅游业至关重要的六大特点是：

- 享受自然、野生动物、文化和考古的旅游体验；
- 高水平的讲解；
- 对所有基础设施进行高质量低影响设计；
- 提升环保知识和道德水平；
- 将旅游净收益投放到环境保护中；
- 将旅游净收益投向土著社区和受影响社区。

上述特点广泛遵循了简约主义影响下的生态旅游定义(Whelan,1991)，而且基本已被澳大利亚国家和州政府主管部门用作正确的生态旅游战略。

根据巴克利(Buckley,1994)的观点,在实践中,旅游业和政府主管部门一直倾向于将重点放在产品供应方面,并将生态旅游等同于尊重自然一样看待,与此同时收取一定费用,用于支付管理成本。这样做的本身,可以赋予旅游这种自然体验具有一种生态旅游的体面,从而通过提升公园游客数量来增加更多的收入。这种态度的起因,一部分源自于游客对他们到此体验环境而萌发的保护愿望。他们的愿望改变了人们对待环境的方式,使一些人停止了对日益增多的游客人数的质疑,并使他们开始真正参与到生态系统保护中。皮尔斯(Pearce)和莫斯卡多(Moscardo)(1985)指出,如果仅仅利用自然旅游吸引游客,使游客人数增加,而没有适当的规划,没有将特定环境与特定类型的游客相匹配,就会使本应该从这个"低影响"旅游形式中获益的景点面临风险。

其结果是,芬瑟岛上可持续旅游经验的"现实"主要是展示和利用自然景点,作为一种手段来推销这个有幸入选"世界遗产名录"的旅游目的地,而不是通过旅游业对环境的可持续性产生积极作用。我们认为,这与20世纪70年代芬瑟岛上的采矿和伐木(采掘)的经济形式几乎没有什么不同。在这种情况下,游客实际上在消费环境,而不是保护环境。反之,这一结果又意味着,岛屿的管理者面临着相当大的环境压力,这些压力来自于本以为会愿意协助他们保护环境的人。

结语:海岛旅游目的地和可持续性

本案例研究表明,将部分旅游行为贴上生态旅游标签,并不意味着可持续旅游或环境管理实践能够决定一个小岛的环境。正因为如此,芬瑟岛的情况是不可持续的,为了这个结果,芬瑟岛捍卫者组织(FIDO)已经向联合国教科文组织提交了一份意见书,建议将该岛的世界遗产地位列入"濒危"名单(FIDO,2009)。他们希望随之而来的密切关注,会推动昆士兰州政府修正其管理理念和政策,使其朝向对游客和动植物可持续环境管理方向发展。将野狗列入濒危物种名单会增加这种变化的分量。

参考文献

1. ACF (1994) Tourism Policy. Australian Conservation Foundation, Sydney.
2. Australian Federal Government (1976) Decision 1794. Cabinet Records – Selected Documents, Australian Government Printer, Canberra, Australia.
3. Buckley, R. (1994) A framework for ecotourism. Annals of Tourism Research 21, 661 – 669.
4. Chapman, J. (2009) Warnings to parents as dingoes threaten. Fraser Chronicle (Hervey Bay, Queensland), Saturday 9 May 2009, p. 8.
5. Conlin, V. M. and Baum, T. (1995) Island Tourism, Management Principles and Practice. John Wiley, London.

6. Cooper, M. (2001) Backpackers to Fraser Island: why is ecotourism a neglected aspect of their experience? Journal of Quality Assurance in Hospitality and Tourism I, 45 – 59.

7. Cooper, M. and Erfurt, P. (2003) Lake management under conditions of heavy tourist pressure: the case of Fraser Island. Ritsumeikan Journal of Asia Pacific Studies 12 (October), 61 – 74.

8. Cooper, M., Abubakar, B. and Rauchhaupt, P. (2001) Eco – tourism development into the new millennium on Fraser Island: tour operators perspectives. Tourism 49, 359 – 367.

9. Cooper, M., O'Mahony, K. and Erfurt, P. J. (2004) Harvest trails: nomads join the mainstream? In: Richards, G. and Wilson, J. (eds) The Global Nomad: Backpacker Travel in Theory and Practice. Channel View Publications, Clevedon, UK, pp. 180 – 195.

10. Corkeron, P. (1995) Hunapback whales in Hervey Bay, Queensland: behavior and responses to whalewatching vessels. Canadian Journal of Zoology 73, 1290 – 1299.

11. FIDO (2009) Fraser Island for World Heritage in Danger List. Moonbi 119 (1 June 2009), p. 8. Fraser Island Defenders Organisation, Towong, Queensland. Available at: http://www.fido.org.au/ (accessed 10 September 2010).

12. Figgis, P. J. (1993) Eco – tourism: special interest or major direction? Habitat 21, 8 – 11.

13. Hadwen, W. (2009) Perched lakes as focal tourism and recreation destinations on Fraser Island: impacts and management implications. In Third Biennial Fraser Island Conference, 24 July 2009, Brisbane (Shifting Sands: the dynamics of the Great Sandy Region). Fraser Island Defenders Organisation, Toowong, Queensland.

14. Hall, C. M. (1994). Ecotourism in Australia, New Zealand and the South Pacific: appropriate tourism or a new form of ecological imperialism? In: Cater, E. and Lawman, G. (eds) Ecotourism: A Sustainable Option? John Wiley, Chichester, UK, pp. 137 – 157.

15. Harrison, D. (2003) Pacific Island Tourism. Cognizant, New York.

16. Morgans, D. (2000) The role of interpretation in protected area management – where does ecotourism fit in? In: Charters, T. and Law, K. (eds) Best Practice Ecotourism in Queensland. Tourism Queensland, Brisbane.

17. Pearce, P. and Moscarclo, G. (1985) Conservation and the tourism justification. Habitat 13, 34 – 35.

18. Shelby, B. and Shindler, B. (1992) Interest group standards for ecological impacts at wilderness campsites. Leisure Sciences 14, 17 – 27.

19. Tourism Queensland (2009) Tourism Facts and Figures. Available at: http://www.tq.com.au (accessed 20 September 2009).

20. Whelan, T. (1991) Ecotourism and its role in sustainable development. In: Whelan, T. (ed.) Nature Tourism: Managing for the Environment. Island Press, Washington, DC, pp. 3 – 22.

21. Wikipedia (2009) Fraser Island Locator Malt. Available at: http://en.wikipedia.org/wild/File: Fraser island_locator map.svg (accessed 10 September 2010).

22. Williams, E (2002) Princess K'Gari's Fraser Island. Merino Harding, Brisbane.

4 大堡礁海洋公园绿岛旅游管理——保护、商业与平衡

希瑟·泽佩尔
澳大利亚昆士兰州南昆士兰大学

概述

本章节将对绿岛的旅游环境管理进行探讨。绿岛是位于澳大利亚北昆士兰州的一处热带珊瑚礁，距离凯恩斯45分钟船程。这个面积12公顷的珊瑚礁是大堡礁（Great Barrier Reef）中游客造访最多的景区，每年都会吸引超过35万名的游客。绿岛是经正式批准的国家公园、海洋公园及旅游景区，而且还是大堡礁海洋公园（Great Barrier Reef Marine Park）（GBRMP）和大堡礁世界遗产区的一部分。自1990年以来，一直由绿岛和大堡礁咨询委员会（Green Island and Reef Advisory Committee）（GIRAC）对绿岛的旅游情况进行监管，由昆士兰公园和野生动物服务处（Queensland Parks and Wildlife Service）（QPWS）的海洋公园管理人员对保护区进行管理。绿岛度假村和美拉尼西亚海洋公园（Green Land Resort and Marineland Melanesia）是一处以饲养海龟和鳄鱼著称的私人野生动物景区。绿岛上的其他海洋旅游项目有潜水、海底漫步（头盔式潜水）和帆伞运动。本章节首先介绍了人类开发利用绿岛的历史、旅游业的过去与现在、绿岛的特点及以往的不利影响，然后针对监管、物理、经济及教育问题，对目前为实现绿岛可持续旅游采取的策略进行评估。最后，本章节将对位于该珊瑚礁上的昆士兰公园和野生动物服务处、绿岛度假村及其他利益相关者之间的合作进行探讨，并介绍了自20世纪90年代中期开始，为实现绿岛旅游可持续发展所采取的各项措施，其中包括公园管理方案、环境方针、与原始土著人之间进行的谈判，以及旅游业对该岛的整体影响等。本章中有关合作管理的叙述，对大堡礁海洋公园旅游业的可持续发展至关重要。

大堡礁旅游

大堡礁（GBR）每年都会吸引190万名游客前来旅游，其海洋旅游项目收入可高达51亿澳元。旅游项目包括潜水、浮潜、垂钓、划船、岛屿度假村及其他服务性项目（Access Economics,2009)。

大堡礁海洋公园共有300处珊瑚礁,多处砂质礁石,旅游经营者定期前往这些砂质礁石进行巡视。其中,包括海鸟聚集的麦克拉斯沙岛(Michaelmas cay)(Muir,1993)和阿波路沙洲(Upolu Cay),这两个岛屿位于凯恩斯附近。此外,还有道格拉斯港附近的洛岛(Low Isles)和比弗岛附近的使命海滩(Mission Beach)。有许多大堡礁一日游旅行团,带领游客来这里参观珊瑚礁,但是当地规定,游客只可携带很少量的装备上岛,有的甚至不允许携带任何装备。当地还规定,游客不得在珊瑚礁上过夜。在大堡礁上,只有位于南回归线的少数珊瑚礁上建有永久性旅游度假村,如苍鹭岛(Heron Island)、伊力特夫人岛(Lady Elliot Island)。在鸟类筑巢的季节(特拉华澳大利亚北部公园和度假村,2010),大概是在1月26日至2月28日期间,威尔逊岛(Wilson Island)上还安设有可供12人住宿的豪华帐篷营地。在位于南回归线的邦克群岛中,玛斯库莱布夫人岛(Lady Musgrave)、西北岛(Northwest)和桅顶岛(Masthead Island)是允许游客露营的。凯恩斯附近的绿岛度假村是大堡礁北部地区唯一一处位于珊瑚礁上的度假村。大堡礁海洋公园中的其他岛屿度假村都位于珊瑚礁环绕的大陆岛即蜥蜴岛(Lizard)、费兹洛伊岛(Fitzroy)、邓克岛(Dunk)、班达拉岛(Bedarra)、欣钦布鲁克岛(Hinchinbrook)、俄耳甫斯岛(Orpheus)、磁岛(Magnetic)、连达文岛(Lindeman)、布兰普顿岛(Brampton)、大凯珀尔岛(Great Keppel)、凯斯维克岛(Keswick)以及圣灵群岛(Whitsunday)上。本章节探讨了如何对绿岛旅游业的可持续发展实施管理。所含信息均摘自已经出版的报告、公园管理方案,以及与旅游研究和绿岛保护相关的文献中。附加的现场信息则基于2002年至2009年期间作者本人带领学生到绿岛进行的实地参观、昆士兰公园和野生动物服务处的公园管理员所介绍的情况,以及绿岛度假村的环境管理人员提供的关键性管理信息。

绿岛

人类开发利用绿岛的历史

在Gungandji部落的土著语中,绿岛的名字为Wunyami,意为"灵性之地",或者是Dabuukji,意思是"鼻孔之地"。传统上年轻的土著人将绿岛视作自己人生的起点(Martyn,1993)。公园游客手册中提到,土著部落经常在绿岛举行各种仪式,作为海边领地(毗邻的海洋和岛屿),绿岛还发挥着狩猎和捕鱼(EAP,1999,2007)的传统作用。1770年,詹姆斯·库克船长将该珊瑚礁命名为绿岛。19世纪中后期,欧洲人对绿岛进行了开发,开发项目包括渔民砍伐森林熏制海参,建设海龟汤罐头厂(Baxter,1990;Martyn,1993)。在大堡礁南部的苍鹭岛(1926—1929年)和西北岛(1924—1928年)上,也曾建立过一家海龟汤罐头厂。在许多珊瑚礁地区,早期的游客还会骑在筑巢的海龟背上(Lucas,2008)玩乐。自 1890 年起有组织的绿岛旅游已长达 100 多年,此间,绿岛一直是一处非常受游客欢迎的旅游景区。1899 年,一名流浪者在绿岛种植了许多椰子树,目的是为沉船获救者提供补给。这位流浪者一直住在绿岛,直到 1907 年去世(Martyn,1993)。1906 年,凯恩斯镇议会最早宣布将绿岛作为一处旅游自然保护区,并规定禁止对其周围的各种珊瑚和贝壳进行挖采。1924 年,当地有了船载游客参观珊瑚礁的项目;1942 年,当地建成了第一家酒店;1948 年,世界首次玻璃底船旅行在当地进行;1954 年,世界首个海底观察站建成,而且至今仍在运行(绿岛度假村,2009)。观察站的四周布满了珊瑚丛,用以吸引岩礁鱼类(Martyn,1993)。两位先锋级的大堡礁摄影师——诺埃尔(Noel)和基蒂·蒙克曼(Kitty Monkman),从 1956 年开始便居住在绿岛上。自 1958 年起,当地不再允许有人在珊瑚礁上露营。到了 1961 年时,绿岛上已经建成珊瑚礁酒店、大堡礁剧院和海洋世界(Marineland)等多处旅游景地。酒店对环境造成的影响很大,这些影响包括将未经处理的污水排放到礁坪上,还包括在岛上燃烧废纸板和废纸垃圾(Harris & Leiper,1995)。直到 20 世纪 80 年代,岛上的酒店和其他旅游业经营者依旧依靠收集雨水来满足日常所需(EAA,1983)。1978 年当地有了水上飞机项目。

绿岛国家公园

绿岛国家公园包括 7.93 公顷的岛屿,这些岛屿涵盖了珊瑚礁的中东部地区。绿岛于 1934 年经批准成为动物保护区;1937 年被批准为昆士兰州首个岛屿国家公园(包括低潮水位标识以下 1 英里以外的浅滩和礁石);1974 年被批准为国家海洋公园(礁坪 1.6 千米以内);1989 年被纳入凯恩斯海洋公园(高潮水位标识以下 1.6 千米以内)。1975 年,绿岛成为大堡礁海洋公园的一部分,并于 1981 年列入大堡礁世界遗产区(EPA,2003)。绿岛周围的礁石属于绿色区域或禁捕区,在那里不得进行捕鱼或采集。1990 年,绿岛周边的礁石、海滩及公共区域经批准成为旅游景区。绿岛旅游景区包括绿岛国家公园、公共休闲漫步区与码头、停泊区、航道以及礁石边缘 1.6 千米以内的海洋公园。绿岛的国家公园、海洋公园及旅游景区都归属昆士兰公园和野生动物服务处管理,岛上还居住着一名海洋公园管理员。自 1990 年起,绿岛旅游业经营者对所有游客收取旅游景区费,每位游客 1.80 澳元。这项收费全部用在昆士兰公园、野生动物服务处的管理人员、基建工程(即木板人行道、管理员住宅及保护休闲漫步区所需的沙石)、虫害防治(即捕鼠),还有指定游泳浴场的指示性标识和救生人员所需经费开支上。2004 年,昆士兰公园和野生动物服务处与绿岛和大堡礁咨询委员会用于绿岛的管理费用达到 643 915 澳元。横跨绿岛热带雨林的自助式生态徒步旅行已被列为昆士兰州十大丛林徒步旅行项目之一(《凯恩斯邮报》,2009b)。2008 年 5 月,昆士兰州百年公园庆祝日活动在绿岛举行,活动内容包括海龟放生、海参展览、海草与礁石海报展览等(Anthony,2008)。

绿岛的特点

绿岛是一个砂质珊瑚礁，可供养高达 25 米的封闭式藤灌热带丛林。岛上共有大约 134 种植物、35 种海洋鸟类、28 种森林鸟类，以及其他 7 种岛上繁殖的物种。其中包括从 10 月到翌年 5 月在此筑巢的斑皇鸠（EPA，2003；DERM，2010a，2010b）。在绿岛上，会经常看到不会飞的黄领秧鸡，由于昆士兰公园和野生动物服务处成功组织的捕鼠活动，使黄领秧鸡有幸进入恢复期。绿岛是大堡礁中唯一一个具有热带雨林的珊瑚礁，整个热带雨林由蓄水层维持供养。绿岛周长为 1.6 千米，周边布满了沿海植物、沙滩和礁坪。围绕绿岛走一圈需要 30 ~ 45 分钟，在绿岛上远望，可以看到礁石美景。珊瑚礁周围有一处珊瑚礁台地（710 公顷），聚集着巨蛤、各种热带鱼、黄貂鱼、绿海龟、玳瑁、儒艮及礁鲨。在绿岛上，已经发现了 190 多种硬珊瑚和 100 多种软珊瑚（大冒险号，2010a）。由于食用珊瑚的螺属蜗牛和 1963—1964 年、1969—1972 年、1979—1982 年间出现的大量长棘海星的破坏，导致绿岛周围的珊瑚礁目前仍处于恢复阶段（Baxter，1990）。1964 年，一名潜水员在绿岛周边的礁石处清理出 400 000 多个长棘海星（Martyn，1993）。1998 年、2002 年、2006 年（远南区域），发生在大堡礁的珊瑚白化事件导致其周边珊瑚礁出现大量白色死珊瑚（Siebeck et al.，2006）。2003 年，绿岛上成片的白化珊瑚开始引起人们的注意，自此之后，珊瑚礁开始逐渐得以恢复。在 2006 年的调查中未发现任何白化记载（GBRMPA，2007）。绿岛周边的礁坪上有大量的海草床、绿海龟及儒艮。幼年海龟主要在绿岛周边寻找食物（Fuentes，2006）。自 2000 年开始实施的一项绿岛海草监测项目发现两处地点具有稳定的海草覆盖率，2008 年达到最高水平，而且未发现来自大陆甘蔗农场的除草剂（海草监测项目，2008b）。游客在绿岛浮潜、潜水或乘船游览可以欣赏到硬珊瑚、软珊瑚、巨蛤、五颜六色的岩礁鱼类和绿海龟。2009 年 8 月，在距珊瑚礁 100 米处发现了一头迁徙中的座头鲸，人们通过绿岛的半潜式平台可以观察到它（Dickson，2009）。由于绿海龟再次游回绿岛筑巢，2009 年 2 月，度假村的游客们甚至看到 100 多只幼龟一同爬向大海（《凯恩斯邮报》，2009a）。据公园管理员记载，在岛上 12 个龟巢中，有多达 640 只的幼龟（Wells，2003）。早在 1988 年，绿岛就开始在岛上进行有关海龟的研究和检测项目了。

绿岛海洋旅游业

在以珊瑚礁观赏为重点的大堡礁旅游业（74.9 万名游客）中，大约有 70% 的经营内容位于大堡礁海洋公园的凯恩斯地区（牛津经济研究院，2009）。每年到绿岛旅游的游客数量从 1999 年的 235 080 人，增加到 2004 年的 385 211 人。截至 2004 年，过去 10 年间，绿岛平均每年接待游客 28 万人，即每天约 787 人。一天内的最高游客到访量达 2 240人。这些游客主要来自于五家允许带领游客参观绿岛的珊瑚礁旅游公司（EPA，

2003)。但是还有一定数量的游客来自于可带领游客参观其他景区的旅游经营公司和其他一些经授权的旅游经营公司。由于天气情况恶劣,使这些旅游公司无法带着游客参观外堡礁,于是,他们便组织游客参观绿岛。绿岛游客的日到访量最多时曾达到1 900多人,最近,最高到访量下降到1 200~1 500人。在一项有关绿岛的承受能力的调查研究中,人们建议应该将日最高到访量控制在1 200名到1 345名游客之间(Beaumont,1996;EPA,2003;Beaumont,1997)。到访绿岛的游客大约90%都是当天往返的短途游客(巴克斯特,1990)。他们分别来自日本、中国、韩国、欧洲、美国、澳大利亚及其他一些国家。大多数到绿岛的游客会选择两大双体船公司的服务,他们从凯恩斯出发,一天内会有2~4个班次往返;也有一些游客会选择较小的游船、私人游船或游艇服务等。当然,还有飞往绿岛的直升机和水上飞机,但是由于绿岛限制航班数量,所以一天之内最多只有5个航班起降(EPA,2003)。

目前,绿岛的旅游设施主要包括:一个码头,一个配有咖啡店、酒吧、商店和泳池的日常生活区;一片配备有巡视人员的海滩;配置了指示标识的木板人行道;饲养海龟、鱼类和鳄鱼的美拉尼西亚海洋公园及绿岛度假村。蒙克曼礁石研究站(Monkman Reef Research Station)位于绿岛上,那里不经常对游客开放。绿岛的所有建筑物高度都比热带雨林的林冠低,所以从海上只看得见一座较高的无线电塔和码头。在海岛的西部,有一处漫步区,这个区域主要包括防波堤、砖石人行道、引导性标识,以及有救生员巡视的海滩。绿岛的海上娱乐活动包括:游泳、潜水、浮潜、海底漫步、在授权人士指导下的喂鱼活动、玻璃底船旅行、半潜式平台参观、海底观察站游览、划船、钓鱼和帆伞运动等,人们不可以在绿岛周边水域钓鱼或进行机动化水上运动(EPA,2003)。1982—1987年间,岛的西端曾经有一条自助式潜水航道,但现在已经被取消了(Baxter,1990)。珊瑚礁上大部分旅游设施都是由绿岛度假村负责运营管理的,具体包括住宿、饭店、咖啡店、酒吧、游泳池、信息中心、精品店,以及公共厕所等。绿岛度假村和游客日用设施租赁用地位于珊瑚礁的西端,占地面积达1.8公顷。度假村的运营始终遵守着严格的环境要求,例如不得挖排水沟,不得收集雨水(补充蓄水层),建筑物和人行步道必须建在混凝土桩上,为的是避免妨碍动物活动,那里还建有一个三级污水处理厂和一处海水淡化厂。昆士兰公园和野生动物服务处与绿岛度假村、珊瑚礁旅游业经营者和其他政府股东之间互相合作,共同管理着绿岛的旅游业。大家共同经营的项目有栽植木麻黄秧苗(沿海木麻黄属植物)、监测筑巢的海龟、设置公共停泊处、研究长棘海星、开展捕鼠活动、修建木板人行道等(Wells,2003)。

绿岛度假村的近年历史

1991年,大京有限公司购买了早期的绿岛度假村(已于1989年关闭)和渡轮服务。在1992—1994年间,大京有限公司拆掉了刚刚购买的早期度假村,斥资4 300万澳元修建了目前的绿岛度假村,新的绿岛度假村可以容纳 90 位宾客和其他一些游客。这个五星级的度假村共有 46 间高档套房,配有泳池、饭店和会议室。在绿岛度假村的建造过程中,大京有限公司针对修建度假村的施工单位和承包商制定了施工规范,还与他们签订了环境保护协议,以避免施工对环境造成的破坏。他们的规范涵盖了建材使用、垃圾及废液的清除以及动植物保护等内容。他们还在树木周围搭起了支护架,不得修剪或清理树枝(Harris & Leiper,1995)。由环境与遗产部和大堡礁海洋公园管理局(GBRMPA)制定的度假村开发许可条例要求污水必须经过三级处理,雨水必须落入地面以补充蓄水层(即屋顶无排水沟)。条例还规定:建筑材料必须使用自然色,建筑板材必须置于混凝土桩上,必须提升木板人行道的高度,而且尽最大可能不砍伐树木。

度假村和承租园区的园林绿化共种植了 6 000 株本地植物,品种多达 60 余种。这些植物使得此前显得日益衰落的度假村变得生机勃勃,而且还提供了鸟类栖息地,更提供了游客所需的舒适环境(Harris & Leiper,1995)。这个度假村被誉为"世界上最重视环保开发的度假村之一"。客户的房间里都配置有空调设施,在保证了游客入住舒适度的同时,还可防止墙壁表面因潮湿的热带气候而发霉。2005 年,绿岛度假村和"大冒险"号游轮被卖给当地一家珊瑚礁旅游公司——Quicksilver Connections 公司。2009 年末,由于环境管理员的职责是被包含在 Quicksilver 游轮环保总经理职责范围内,所以这里又重新任命了环境管理专员。2000—2004 年,绿岛度假村连续获得了昆士兰环境保护局(Queensland Environmental Protection Agency)(EPA)颁发的资源保护与废弃物管理奖和最洁净海滩奖。

海洋旅游业管理策略

大堡礁海洋公园管理局主要采取四种策略进行海洋旅游业的控制和管理,其中包括监管方面、物理方面(即基础设施方面)、经济方面和教育方面的策略(Orams,1999)。

监管方面的策略包括限制游客数量、禁止某些活动项目、划定冲突活动(时空差异)分类,在封闭区域保留并执行公园规则、法规及分区规划;在技能水平方面坚持规定要求(如潜水员或旅游经营者需具有资质)。法规主要包括对经营许可、租赁和执照的要求,还包括海洋活动行为守则范围内的所有规定。

物理方面的策略主要包括景区设施建设、集约利用区域或非集约利用区域的划分、设施的布局与设计、设施的变更和维护等。

经济方面的策略包括向旅游经营者和游客征收损坏赔偿费、押金、罚金和奖金等。大堡礁海洋公园会对每位游客征收 5 澳元环境管理费用,由旅游经营者代收。具备生态旅游资质的旅游经营者可获得 15 年的经营许可,一般旅游经营者仅为 5 年(GBRMPA,2010)。

教育方面的策略包括公园的指示信息,例如手册、标识、有导游或自助式徒步旅行、游客中心、管理员联系处或其他教育性活动(如清扫海滩)。在海岛管理中,使用绩效指标来衡量管理策略在降低旅游不良影响方面的成功性、监测并评估对环境的改善和游客行为的改进情况。改善海洋环境包括最大程度减少扰乱行为、保护栖息地、为海洋和沿海生态系统长期健康稳定的发展做出贡献(格拉姆斯,1999)。大堡礁海洋公园采取合作管理的方法对休闲与旅游业实施管理,最大限度地减少了对海洋旅游和其他珊瑚礁活动的影响(Ilet et al. ,2000;Harriott,2002;TRRAC,2002)。本章节将对绿岛发展可持续性旅游业所采用的管理策略进行评估。

绿岛旅游业管理

监管方面的策略

昆士兰公园和野生动物服务处的海洋公园管理人员负责绿岛度假村和周边珊瑚礁的日常管理。依据昆士兰大堡礁海岸与海洋公园法律(《海洋公园法案》,2004)和大堡礁海洋公园联邦法律(《大堡礁海洋公园法案》,1975),制定了在绿岛周边珊瑚礁和水域进行旅游活动时应该遵守的规则。海洋公园授权 Quicksilver Connections 公司(2006—2022 年),可在绿岛进行珊瑚礁观赏旅游、租船、有导游的独木舟之旅以及停泊(GBRMPA,2006)。昆士兰的其他立法也适用于国家公园(《自然保护法》,1992)、码头、公共漫步区(《地方政府法》,1993;《综合规划法案》,1997)。凯恩斯港务局(Cairns Port Authority)(CPA)负责管理绿岛的码头,公共漫步区和游泳浴场则由凯恩斯市议会(CCC)管理。《环境保护法》1994(Qld)中涵盖了环境影响、陆地和海洋污染行为方面的内容。依据《旅游区管理条例》2006 的要求,需对绿岛的主要公共区域及周边珊瑚礁进行保护,在此前提下开展自然旅游和娱乐活动。绿岛和大堡礁咨询委员会(GIARC)由昆士兰公园和野生动物服务处、大堡礁海洋公园管理局、凯恩斯市议会、凯恩斯港务局、自然资源保护部门、本地权益诉求者、绿岛度假村和珊瑚礁旅游经营者组成(EPA,2003)。珊瑚礁旅游经营者和度假村员工需将从事非法钓鱼、采集贝壳或海洋生物的人员情况、动物生病或受伤的情况、需要引起注意的动物活动情况(如海龟筑巢)报告至昆士兰公园和野生动物服务处的公园管理员处。

绿岛管理游客和商企的总体方案是依据《绿岛旅游区和绿岛国家公园管理方案》的分区规划、法规和指导意见制定而成的(EPA,2003)。这些方案阐述了绿岛的自然、文化和风景价值,并支持开展不会影响这些价值或生态可持续性的环保旅游活动。这些方案还规定了海滩租用设备、直升机操作、水上飞机操作、在绿岛或绿岛周边珊瑚礁开展旅游业务的业务规定,其中包括对船只尺寸、游客数量、旅游区域和类型等的限制条件。海洋公园许可条件中规定了喂鱼指南,在喂鱼指南中则规定喂食的位置、食物种类和数量。管理方案中还包括严禁、禁止或限制进行的旅游活动。《凯恩斯区域管理方案》所列的大堡礁海洋公园其他分区要求中禁止钓鱼、从事机动化水上运动或使用长度大于 35 米的船只。在这个方案中，大堡礁被认定是一处具备极高自然价值和巨大旅游开发潜能的敏感地区。每天仅允许 4 艘船只参观绿岛周边的珊瑚礁，在其西部区域，要求潜水或浮潜的最多组团人数为 15 人。在设置于码头北部停泊处的 50 米范围之内，不得停泊(EPA,2003)。停泊限制和钓鱼禁令可对绿岛周边的珊瑚礁起到保护作用。

物理方面的策略

管理绿岛旅游业所需的基础设施和物理设备包括服务于游客的度假村和相关服务设施，即游泳池、咖啡店、酒吧、酒店、商店、烟灰盒、卫生间、淋浴、更衣箱等。这些设施将游客集中在配有这些设施的主要活动区附近。2008 年，在一个主食物区上方修建了金属网罩，以防止鸟类的进入，但体型较小的绣眼鸟还是可以钻进来。为吸烟者提供了小型金属烟灰盒以及其他一些小的便携塑料容器，以方便吸烟者熄灭并放置烟蒂。度假村配有一个价值 500 万澳元的三级污水处理厂，可满足岛上所有卫生间的污水排放之需，并且还可以将污泥残渣运回大陆。这个污水处理厂是所有岛屿上的第一家污水处理厂。安置废水排放管线的区域确保没有珊瑚覆盖，目的是最大限度地减少不必要的损失(哈里斯和雷珀,1995)。经过处理的水大约有 40% 用于冲刷卫生间用水、水龙头用水、淋浴用水和花园浇灌用水。岛上淡水是来自一个自 2001 年开始运行的海水淡化厂，海水淡化厂排放盐水的管线延伸至岛屿北部的水域下。海水淡化厂的淡水日产量为 5.5 万升(“大冒险”号,2010b)。在此之前，度假村和岛上当天游客所需的淡水全部以高价用船从大陆运输过来。其他固体废弃物和可回收材料，例如，纸板、塑料制品和易拉罐等都必须运回大陆(EPA,2003)。

废弃的蔬菜被加工成堆肥，并被用于度假村的菜园，菜园里的蔬菜不使用任何农药，度假村里仅使用可降解的和不含硝酸盐的洗涤用品。化学物质会影响三级污水处理厂中用于分解人类粪便的细菌。在一座被隔离的建筑中设置了 4 台柴油发电机，用于为岛屿供电。安装在柴油储罐下方的混凝土槽可盛装溢出的柴油。度假村的热水供应系统采用发电系统的预热(哈里斯和雷珀,1995)。这里还曾考虑采用太阳能电池板为度假村供电，但这种方法易受热带雨林环境的影响和限制。大堡礁南部的伊莉特夫人岛生态度假村安装的太阳能——柴油混合发电站可以减少 40% ~55% 的柴油使用量(伊莉特夫人岛,2009)，另有 10 辆 Quicksilver 汽车使用的则是生物柴油燃料(《凯恩斯太阳报》,2009)。

1993 年，在绿岛的西端修建了一座长达 230 米的砖砌防波堤，用以防止沙土和潮汐对漫步区和承租区造成侵蚀。自 1995 年起，昆士兰公园和野生动物服务处每年均花费 1 万澳元用于海滩维护工作，他们用驳船运来推土机，将沙土推回至该区域，但防波堤北端仍存在侵蚀问题(EPA,2003)。运送至绿岛的所有机械设备必须在大陆先进行清洗，然后运至岛上，以保证运到岛上的所有土壤和物料必须是无菌的，而且是不含杂草的。

在这里,仅种植那些原产于岛屿的植物,所用的种子均来源于绿岛。在游泳浴场、码头和浮潜区域之间,以及常用的漫步区周围,都铺满了砖石人行道。在主要设施区域内的现有树木的四周,建有木板人行道,在树干的周围留有孔洞。木板人行道延伸至岛屿上的其他区域,在观赏或休息区域配有座椅。珊瑚礁旅游经营者所用的基础设施包括航道、用于停泊双体船的码头、码头北部的32个玻璃底船和半潜式船舶所用的系泊浮筒、帆伞运动的机动船、水上飞机和其他被授权使用的设施。为了便于海底漫步,在一段砂质礁坪的水下,还建有一处较短的混凝土路段并配有扶手。珊瑚礁的南侧建有一个直升机混凝土起降机场,起降机场从树丛一直延伸到周边的珊瑚礁处。一条贯穿于珊瑚礁中心热带雨林的凸起式木板人行道大大降低了游客对植被的破坏程度,周边短小的沙土路可延伸至海滩或礁石边缘处。为了增加植被面积、为珊瑚礁沿海处提供绿荫,昆士兰公园和野生动物服务处的员工还种植了1 000株木麻黄秧苗(Wells,2003)。珊瑚礁旅游经营者早期曾被授权可以经营在绿岛礁石上散步观光的项目,但是他们没有使用这些授权,为的是减少旅游活动对周边礁石造成的影响。相反地,珊瑚礁旅游经营者选择了使用玻璃底船和半潜式船舶组织承载游客进行观光,或者是让游客在周边珊瑚礁进行浮潜。

经济方面的策略

综上所述,自1990年以来,旅游经营者就开始向每名游客代收1.80澳元的旅游景区费用,用于为昆士兰公园和野生动物服务处向管理员负责人、所有基建工程、游泳浴场设立的指示标识和救生员提供所需经费。每年向游客征收的费用总额高达60万澳元,可满足昆士兰公园和野生动物服务处管理绿岛旅游区所需。搭乘私人船舶和游艇的游客不需要支付这笔景区费用。珊瑚礁旅游经营者向大堡礁海洋公园管理局缴纳管理费用,以地面为基础的,在珊瑚礁上进行的旅游活动需要获得昆士兰公园和野生动物服务处的商业许可。对于违反海洋公园规定的游客,例如,非法进行钓鱼活动的当地人,或从海滩或珊瑚礁处采集活体生物或贝壳的游客,会受到处罚。公园管理员或度假村员工会对采集贝壳和海参的游客发出警告,并将游客采集的生物送回到海滩或珊瑚礁。因为与亚洲游客的沟通存在语言障碍,所以对国际游客的处罚情况也很难进行跟踪。对违反许可要求的珊瑚礁旅游经营者的处罚力度更大,如果度假村对大堡礁海洋公园的海洋环境造成污染,度假村的经理必须为其行为负责,例如违反环境法规,度假村的经理将被处以10万澳元的罚金。度假村和昆士兰环境保护局(现在为昆士兰环境和资源管理部)会定期对污水处理厂和海水淡化厂进行检测,以保证其符合环境标准。自2001年,绿岛度假村和"大冒险"号游轮被澳大利亚生态旅游协会认证为先进生态旅游单位。关于这件事,在游客手册和网站中都对生态认证有所提及。这些高标准的、经生态认证的珊瑚礁旅游经营者会获得15年的经营许可权(GBRMPA,2009)。由于减少排放、监测碳排放量,Quicksilver公司也都被认证为气候保护行动的创新者。绿岛的另外一个主要运营商——"大猫号",也被认定为先进生态旅游单位和气候保护行动的先行者。大京有限公司收购绿岛度假村之后,很支持世界自然基金会的工作,他们向对岛上活动进行捐赠的游客提供世界自然基金会简报、书籍,还有面值为10澳元的礼品券(哈里斯与雷珀,1995)。目前,Quicksilver 并未将这项活动进行下去,更没有发扬光大,所以,那些来度假村的游客,或是当天往返的游客便没有机会为保护工作捐赠了。尽管如此,度假村仍会对绿岛一年一度的海滩清洁工作和半价家庭同乐日活动进行赞助。

教育方面的策略

对游客的教育方面的策略包括在双体船上提供有关大堡礁的视频和手册、在玻璃底船和半潜式船舶上提供关于珊瑚礁的英语和日语讲解(Aiello,1998)。"大冒险"号游轮手册在"今日活动与信息"一栏中列出了大堡礁海洋公园的规则和指南,并在《尊享安全浮潜》手册中提供了保护珊瑚礁的最佳浮潜方法指南。视频中包括有关珊瑚礁的信息,但是,并不是所有的游客都会观看船上这些视频的,比如当游客在船外、生病了,或者是因为匆匆忙忙没有听见、没有看见,也有可能没有理解。在绿岛上,在游客到达处设有一处游客信息中心,信息中心会向游客提供一份公园手册、一份用7种语言编写的公园守则和指示行动方向的标识,对有导游的丛林徒步旅行、沿指示标识行进的自助式徒步旅行提供指示性标识,标识中包括6种语言,在这些信息手册中,包涵了绿岛的历史、原始意义、野生动植物、生态信息,以及游客保护珊瑚礁生态系统的准则等。展示板上显示了珊瑚礁的形成、土著部落的情况、早期钓鱼和旅游发展的情况及当前管理的信息,当前管理的信息中包括游客在珊瑚礁上应采取的正确行为(Swartz,2006)。游客可掀动展示板上的翻板,通过转动滚轮选择不同语言,借此了解有关绿岛的环境信息(Parkkali,2006)。度假村还为游客提供了生态信息说明,涵盖了绿岛的历史和生态情况、度假村的最佳环保方法以及其他一些信息(绿岛度假村,2009)。度假村的环境经理负责对员工宣传和培训绿岛环境价值,让所有员工了解环保的重要性。为了防止污水处理厂造成污染,要使用可降解生物清洁产品,或者必须使用可降解的个人护理用品。度假村还向学校团体介绍当地环保实践的情况。

绿岛土著管理事宜

Gungandji 部落土著人也在寻求一种新的方式,宣传展示绿岛土著文化的价值,其中有当地照片拍摄、当地逸事宣传、土著特色设计等等(Swartz,2006)。绿岛的自助式生态徒步旅行展示了土著人的生存状态,向人们介绍了他们将植物应用于食品、药品、工艺品以及烹饪的情况。2006年6月,昆士兰公园和野生动物服务处与 Guru - Gulu Gungandji 土著居民就珊瑚礁可持续性采摘和文化实践一事签订了一份备忘录。备忘录包括了对陆地、沿海国家文化管理的建议、监测和研究投入,还包括绿岛开辟从事文化活动预留区域的建议(DERM,2010a,2010b)。2008年5月17日,在绿岛举办的昆士兰百年公园庆祝日活动中,Guru – Gulu Gungandji 土著居民表演了传统舞蹈(Anthony,2008)。除了这项活动或土著管理员的偶尔到访之外,几乎很难看到当地土著居民来绿岛参观。

在雅若巴附近的一个村落,仍有土著居民捕杀海龟、鱼类,他们甚至还开采绿岛附近的海洋资源(EPA,2003)。根据《土著人权利法案 1993 年》规定,允许原始土著人在其本土进行狩猎,以保障其生存所需。规定中甚至包括猎杀濒危物种,例如海洋公园内的海龟。由于土著人的捕杀,在绿岛珊瑚礁上很少见到成年绿海龟(Fuentes,2006)。绿岛珊瑚礁旅游经营者与来自雅若巴并在珊瑚礁附近捕杀绿海龟的土著人之间存有矛盾。有些土著人在白天进行捕杀,将这一过程赤裸裸地呈现在玻璃底船中所有游客的面前。来自雅若巴的土著狩猎人在凯恩斯附近,以 25 ~ 50 澳元/千克的价格,销售非法捕杀的儒艮肉和海龟肉,然而他们并不是这片区域的原始所有人(Jenkin,2009a)。2009 年的一份调查显示,由于土著人的捕杀和其他因素的影响,绿岛附近的海龟数量减少了 80%(Jenkin,2009b)。昆士兰公园和野生动物服务处与雅若巴土著人进行谈判,使雅若巴土著人对海龟的捕杀范围限制在绿岛西部区域,时间为下午 5 点之后,也就是当所有游客离开珊瑚礁后。2009 年,绿岛雇佣了一名土著管理员,他的工作是专门就捕杀协议的规定与雅若巴土著人进行谈判。

绿岛管理员不会在海龟筑巢区做标记,为的是防止人们拿走海龟蛋。道格拉斯港附近洛岛的旅游经营者很重视土著人在游客面前进行的捕杀行为。2009 年 8 月,平均一周内要有 4 只海龟被捕杀;当地海龟的总量竟从 100 只下降到 40 只(Koser,2009)。

旅游对绿岛的影响

绿岛保护与开发的冲突不仅表现在某些经授权的旅游活动中,还表现在游客因素而对海洋环境带来的影响中。旅游活动的影响包括直升机对处于繁殖期的海鸟和岛屿上游客的干扰。直升机的噪声迫使海鸟转移到岛屿的西端,或转移到其他珊瑚礁上,而螺旋桨叶片产生的瞬时风力吹散了斑皇鸠脆弱的巢穴;双体船和船舶搅起了珊瑚周围的沉积物;船舶电机在水中留下浮油,使游客总会闻到汽油味;船用螺旋桨更会损毁海草(海草监测项目,2008a)。经授权的船舶经营者所进行的喂鱼活动同时也吸引了大量具攻击性的鱼类,例如,原本生活在较深水域中的鲹鱼。大堡礁海洋公园管理局制定了有关喂鱼的许可条件,针对船舶经营者喂鱼时投放的食物数量和种类做出了规定。但是,依然会有些人对在海洋公园和世界遗产区域喂鱼这一做法表示质疑(MacPherson,2007)。来自于游客的影响主要包括游客在开放的餐饮区内喂食鸟类、在海滩采集贝壳、从珊瑚礁上摘取活珊瑚或海参、浮潜时站在珊瑚上或折断珊瑚、破坏植被、加速某些砂质道路的侵蚀和乱扔垃圾等。由于岩鹭在食物区捕捉其他小型鸟类,管理员不得不将它从绿岛上赶跑。度假村在一个主就餐区上方搭建了一个金属网罩,但在其他区域,仍然会发生游客喂食鸟类的现象,鸟类从餐桌上或从游客手中偷取食物。管理人员甚至还在亚洲游客的便携式冰箱里发现了活海参，管理者将其没收，并放回到珊瑚礁中。其他游客影响则主要包括当地人在绿岛附近的珊瑚礁进行非法钓鱼活动，这些活动主要在晚间进行。为了监视人们的非法活动，有一名负责晚上监视非法钓鱼活动的管理员竟从高处掉落到混凝土路面的直升机起降场上，摔断了胳膊（现已康复）。与之前开采珊瑚礁资源、捕捉海龟制成海龟汤罐头的行为相比，应该说目前的旅游活动对绿岛的影响是比较小的。

结语

目前，绿岛采用监管、物理、经济和教育方面的策略来保障旅游业的可持续发展。监管方面的策略包括：限制游客数量（日游客 2 240 人，浮潜或潜水旅行最多人数为 15 人）；禁止某些特定的活动（禁止钓鱼或机动化水上运动）；关闭活动区或使用区（撤销浮潜航道）；划分活动区域（公园分区）。物理方面的策略包括：景区设施建设（砖铺的通道）；设施安装（人行道、标识）；设施设计（环保度假村）；日常活动区域（游客日用设施）；撤销或变更景区（度假村重新开发）；修复植被，或进行再种植，在沿海植树等。经济方面的策略包括：征收费用（大堡礁海洋公园管理局及昆士兰公园和野生动物服务处的许可费用、生态认证及旅游费用）；征收损坏费用（度假村建筑公司和承包商、度假村经理责任人）；征收罚金（非法钓鱼）；进行奖励（通过生态认证的经营者可以获得大堡礁海洋公园 15 年的经营许可）。教育方面的策略包括：打印材料（昆士兰公园和野生动物服务处手册、自助式生态徒步旅行、度假村情况说明单）；标识（6 种语言的说明标识）；游客中心（岛屿信息中心）；活动（海滩清洁、海龟放生、土著人舞蹈）；以及联系人员（昆士兰公园和野生动物服务处管理员、度假村自然学家和珊瑚礁说明人员）。昆士兰公园和野生动物服务处及大堡礁咨询委员使用所有这些策略来管理绿岛旅游业的可持续发展，景区费用为游客设施和环境改善活动提供所需经费。在这些策略的共同作用下，可最大限度地降低旅游业对当地的干扰，保护栖息地，同时也改善了海洋和沿海的生态系统（Orams，1999）。

绿岛可持续发展之路需要人们了解珊瑚礁生态知识、了解严格的环境立法和管理指南，并需要公园机构和旅游经营者进行共同管理、监测和合作。昆士兰公园和野生动物服务处制定的指南和修建的人行道及度假村的设计和运行，均最大限度地减少了对珊瑚礁自然环境的干扰。自 20 世纪 90 年代起，便已通过立法、分区、许可和设施设计等方法对绿岛热带雨林和珊瑚礁栖息地进行了保护。通过公园管理方案和对旅游业发展、基础设施建设、植被再种植、害虫控制和景区监测制定的严格指南，绿岛海洋和沿海生态系统的健康性和可行性均得到改善。与传统土著人就在绿岛附近捕杀海龟事宜的谈判仍在继续，谈判的目的是为了最大限度地减少土著人与珊瑚礁旅游经营者之间的冲突。在其他增强绿岛可持续性的措施中，包括旅游经营者自愿停止喂鱼、为游客提供自觉捐赠的机会,或者提供为保护工作做贡献的机会。对于管理所有类型的影响和保证绿岛旅游业可持续发展而言,这种合作管理是至关重要的。

鸣谢

笔者很感谢海洋公园管理员和绿岛度假村环境经理于2002—2009年期间为前来绿岛实地参观的学生进行的演讲。针对海岛关键性管理问题的探讨系本章节的基础内容。如有任何错误,或有任何遗漏,应属笔者疏忽所致,为此由笔者承担全部责任。

参考文献

1. Access Economics (2009) Economic Contribution of the Great Barrier Reef Marine Park, 2006 – 07. Research Publication No. 98, Great Barrier Reef Marine Park Authority, Townsville, Queensland. Available at: http://www. gbrmpa. gov. au/corp _ site/info _ services/publications/research _ publications (accessed I September 2010).

2. Aiello, R. (1998) Interpretation and the marine tourism industry, who needs it? A case study of Great Adventures, Australia. Journal of Tourism Studies 9, 51 – 61.

3. Anthony, D. (2008) Green Island Centenary of Parks. Seagrass – Watch News 33 (June 2008), 2. Available at: htp://www. seagrasswatch. org/magazine. html (accessed 1 September 2010).

4. Baxter, I. N. (1990) Tourism. In: Green Island Information Review. Research Publication No. 25, 56 – 59. Great Banier Reef Marine Park Authority, Townsville, Queensland. Available at: http://www. gbrmpa. gov. au/corp_site/info_services/publications/research_publications (accessed i September 2010).

5. Beaumont, N. (1997) Perceived crowding as an evaluative standard for determining social carrying capacity in tourist recreation areas: the case of Green Island, North Queensland In: Hall, C. M., Jenldns, J. and Kearsley, G. (eds) Tourism Planning and Policy in Australia and New Zealand: Cases, Issues and Practice. Irwin Publishers, Sydney, pp. 168 – 180.

6. Cairns Sun (2009) Eco – friendly coaches. Cairns Sun, 12 August, p. 14.

7. Delaware North Australia Parks and Resorts (2010) Wilson Island, Great Barrier Reef. Available at: http://www. wilsonisland. com/ (accessed 1 September 2010).

8. DERM (2010a) Green Island National Park. Nature, Culture and History. Queensland Department of Environment and Resource Management, Brisbane. Available at: http://www. derm. qld. gov. au/pa rks/green – island/culture. html (accessed 1 September 2010).

9. DERM (2010b) Green Island National Park. Queensland Department of Environment and Resource Management, Brisbane. Available at: http://www. derm. qld. gov. au/parks/green – island/index. html (accessed 1 September 2010)

10. Dickson, R. (2009) Whales making waves in north. The Cairns Post, 1 August.

11. EAA (Economic Associates Australia) (1983) Green Island Economic Study. Research Publication No. 1. Great

Barrier Reef Marine Park Authority, Townsville, Queensland. Available at: http://www. gbrmpa, gov. au/corp_site/info_services/publications/research publications(accessed 1 September 2010).

12. EPA (1999) Green Island National and Marine Park: Park Guide(Brochure). Queensland Environmental Protection Agency, Brisbane.

13. EPA(2003) Green Island Recreation Area and Green Island National Park Management Plans. Queensland Environmental Protection Agency, Brisbane. Available at: http://www. derm. qld. gov. au/services_resources/item_details. php? item_id = 200841(accessed 1 September 2010).

14. EPA(2007) Green Island National Park Visitor Guide. (Brochure). Parks and Wildlife Service, Queensland Environmental Protection Agency, Brisbane.

15. Fuentes, M. M. P. B., Lawler, I. R. and Gyuris, E. (2006) Dietary preferences of juvenile green turtles(Chelonia mydas) on a tropical reef flat. Wildlife Research 33, 671 – 678.

16. GBRMPA(2006) Marine Parks Permit Quicksilver Connections Limited. Great Barrier Reef Marine Park Authority, Townsville, Queensland/Queensland Environmental Protection Agency, Brisbane,

17. GBRMPA(2007) Great Barrier Reef Coral Reef Bleaching Surveys 2006. Research Publication No. 87, Great Barrier Reef Marine Park Authority, Townsville, Queensland. Available at: http://www. gbrmpa. gov. au/corp_site/info_services/publications/research_publications (accessed 1 September 2010).

18. GBRMPA (2009) High Standard Tourism Programme. Great Barrier Reef Marine Park Authority, Townsville, Queensland. Available at: http://www. gbrmpa. gov. au/corp_site/key_issues/tourism/certification(accessed 1 September 2010).

19. Great Adventures (2010a) Reef and Fauna Information, Green Island, Great Barrier Reef, Cairns, Australia. Available at: http://www. greenisland. corn. au/reef – fauna. html(accessed 1 September 2010).

20. Great Adventures(2010b) History of Green Island, Great Barrier Reef, Cairns, Australia. Available at: http://www. green – island. com. au/history. html (accessed 1 September 2010).

21. Green Island Resort (2009) Green Island Resort Eco Facts. Available at: http://www. greenislandresort. com. au/ecoqacts. html(accessed 1 September 2010).

22. Flarriott, V. J. (2002) Marine Tourism impacts and Their management on the Great Barrier Reef. Technical Report No. 46, CRC Reef Research Centre, Townsville, Queensland.

23. Harris, R. and Leiper, N, (ads) (1995) Green Island Resort. In: Sustainable tourism: An Australian Perspective, Butterworth Heinemann, Chatswood, New South Wales, pp. 100 – 108.

24. Ilet, A., Aiello, R., Power, M., Recchia, C. and Sanders, L. (2000) The Great Barrier Reef World Heritage Area – ecotourism in the world's largest marine protected area. In: Charters, T. and Law, K. (eds) Best Practice Ecotourism in Queensland. Tourism Queensland, Brisbane, pp. 65 – 80.

25. Jenkin, C. (2009a) White meat, black market: poachers pillaging dugong and turtles. The Cairns Post, 28 August 2009, pp. 1 – 2.

26. Jenkin, C. (2009b) Dive in turtle stocks blamed on hunting. The Cairns Post, 13 October 2009, p. 3.

27. Koser, R. (2009) Reef turtles 'decimated.' Port Douglas and Mosman Gazette, 27 August 2009, p. 6.

28. Lady Elliot Island(2009) Great Barrier Reef Island Turns Green into Gold. Lady Elliot Island, Queensland, Australia(29 August 2009). Available at: http://www. ladyelliot. com. au/news/news_detail. asp? ID = 103 (accessed 1 September 2010).

29. Lucas, A. (2008) Turtle soup. Afloat (May 2008). Available at: http://www.afloat.com.au/afloat – magazine/2008/may – 2008/Turtle_Soup (accessed 1 September 2010).

30. MacPherson, A. (2007) A Different Kind of Fish Feeding Frenzy. Malaria, Bedbugs, Sea Lice & Sunsets Blog. Available at: http://coralnotesfromthefield.blogspot.com/2007/05/different – kind – of – feeding – frenzy.html (accessed 1 September 2010).

31. Martyn, J. (1993) The History of Green Island: The Place of Spirits. Author, Hidden Valley, Queensland.

32. Muir, F. (1993) Managing tourism to a sea – bird nesting island. Tourism Management 14, 99 – 105.

33. Orams, M. (1999) Management approaches. In: Marine Tourism Development, Impacts and Management. Routledge, London, pp. 71 – 93.

34. Oxford Economics (2009) Valuing the Effects of Great Barrier Reef Bleaching, August 2009. Great Barrier Reef Foundation, Newstead, Queensland. Available at: http://www.apo.org.au/research/valuing ~ effects – great barrier – reef – bleaching (accessed 9 September 2010).

35. Parkkali, S. (2006) Field trip Green Island. In: Making a Difference National Training Workshop, 11 – 14 September 2006, Cairns, Queensland. Interpretation Australia Association, Australia.

36. Seagrass – Watch (2008a) Gallery, Queensland Australia: 16 – 18 April 2008 – Green Island 19 April. Seagrass – Watch E – Bulletin (28 April 2008), p, 4. Available at: http://www.seagrasswatch.org/publications.html (accessed 9 September 2010).

37. Seagrass Watch (2008b) Wet tropics. Seagrass – Watch News 35 (December 2008), 4. Available at: http://www.seagrasswatch.org/magazine.html (accessed 1 September 2010).

38. Siebeck, U. E., Marshall, N. J., Kluter, A. and Hoegh – Guldberg, O. (2006) Monitoring coral bleaching using a colour reference card. Coral Reefs 25, 253 – 260.

39. Swartz, J. (2006) Green Island – tourist playground or something more? Interpreting Australia 33. 4

40. The Cairns Post (2009a) Lucky few see turtles hatch. The Cairns Post, 26 February 2009, p. 11.

41. The Cairns Post (2009b) Green Island bushwalk in top 10. he Cairns Post, , 27 July 2009, p. 22.

42. TRRAC (Tourism and Recreation Reef Advisory Committee) (2002) A Co – operative Framework for the Sustainable Use and Management of Tourism and Recreation Opportunities in the Great Barrier Reef Marine Park. Proposal of the Tourism and Recreation Reef Advisory Committee. Available at: http://www/gbrmpa.gov.au/corp_site/info_services/publications/misc_pub (accessed 1 September 2010).

43. Wells, D. (2003) Wells Approves Plan to safeguard World – Class tourist Attraction. Ministerial Media Statement. Department of the Premier and Cabinet, Queensland Government, 5 December 2003.

5　拉克沙群岛的旅游与可持续性

吉滕德兰·柯柯尼考[1]　汤姆·鲍姆[2]

1. 英国伦敦格林威治大学　2. 苏格兰格拉斯哥斯特拉斯克莱德大学

概述

拉克沙群岛风景独特,是一直最受人们欢迎的旅游目的地之一。在这里,大多数岛屿的面积都很小,而且具有原始质朴的环境、多样的生活方式、突出的本土文化、独一无二的陆地结构和动植物群(Sheldon,2005)。拉克沙群岛的独特之处常常吸引大量游客,而气候较为温和的小型岛屿则一直是游客特别心仪的目的地,因为小海岛上可以满足游客寻求异国情调的愿望。旅游市场营销人员通常会大量使用阳光和煦、绿树成荫、白色沙滩、伴着蔚蓝海水的热带岛屿一类的照片吸引游客,他们将岛屿宣传成为最适合于希望在世俗生活中寻求一片理想放松之地的游客们的最佳目的地(Baum,1997)。位于太平洋、地中海和加勒比海地区的岛屿已成为现代大众旅游的代名词,不停地吸引着大量游客的到来。

岛屿的地理、文化、生态和经济特征对游客具有很大的吸引力,但是,其脆弱的环境、地理局限性以及与外界影响兼容度较低的文化也是众所周知的问题。这些岛屿较小的面积、资源的相对匮乏使其发展面临一系列问题。所以,这些岛屿有赖于大陆来维持它们的生存(Kokkranikal et al. ,2003)。能够为旅游目的地的社会民众、经济潜在发展做出贡献的旅游业,成为许多岛屿社群为实现海岛可持续发展的策略之一,开展海岛旅游主要被作为丰富收入来源,实现经济发展多样化的一种替代形式(Tao & wall,2009;Kokkranikal & Morrison,2010)。

发展旅游业可以为当地社群带来一系列利益,但同时也会带来一些负面影响(Wall & Mathieson,2006),岛屿本身固有的特点使其对旅游所带来的负面影响更为敏感(Kokkranikal et al. ,2003)。环境的脆弱性、资源和基础设施的局限性、对土著社会的极具破坏性、结构性难题及旅游发展与管理方面的经验、专业化缺失,凡此种种,都导致岛屿社群很难对不可避免的旅游影响实施消化和管理(Buhalis,1999;Kokkranikal et al. ,2003)。

海岛旅游业面临的一个主要难题是必须以一种可持续的方式发展和管理海岛旅游业。旅游业古老的福特(Fordian)方式已经无法满足海岛旅游目的地可持续发展的需求，很多地方已开始寻求从“阳光、沙滩、大海和性”的旅游模式向其他更加良性旅游模式转变，例如在旅游目的地上开展具有特殊趣味的活动（Fayos - Sola，1996；Ioannides & Holcomb，2003；Bramwell，2004；Aguilo et al. ，2005；Sharpley，2007）。由于面积狭小，更由于在地理位置上与大陆分离，海岛旅游业的开发尤为需要较好的规划和管理，需要引进更为高效的管理措施。

针对人们对海岛旅游业负面影响的日益关注，柯柯尼考（Kokkranikal）等（2003）提出了若干海岛旅游业可持续发展所需的规划和管理措施，其中包括以社群为基础的旅游、战略性规划、海岛旅游、管理式旅游、区域式隔离旅游、社会影响评估、负荷量评估、环境审核、小规模旅游、环保标签以及游客管理等。作为岛屿处理其旅游发展所面临难题的解决方法，谢尔登（Sheldon，2005）提出了长期涉及利益相关者的规划、海岛社区和文化的授权、环境管理、知识和信息系统等。这些涉及范围广泛的预防和纠正措施也表明了可持续发展的复杂性和所面临的难题。

本章节旨在调查拉克沙群岛在其发展旅游业过程中所遇到的问题和挑战，重点关注拉克沙群岛的可持续发展。本研究基于在自然界中的探索实践，间接地来源于数据利用和同主要知情人的访谈，还有笔者进行的现场观察和发现结果。

拉克沙群岛概述

拉克沙群岛（Lakshadweep）在当地语言中是十万岛屿的意思。它由 36 个珊瑚岛屿组成，面积为 32 平方千米，位于阿拉伯海，邻近印度西南海岸（图 5.1）。这些群岛也被人们称为拉客代夫群岛。

每个岛屿的四周是珊瑚砂，岛屿的特点是在岛屿的西侧有一个巨大的、较浅的、平静的环礁湖，环礁湖隔开了珊瑚礁与外环海进入的海浪。作为印度面积最小的领土之一，拉克沙群岛人口数量为 60 595 人，分散居住在 10 个岛屿上（拉克沙群岛联邦属地，2009）。群岛属于热带海洋性气候，温度变化在 20 ~ 30℃之间。这些岛屿属于马尔代夫群岛的一部分，同样，也会受到由气候变化导致的海平面上升所带来的影响（内务部，2005）。拉克沙群岛还紧邻印度的一个主要旅游目的地——喀拉拉邦（图 5.2）。

人们认为，第一批拉克沙群岛定居者是公元 7 世纪由喀拉拉邦来雅敏尼岛（Amini）、卡瓦拉蒂岛（Kavaratti）、安德罗特岛（Andrott）和格尔贝尼岛（Kalpeni）迁徙而来的；随后，阿格蒂岛（Agatti）、契尔坦岛（Killtan）、切特拉特岛（Chetlat）和格德默德岛（Kadmat）也开始有人居住（图 5.2）。由于缺少饮用水，无人居住的岛屿被保留了下来。这些岛屿一直处于来自大陆的多个统治者的统治之下。1799 年，这些岛屿被纳入英国统治之下，1974 年成为独立以后印度领土的一部分。由于面积相对较小，所以就把群岛作为联邦属地进行管理，由印度中央政府直接治理（George，1997）。几乎所有岛上居民均为穆斯林教，隶属于在册部落，由于群岛的地理位置偏僻，教育和雇用得以获得保护。群岛

图 5.1　拉克沙群岛的位置

（编按：http://schools. look4. net. nz/geography/country_information/outline_maps/files_OM/india. jpg. ）

上只有极少数人是印度教徒和基督教徒。根据 2001 年进行的全国人口普查，拉克沙群岛的人口密度为 1 894 人/平方千米。由于群岛面积较小，所以群岛上严禁从事与土地相关的开发活动，仅限允许岛上居民进行土地买卖，由此限制了人们从大陆移居过来，以控制岛屿的人口数量。土地业务还包括将土地长期租赁给外来人。

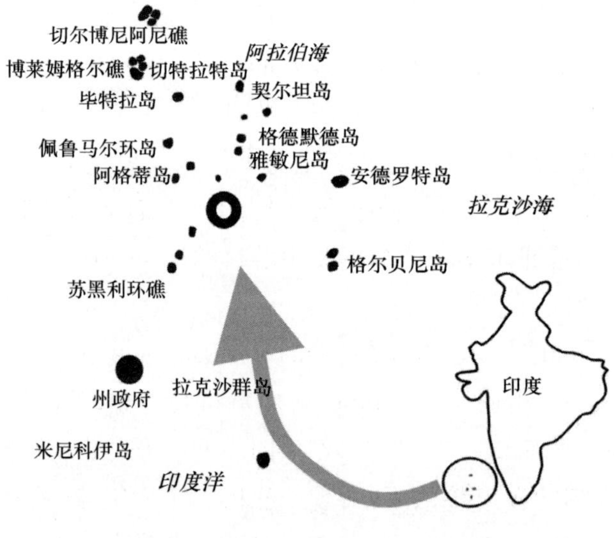

图 5.2　拉克沙群岛岛屿示意

（编按：http://www. stayfinder. com/images/travelguide/india/destinations/islands/lakshadweep/lakshadweep_map. gif）

马拉雅拉姆语是喀拉拉邦当地母语，除米尼科伊岛使用马尔代夫当地的马哈尔语（Mahal）之外，所有岛屿均使用马拉雅拉姆语。喀拉拉邦为母系社会，女性在社会和经济方面发挥着重要的作用。他们采用马鲁马卡哈亚姆（marumakkathayam）继承权制度，这一制度在喀拉拉邦地区上流印度教徒中应用广泛，规定祖业由女性继承人继承。这个制度保证了女性在社会中的经济独立性。女性在各行各业中占主导地位是米尼科伊岛的一个独特之处，在这里，结婚后，丈夫会使用妻子的姓氏，女主人负责管理全部家庭事宜。造成这一现象的原因可能是由于岛上居民多是船员，而且在大多数情况下他们都需要出门在外。岛上居民中有87.52%的人具有读写能力（拉克沙群岛联邦属地，2009），因此，这些岛屿属于这个国家比较发达的地区。

所有岛屿都被宣布禁酒，唯有班加拉姆岛度假村除外。尽管受到伊斯兰教的影响，但这里仍盛行以职业为基础的等级制度，例如地主、船员和农民。岛上居民质朴、善良，这一特点远近闻名，岛上犯罪率较低，几乎没有法律与治安方面的问题发生，拉克沙群岛以此为荣（规划委员会，2008）。

联邦属地的行政主管是行政长官，行政长官通常是由印度中央政府任命的高级公务员。岛屿也会向印度议会推荐一名选举成员。海岛本身并不具备立法机关，因此，行政长官便是这些岛屿的主管者。在行政长官的监督下，岛屿上实行潘查亚特制度，并所有岛屿提供基本服务。33名选举成员分别代表10个有人居住的岛屿，组成了村（中央）务委员会，并由一名当选主席负责管理该委员会。每个岛屿都有自己独立的德维普（Dweep）（类似村务委员会），同样由一名当选主席负责管理。岛上有多个部门负责处理法律与治安、民用物资、公共服务、农业、金融等问题，由行政长官负责。在进行各种发展项目的过程中，拉克沙群岛开发有限公司（LDCL）、旅游部和自然旅游与体育促进会（SPORTS）（Lakshadweep Development Corporation Limited，Department of Tourism and the Society for Promotion of Nature Tourism and Sports）等机构发挥了关键性的作用。

由于自然资源非常稀少，岛上的经济活动非常有限。经济模式为农业经济，90%的人口主要依靠种植椰子为生。这些岛屿每年会产出2 750万个椰子（拉克沙群岛行政部，2010），椰子被加工成椰肉干，或被卖到大陆的椰子榨油厂。2万平方千米的领海面积和4 200平方千米的潟湖区使得渔业也成为岛上居民的一种主要经济活动。岛上有500多艘机动船舶，一个金枪鱼罐头厂，一个手工艺品培训中心和几家椰壳纤维（椰子外壳纤维）产品制造中心。它们构成了岛上的所有的工业活动。格尔贝尼岛上有一个针织品厂，格德默德岛上有一个椰子粉厂，阿格蒂岛上有一个熏鱼和鱼粉厂。由于环境原因，早期作为主要产业的珊瑚矿业现在已被禁止。大量岛上居民，尤其是来自米尼科伊岛的居民，在世界各地做船员谋生。四艘轮船和两家航空公司是连接岛屿和大陆的主要交通机构。岛屿之间的旅行可使用快艇和直升机。所有岛屿均具有通信设施，每个岛屿均具有各自的名为IntraLAK的内联网门户网站，其作用是作为电子政务的一站式接口（IntraLAK，2009）。岛上白天由太阳能板发电，晚上则由柴油发电机发电。

由于资源基础有限，岛上居民的日常生活用品几乎全部依赖大陆供给。偶尔由于机械故障或恶劣天气的影响，会导致船只服务价格波动。每当这时，对大陆的依赖性显得更加突出。岛屿距大陆较远，并且资源稀缺，因此岛上基础设施建设所需费用非常之高。由于其偏远性、地理位置和面积因素，岛屿面临若干人为和自然灾害（图框 5.1），并且由于较高的人口密度和较广泛的人类活动，所有岛屿的环境均面临不断加大的压力。珊瑚矿业、航道挖掘、非持续性捕鱼方式、沿海开发及旅游纪念品采集都是导致环境恶化的主要原因（内务部，2005）。

图框 5.1　拉克沙群岛的脆弱性和阻碍因素

- 地理隔离
- 与外界隔绝的生活状况和偏远性
- 较小面积与人口压力
- 通讯与交通
- 社会、经济脆弱性
- 环境脆弱性
- 生态系统脆弱性
- 基础设施落后
- 饮用水稀缺
- 环境卫生
- 固态废物处理
- 能源需求
- 地震
- 风暴
- 降雨、洪水
- 水灾
- 岛屿海水泛滥
- 海岸侵蚀
- 海平面上升
- 海啸
- 漏油
- 海洋污染
- 旅游业

拉克沙群岛的旅游业

人们通常以“异国珊瑚天堂”来形容拉克沙群岛，而拉克沙群岛也确实受得起这样的赞誉。珊瑚岛的四周是聚集着丰富海洋动物群的珊瑚群和美丽海滩环绕的潟湖。自19世纪70年代在大陆和岛屿之间开通船舶服务和19世纪80年代开通航空服务之后，岛屿便开始发展旅游业。岛屿上的旅游活动包括深海垂钓、珊瑚参观、海底漫步、潜水和其他水上运动、参观博物馆、水族馆、村落、佛教考古遗址、手工艺品和椰壳纤维生产中心。皮蒂岛(Pitti)是鸟类保护区，该岛是无人居住的岛屿之一。

由于环境脆弱、人口密度较高、物资有限，岛屿的旅游开发一直受到限制。岛屿在发展旅游和保护环境之间遵循折中的路线，主要侧重发展高价值、低容量的旅游业(Kokkranikal et al.，2003)。出入岛屿均受限制，即使是印度人来参观岛屿也需要提供许可证明。为了确保岛上居民的生活方式不受外界的干扰，对游客开放的岛屿仅有6个，其中4个是有人居住的岛屿(卡瓦拉蒂岛、格尔贝尼岛、米尼科伊岛和格德默德岛)，主要服务于来自国内的游客；两个是无人居住的岛屿(班加拉姆岛和阿格蒂岛)，主要服务于来自国际的游客。选择这些岛屿的原因在于：①其地理区域优势；②岛上可获取充足的饮用水；③交通便利(Kokkranikal et al.，2003)。由于创建了水上运动协会和潜水中心，格德默德岛现亦可供外国游客参观。截至2004年，有两艘客船MV Bharat Seema和Tipu Sultan，负责将游客接送到这些岛上。随后两家私人公司相继获得了经营许可权——2005年获得许可权的M/S丽星游轮公司(M/S Star Cruises)和2007年获得许可权的M/S远洋游轮公司(M/S Ocean Cruises)，二者均可经营游轮运输业务，这使得游客数量在2006—2007年间出现骤增(表5.1)。在岛上，有152名岛上居民实现了直接就业，旅游业为岛屿带来的财政收入超过5 000万卢比(1美元为44印度卢比)(拉克沙群岛旅游，2009)。在用工领域，有许多有关熟练工种和半熟练工种的用工需求，公共部门是主要雇佣方。

表5.1 拉克沙群岛游客到访量(来源：拉克沙群岛联邦属地，2009)

年 份	人数(人)
1992—1993	3 437
1993—1994	3 373
1994—1995	4 225
1995—1996	4 680
1996—1997	4 861
1997—1998	4 123
1998—1999	2 735

续表

年　份	人数(人)
1999—2000	2 120
2000—2001	3 863
2001—2002	3 798
2002—2003	5 004
2003—2004	4 703
2004—2005	2 588
2005—2006	15 203
2006—2007	21 522

旅游部负责管理拉克沙群岛的旅游业,由其制定旅游政策和方案,然后交拉克沙群岛行政机构执行。“自然旅游与体育促进会”是隶属于旅游部的半官方机构,具体负责海岛旅游业的商业运作和推广。自1985年起,自然旅游与体育促进会开始组织承办登岛旅游,开始着手对岛上多数旅游设施的管理和印度主要城市信息中心的管理。直到最近,到拉克沙群岛的游客才被允许乘坐游轮于白天参观浏览该岛,而班加拉姆岛仍不在游轮游客参观范围之内。在20世纪90年代,岛屿为国内游客提供了有限的住宿设施——游客小屋。一些游客小屋和阿格蒂岛度假村归岛上居民所有,或者由岛上居民经营(表5.2),大部分游客小屋归自然旅游与体育促进会所有。1998年,自然旅游与体育促进会在格德默德岛上创建了首个水上运动协会和拉克沙群岛潜水中心,随后,运动协会和潜水中心被一家孟买公司租赁。

表5.2　拉克沙群岛的住宿情况(来源:自然旅游与体育促进会,2009)

	游客小屋所有人		
岛　屿	自然旅游与体育促进会	私人管理	床位(张)
班加拉姆岛		30	60
格德默德岛	29		60
阿格蒂岛		10	20
米尼科伊岛	10	3	26
卡瓦拉蒂岛	5		10
格尔贝尼岛		4	8
总　计	44	47	184

班加拉姆岛是一个接受国际游客参观的岛屿,现在这里已经成为远近闻名的海岛度假村,吸引了众多名人和高端游客的到来。这里共有30个游客小屋,价钱从每天400美元到700美元不等,通常需要提前预订。度假村由来自大陆的CGH酒店集团负责经营,CGH酒店集团历来以环保管理实践和不使用空调、电视、电话和报纸等便

利设施闻名。每年,CGH酒店集团需要向自然旅游与体育促进会缴纳550万印度卢比的租金。此外,依据租赁协议,度假村还必须保证酒店所用员工中的40%为本岛居民。

拉克沙群岛旅游业面临的问题与挑战

已有充分记录证明,旅游业对物理环境造成的影响很大(Wall & Mathieson,2006;Holden,2008)。由于岛屿的容量有限,小岛很难消化掉旅游带来的影响。因此,有必要为旅游业的发展制定一份谨慎的、周密的方案。作为海岛的主要问题之一,基础设施和资源的局限性会加剧旅游业对岛屿环境的影响。但是,关于旅游业负面影响的概念受到来自斯彻文思(Scheyvens)和摩森(Momsen)(2008)的反对,他们辩称,"大多数旅游和一般的有关旅游业可持续性的文献都夸大了小型岛屿的脆弱性和依赖性"。他们还指出了一些具有强大能量的小岛屿地区,这些小岛屿具有高层次的文化、社会和自然资本、崇高的传统、历史发展方式、政治力量、较好的经济管理,以及强大的国际关系。然而,也有非常明确的证据表明,岛屿的脆弱性可归咎于旅游业带来的负面影响(e. g. Gossling,2003;Scheyvens,2005;Campling & Rosalie,2006;Bramwell,2007;Connel,2007;Sharpley,2007;Sharma,2009),而拉克沙群岛也不能例外。拉克沙群岛环境脆弱,旅游业的发展需要对其敏感性保持警惕(内务部,2005)。由于拉克沙群岛面积较小,环境脆弱,旅游业容易出现瞬时而强烈的影响,会对岛上居民的生活和生态系统造成负面影响。柯柯尼考(Kokkranikal)等(2003)提出了拉克沙群岛旅游所面临的问题和挑战,以下是对这些问题和挑战的总结。

污水处理是拉克沙群岛面临的最主要问题之一。生活方式的改变和人口数量的增加,使岛上产生的污水和固体废弃物不断增多。大多数海岛没有淡水,即使有淡水供应,数量也极为有限,所以不得不大量使用海水,此举可以抑制污水中的细菌分解(沃尔和马蒂逊,2006)。与世界各地许多其他岛屿一样,拉克沙群岛的习惯做法也是将污水直接倒入大海。在许多岛屿中,未经处理的生活废物被排放到每户人家房后狭窄的海岸线地带(规划委员会,2008)。大多数被倒进海里的垃圾有可能被再次冲回到岛屿周边或冲积到附近的礁石上,毫无疑问会对生态系统造成影响。有时,人们会将污水带到大陆进行处理。以上两种方法都不是很环保,随着游客量的增加和岛上居民消费方式的变化,对生态系统的危害将会进一步突出。

淡水的稀缺对拉克沙群岛的生活产生影响,这也是为什么要限制对所选岛屿实施旅游开发的原因之一。岛内珊瑚的特点是多孔隙,这会导致盐分渗入,进而影响地下水的质量(规划委员会,2008)。饮用水的主要来源是靠雨水,在雨季收集雨水,储存在水罐中,然后通过输水管网输送到各使用点。拉克沙群岛的蓄水层极为敏感,淡水在海水表面流动，其状宛如一层薄薄的镜片（Dhiman & Thampi，2009；Mondal et al.，2009）。在一年当中的大部分时间，岛上居民是依赖一个热能海水淡化厂获取饮用水。在近期，规划委员会（2008年）进行了一项调查，调查发现，这个唯一的海水淡化厂其实不能满足岛上居民对饮用水的需要，所以建议在其他岛上另建三个海水淡化厂。在岛上居民所需的饮用水尚且不够的情况下，岛上的游客和他们对饮用水的额外需求，只能使饮用水短缺的情况变得更加恶化。

岛屿易受到船舶漏油和附近油轮的影响。机动船漏油会对珊瑚和其他海洋生物造成伤害。此外，船舶的螺旋桨会搅起海床的污泥并造成污染（Wall & Mathieson，2006）。由于海岛的主要景区和旅游活动都是基于海洋生态系统进行的，所以拉克沙群岛也面临着上述所有这些问题。即使目前那里的此类问题还不很严重，但若无适当的预防和补救系统，现有状态也将无法保持。海洋旅游和水上运动的增加会进一步增大现有的压力。

珊瑚礁不仅对岛上居民的生计很重要，对岛屿的生存也很重要（Syed Ismail Koya et al.，2009）。当地居民从珊瑚礁和潟湖中捕捉鱼类以供食用，珊瑚礁可以防止岛屿因受到侵蚀而成为低洼岛屿。直到20世纪80年代中期，珊瑚矿业一直是当地的主要经济活动之一，并且是政府提供奖励措施促进其发展的一种产业。目前，这些产业已经被彻底禁止，目的是使岛屿避免继续遭受破坏。1998年，厄尔尼诺现象引起了珊瑚白化，白化问题几乎影响到拉克沙群岛90%的活珊瑚。珊瑚曾是岛上居民用来搭建房屋的主要材料，因为从大陆运建筑材料上岛所需成本高昂，所以岛上居民成了影响珊瑚生存的主要威胁。向大海排放未经处理的污水、垃圾和不可生物降解的固体废物，会对珊瑚造成进一步伤害。由于珊瑚构成了岛屿的主要景观，更由于某些旅游活动也是以珊瑚为基础进行的，所以，旅游本身对珊瑚的生存也构成了另一主要威胁。有些粗心大意的游客在珊瑚礁上踩踏行走，停泊的船只同样在扰乱珊瑚的生活环境。除此之外，还有一种威胁来自那些收集旅游纪念品的游客，尽管岛上有严格的警示规定，但仍有一些游客在采集珊瑚。

岛上民风“质朴”，是一个真正意义的无犯罪社会，但却很容易受到游客的影响，这些影响既来自于国内游客，也来自于国际游客。接触不同的游客和不同的文化，很有可能产生社会与文化的变化，产生价值冲突和沟通问题，或者会使岛民与游客之间产生不友好的态度，彼此孤立、分离、隔离（Reisinger，2009）。此类的变化还会威胁到现行的社会等级体系和凝聚力，促使岛上居民以相互支持的社会单位形式来组建生活。所有岛屿都有其自己的社会体系，依据岛上的社会体系，不同年龄段的成员需要履行不同的社会责任，从办事的人到关乎社会和经济发展的人，都是在履行自己的职责（Kokkranikal et al.，2003）。文化冲击、文化冲突、文化趋势和示范效应等对岛屿传统社会的影响是真实存在的，并且对岛屿社群的损害很大（Fisher，2004；Reisinger，2009）。

对大陆的依赖性是严重影响岛屿经济发展和其他商业活动发展的另一个因素。由于岛上居民的主要资源是鱼类和椰子,因此,在经济方面的缺失很严重。虽然尚无可靠数据借鉴,但通过马尔代夫群岛和拉克沙群岛之间存在着的一定相似度来看,据保守估计,两个群岛上都大约有80%的经济缺失存在。针对旅游业到底给岛上居民带来多大的经济效益,存在很多质疑。岛上居民对大陆企业家拥有岛上旅游业感到十分愤慨。由于岛上可开展的经济活动非常有限,因此即使人们怀疑过度依赖旅游业并非是正确、可持续发展的方法,但是旅游业依然成为当地人们维持生计的一种选择(规划委员会,2008;Tao & wall,2009)(Kokkranikal,2004)。而且,几乎所有与旅游相关的规划和开发决策都是由印度政府的旅游部根据大陆情况制定的,岛上居民对这些事宜没有太多的发言权。自然旅游与体育促进会只是一个执行国家旅游部门决策的机构。

很明显,可持续性是拉克沙群岛旅游业发展所面临的一个主要问题。岛屿的结构和地理特点使其对社会、文化、经济和生态影响极为敏感,而且发展旅游业还加剧了这些影响(Kokkranikal et al.,2003;内务部,2005;规划委员会,2008)。

拉克沙群岛旅游业与可持续性

由于资源和生存条件限制,旅游业为拉克沙群岛提供了另一种可以选择的经济活动。然而,脆弱的环境和传统的社会使得拉克沙群岛必须以可持续的方式谨慎发展旅游业。意识到岛屿环境和社会文化的脆弱性,拉克沙群岛遵循“保护哲学”,并以此为指导原则(拉克沙群岛旅游,2009)。很明显,如上文所述,拉克沙群岛只允许国内游客对那些有人居住的岛屿参观,以避免可能出现的社会文化问题。将岛上居民和游客之间的接触机会降至最小,目前岛屿还未出现任何社会或文化冲突(Kokkranikal et al.,2003;拉克沙群岛旅游,2009)。除环保政策措施之外,岛屿还采用一些策略来解决拉克沙群岛旅游业的可持续发展问题,包括“控制旅游”、“隔离旅游”及“飞地旅游”(Guthunz & Krosigk,1996;Kokkranikal et al.,2003)。

旅游政策

旅游政策措施是影响旅游发展方式和后期产生影响的关键因素(Dredge & Jenkins,2007)。植根于可持续发展理论中的旅游政策是保证旅游业与环境协调发展的基础(Tribe,2002;Jamal,2004)。针对其地理和地形条件的限制性特点,拉克沙群岛采取的旅游业政策是发展高价值、低容量的旅游业,以保证旅游业在环境方面的可持续性和经济方面的可行性(拉克沙群岛旅游,2009)。然而,目前经授权经营游轮的两家公司的业务，使游客量激增（见表5.1），需谨慎研究游客增加所带来的影响。拉克沙群岛旅游政策的主要特点如图框5.2所示。

图框5.2 拉克沙群岛旅游政策的显著特点（来源：拉克沙群岛旅游，2009）

1. 保护脆弱的环境和生态结构
2. 保护当地特有文化和社会结构
3. 发展高价值、低容量旅游业
4. 依据岛屿“容纳量”，发展可持续旅游业
5. 发展基于海洋的服务于较多游客的游轮旅游业
6. 为高消费游客发展基于空运的旅游业
7. 培训员工，提高其旅游管理技巧，开发地方能力，鼓励人员经营水肺潜水中心
8. 严格按照规定将设施私人化，例如，土地承租、特许权使用费和总营业额的百分比
9. 为了保护环境和文化，旅游政策还强调：

（1）无违反禁令行为

（2）促进民间艺术和文化

（3）环保水上运动，主要是非机械化的

（4）促进水肺潜水

（5）提高太阳能和生态厕所的使用率

（6）收集非生物降解废物，进行安全处理

（7）在远海区域处理厨房垃圾

（8）推广使用无烟炉灶

（9）避免使用柴油发电机

（10）使用低噪声发电机，避免噪声污染

作为第九个五年计划的一部分，拉克沙群岛行政部在1997—2002年期间开展了一次环境影响评估活动。这个活动制定了下列发展原则，以供海岛发展项目使用（图框5.3）。

图框5.3 旅游项目指南（来源：拉克沙群岛旅游，2009）

1. 所有拟建结构均应具有茅草屋顶或平铺的斜屋顶
2. 尽可能只使用生态厕所
3. 建立雨水收集系统，以保存所需淡水
4. 应尽量不使用泵输送装置，所有水泵输送装置都应该配备停送装置，以确保不泵到最低安全水位以下的水
5. 应安装废物处理系统。例如，用于不可回收的，或不可生物降解的废物的焚化炉，此外还必须配备各种非生物降解废物（堆肥）的回收系统
6. 把对树木和绿色植物的砍伐现象降至最低，最大限度地种植树木、植物、灌木将匍匐植物
7. 在开发任一有人居住的岛屿之前，应进行有关岛上旅游容量的调查研究
8. 应建立相应系统，以提高游客对生态系统脆弱性和易损性的认识

岛屿引进的以可持续性为基础的主要旅游活动包括以下内容(拉克沙群岛旅游,2009)。

- 采用太阳能发电厂发电。
- 对岛上居民进行教育,使居民们能够选择环保生活方式。
- 已在卡瓦拉蒂岛建立了使用椰子和其他废物的生物燃料厂,用于发电。
- 为乘船的游客播放影片,向其介绍有关岛屿、环境、珊瑚礁、岛屿的管理方法,禁止采集珊瑚、禁止丢弃塑料制品等信息,以及保持岛屿卫生的方法,告诫游客在欣赏美景的同时不要干扰或破坏岛上的环境。
- 培训岛上居民进行水肺潜水,使岛上居民不仅能够了解海洋环境健康的重要性,为保护岛屿的生态系统做出贡献,还可以促使岛上居民协助行政部门发挥监督作用。

这些政策措施和指南可以帮助人们意识到环境保护对海岛旅游业发展的重要性。然而,岛上居民是否能够维持现有的低容量、高价值的旅游业发展方式且不受大陆旅游热潮影响,也是很重要的。

飞地旅游是指将游客和游客的休闲活动限制在特定旅游区域内,使之远离当地居民,这种做法是一种限制旅游影响的有效手段,尤其适用于易受示范效应影响的社群(Fhiser,2004)。通过飞地旅游,有可能将影响限制到最低,并控制在特定区域内。CGH酒店集团在班加拉姆岛上的度假村就是一个飞地旅游的极好例子(Kokkranikal et al.,2003)。作为一个高档专属度假村,班加拉姆岛是唯一一个允许外国游客停留的岛屿。岛上居民禁止入内,班加拉姆岛还可以提供酒精饮料。班加拉姆岛飞地旅游的价格和结构是一个很好的例子(Jenkins,1982)。班加拉姆岛度假村因其环保措施而闻名,完全与其他岛屿隔离,可提供多种水上活动,例如,皮划艇、双体船、浮潜、深海垂钓、水肺潜水。虽然度假村只有40%的员工来自当地岛屿,但至目前,拉克沙群岛还未出现任何由示范效应带来的社会问题(Fhiser,2004)。除了度假村雇佣的岛上居民之外,班加拉姆岛能够供给度假村的资源并不多,因此,度假村和班加拉姆岛在经济方面的联系也非常有限。但是,由于班加拉姆岛不能完全满足度假村所需的全部资源,因此,经济缺失问题是真实存在的,而且也是无法避免的。更重要的是,由于把当地居民与游客分离开了,从而使当地居民因大批游客涌入而导致的潜在不满情绪降到了最低点。

隔离旅游,是另一种使收益最大化、使游客数量最小化的发展策略。同样,这种策略有助于最大限度地使游客远离当地居民,以便将旅游业对本土文化和生活方式的干扰程度降至最低(Guthunz & Krosigk,1996;Salih,2000)。拉克沙群岛始终坚持低容量、高价值的旅游政策,这一做法从一开始就是正确的。起初,仅允许通过轮船将日间参观的大陆游客运至岛屿。即使是岛上于近期引进的游客小屋,也在尽可能地远离当地社区。此外,据旅游官员所述,包船旅游仍然是自然旅游与体育促进会组织的主要旅游方式。这个策略似乎在拉克沙群岛取得了良好的效果,而且效果明显。自隔离旅游被采用后的25年里,旅游业对岛屿的经济、环境和社会的损害确实少之甚少。

控制旅游是指将游客数量、旅游设施和旅游活动控制在最低限度,以避免对资源造成压力,避免产生不良后果(Kokkranikal et al. ,2003)。拉克沙群岛行政部特别重视将旅游发展控制在岛屿容纳范围之内。可通过各种方法实现旅游控制,例如,入境限制、减少设施量、降低价格、引进并实施游客行为准则。通过入境许可来限制游客数量,仅开放6个岛屿用于旅游,而且仅允许国内游客进入有人居住的岛屿,游客住宿总床数限制在184个,组织以游轮为主的包船服务,开发基于海洋的旅游活动,行政部负责控制游客的数量、种类和活动。行政部还引进了一系列的游客行为准则(上文所述),由来自当地社群且经培训的导游团体以温和的方式劝说游客遵守这些指南。图框5.4列出了由自然旅游与体育促进会制定的行为准则。

图框5.4 拉克沙群岛游客行为准则(来源:自然旅游与体育促进会,2009)

- 出发之前,确保提前预订旅游行程
- 请勿将垃圾扔到地面或大海中。避免污染环境
- 请勿采摘珊瑚作为纪念品。这种行为会受到处罚
- 请勿在岛屿上饮用酒精饮料或致醉饮品。所有岛屿均有相关禁令,班加拉姆岛除外
- 请勿携带麻醉剂或药物。这种行为会受到处罚
- 请勿游泳或进行裸体日光浴。这种行为是禁止的
- 在未获得自然旅游与体育促进会许可和适当陪同的情况下,不得走出岛屿的潟湖。因为走出岛屿潟湖的行为很危险
- 请勿擅自采摘青椰子。从椰子树跌落下来的结果是致命的。椰子树均是私人所有,未经授权的采摘均视为偷窃行为

结语

海岛目的地都面临着一系列可持续发展的问题,很难对这些问题进行预防和管理,旅游文献中写满了用于帮助岛屿可持续发展旅游的策略和政策(e. g, Filho, 1996; Wong, 2001; Twing - Ward and Butler, 2002; Sheldon, 2005; Garin - Munoz, 2006; Hampton and Christenson, 2007; Leslie - Ann, 2007; Roger et al. ,2007; Reddy, 2008; Seo et al. ,2009; Martin - Cejas and Sanchez, 2010; Robin & Haywantee, 2010; Yasarata et al. ,2010)。岛屿在地理、环境、结构和政治方面的限制条件使得岛上更容易受到旅游业的影响。许多岛屿面积非常小,缺乏阻挡或吸收外来影响的能力。由此,旅游业的可持续发展对于岛屿目的地而言至关重要。由于具有巨大的旅游潜质,作为一个较大政治体中的一部分,拉克沙群岛具有小型岛屿应有的全部特点和缺点。旅游业所带来的任何形式的负面影响都会对岛屿产生巨大影响,并对岛屿生态环境和现有的社会凝聚力造成致命打击(Kokkranikal et al. ,2003)。

然而,以环保的方式开发、管理海岛旅游业并非不现实,拉克沙群岛便是一个例子。可以使用一种平衡的方式发展岛屿的旅游业,而并不会将岛屿变成大众旅游的牺牲品。一项针对拉克沙群岛旅游业趋势和实践的分析指出了一种可持续发展的方法。拉克沙群岛采用控制、隔离和飞地旅游作为基础,经实践证明这些方式即便不能避免,也可有效地减少旅游业带来的不利影响。对于其他岛屿而言,拉克沙群岛是一个通过相关策略实现可持续发展的很好的例子。

然而,出于各种结构和政治原因,拉克沙群岛是否能实现其作为旅游目的地的最佳潜质值得人们怀疑,许多与海岛相关的人士都持有这一观点。在可预见的未来里,拉克沙群岛也不太可能克服这些障碍。在某种意义上,制约拉克沙群岛旅游业发展缓慢的这些因素反而对海岛旅游业的可持续性做出了一定的贡献。但是,拉克沙群岛旅游部门可以采取更多措施,同时加强其对可持续发展的力度和其在现有结构和政治框架中的竞争力。拉克沙群岛更需要的有可能是旅游业的循序渐进的发展,继续遵循控制、隔离和飞地旅游策略对拉克沙群岛旅游业的长期可持续性发展非常重要。

参考文献

1. Aguilo, E. , Alegre, J. and Sard, M. (2005) The persistence of the sun and sand tourism model. Tourism Management 26, 219 – 232.
2. Baum, T. (1997) The fascination of islands: a tourist perspective. In: Lockhart, D. and Drakakis – Smith, D. (ads) Island Tourism: Problems and Perspectives. Mansell London, pp. 21 – 35.
3. Bramwell, B. (2004) Coastal Mass Tourism Diversification and Sustainable Development in Southern Europe. Channel View Publications, Clevedon, UK.
4. Bramwell, B. (2007) Complexity, interdisciplinarity and growth management: the case of Maltese resort tourism. In: Agarwal, S. and Shaw, G. (eds) Managing Coastal Tourism Resorts: A Global Perspective. Channel View Publications, Clevedon, UK, pp. 73 – 89.
5. Buhalis, D. (1999) Tourism on the Greek islands: Issues of peripherality, competitiveness and development. International Journal of Tourism Research 1, 341 – 358.
6. Campling, L. and Rosalie, M. (2006) Sustaining social development in a small island developing state? The case of Seychelles. Sustainable Development 14, 115 – 125.
7. Connell, J. (2007) Islands, idylls and the detours of development. Singapore Journal of Tropical Geography 28, 116 – 135.
8. Dhiman, S. C, and Thampi, D. S. (2009) Ground Water Management in Coastal Areas. Central Ground Water Board: New Delhi. Available from: http://www. indiaenvironmentportal. org. in/files/Paper – Dhiman. pdf (accessed 20 March 2010).
9. Dredge, D. and Jenkins, J. (2007) Tourism Policy and Planning. John Wiley, Brisbane, Queensland.
10. Fayos – Sola, F. (1996) Tourism policy: a midsummer night's vision. Tourism Management 17, 405 – 412.
11. Filho, W. L. (1996) Putting principles into practices: sustainable tourism in small island states. In: Briguglio,

L. , Archer, B. , Jafari, J. and Wall, G. (eds) Sustainable Tourism in Islands and Small States: Issues and Policies. Cassell, London, pp. 61 – 67.

12. Fisher, D. (2004) The demonstration effect revisited. Annals of Tourism Research 31, 428 – 446.
13. Garin – Munoz, T. (2006) Inbound international tourism to Canary Islands: a dynamic panel data model. Tourism Management 27, 281 – 291.
14. George, T. J. S. (1997) India at 50. Express Publications (Madurai), Chennai.
15. Gossling, S. (2003) Tourism and Development in Tropical Islands: Political Ecology Perspectives. Edward Elgar, Cheltenham, UK.
16. Guthunz, U. and Krosigk, F. (1996) Tourism development in small island states: from Mirab to Tourab? In: Briguglio, L. , Archer, B. Jafari, J. and Wall, G. (eds) Sustainable Tourism in Islands and Small States: Issues and Policies. Cassell, London, pp. 18 – 35.
17. Hampton, M. P. and Christensen, J. (2007) Competing industries in islands: a new tourism approach. Annals of Tourism Research 34, 998 – 1020.
18. Holden. A. (2008) Environment and Tourism. Routledge, London.
19. IntraLAK (2009) Lakshadweep, the coral Paradise of India. Available at: http://intralak. nic. in/ (accessed 12 September 2009).
20. Ioannides, D. and Holcomb, B. |2003) Misguided policy initiatives in small island destinations: why do up – market tourism policies fail? Tourism Geographies 5, 39 – 48.
21. Jamal, T. (2004) Virtue ethics and sustainable tourism pedagogy: phronesis, principles and practice. Journal of Sustainable Tourism 12, 530 – 545.
22. Jenkins, C. L. (1982) The effects of scale in tourism projects in developing countries. Annals of Tourism Research 9, 229 – 249.
23. Kokkranikal, J. (2004) Tourtsm human resource development and sustainability in developing countries. In: Tourism State of the Art – II, Proceedings. Conference organized by The Scottish Hotel School, University of Strathclyde, 27 30 June 2004.
24. Kokkranihal, J. and Morrison, A. (2010) Entrepreneurial innovation in tourism: community networks and contributions in heritage tourism in Kerala. A conference paper for the Tourism Entrepreneurship Conference, organized by Wilfrid Laurier University, Ontario, Canada, 26 – 27 April 2010.
25. Kokkranikal, J. , Baum, T. and MacLellan, R. L. (2003) Island tourism and sustainability: a case study of the Lakshadweep Islands. Journal of Sustainable Tourism 11, 426 – 447.
26. Lakshadweep Administration (2010) Department of Agriculture, Union Territory of Developmental activities: Coconut Devdopment Programme. Available at: http://lakshadweep. nic. in/depts/agriculture/Files/Scheme 1. htrn (accessed 18 March 2010).
27. Lakshadweep Tourism (2009) Lakshadweep Tourism. Available at: http://lakshadweeptourism. nic. in/web5. htm (accessed 12 September 2009)
28. Leslie – Ann, J. (2007) Interorganisational relationships in small twin – island developing states in the Caribbean – The role of the internal core – periphery model: the case of Trinidad and Tobago. Current Issues in Tourism 10, 1 – 32.
29. Martin – Cejas, R. R. and Sanchez, P. P. R. (2010) Ecological footprint analysis of road transport related to

tourism activity:the case for Lanzarote Island. Tourism Management 31,98 – 103.

30. Ministry of Home Affairs(2005) Report of the Notional Task Force for a Special Study of Lakshadweep Islands to Assess Vulnerability to various Hazards and Suggest Mitigation/Prevention Measures. Government of India, Ministry of Home Affairs, Disaster Management Division, New Delhi. Available at: http://www. ndmindia. nic. in/techAdvGroup/difexpgrp/LakshadweepReport. pdf(accessed 20 March 2010).

31. Mondal, N. C., Singh, V. S., Sarwade, D. V. and Nandakumar, M. V. (2009) Appraisal of groundwater resources in an island condition. Journal of Earth System Science 118, 217 – 229.

32. Planning Commission(2008) Report on Visit to Lakshadweep – A Coral Reef Wetland Included Under National Wetland Conservation and Management Programme of the Ministry of Environment and Forests, 30th October – lst November 2008. Planning Commission, Government of India, New Delhi. Available at: http://www. indiaenvironmentportal. org. in/content/report – lakshadweep – wetlandscoral – reefs(accessed 16 September 2010).

33. Reddy, M. V. (2008) Sustainable tourism rapid indicators for less – developed islands: an economic perspective. International Journal of Tourism Research 10, 557 – 576.

34. Reisinger, Y. (2009) International Tourism Cultures and Behaviour. Butterworth Heinemann, London.

35. Robin, N. and Haywantee, R. (2010) Small island urban tourism: a residents' perspective. Current Issues in Tourism 13, 37 – 60.

36. Roger, S., Alistair, M. B., Maya, P., Arno, S. and Albert, W. (2007) National indicators of well – being: lessons flrom Pacific Island countries' tourism. Asia Pacific Journal of Tourism Research 12, 203 – 222.

37. Salih, A. (2000) Diver's perception – the Maldives. Unpublished dissertation, Postgraduate Diploma in Tourism, Centre for Tourism, University of Otago, New Zealand.

38. Scheyvens, R. (2005) Growth of beach fale tourism in Samoa: the high value of low cost tourism. In: Hall, C. M. and Boyd, S. (eds) Nature – based Tourism in Peripheral Areas: Development or Disaster. Channel View Publications: Clevedon, UK, pp. 188 – 202.

39. Scheyvens, R. and Momsen, J. (2008) Tourism in small island states: from vulnerability to strengths. Journal of Sustainable Tourism 16, 491 – 510.

40. Seo, J. H., Park, S. Y. and Yu, L. (2009) The analysis of the relationships of Korean outbound tourism demand: Jeju Island and three international destinations. Tourism Management 30, 530 – 543.

41. Sharma, A. (2009) Change should bring stability: an island community's perception of tourism. Contours 19(4), 7 – 9.

42. Sharpley, R. (2007) A tale of two islands: sustainable resort development in Cyprus and Tenerife. In: Agarwal, S. and Shaw, G. (eds) Managing Coastal Tourism Resorts: A Global Perspective. Channel View Publications, Clevedon, UK, pp. 112 – 136.

43. Sheldon, P. J. (2005) The Challenges to Sustainability in Island Tourism. Occasional Papers 2005 – I, School of Travel Industry Management, University of Hawaii.

44. SPORTS(2009) Society for Promotion of Nature Tourism and Sports(A society under Lakshadweep Administration). Available at: http://www. lakshadweeptourism. com/(accessed 8 September 2009).

45. Syed Ismail Koya, M. S., Muley, E. V. and Wafar, M (2009) Status of the Lakshadweep Coral Reefs, Indian Coral Reef Monitoring Network. Available at: http://www. envfor, nic. in/icrmn/events/sr_lak. html(accessed 22 March 2010).

46. Tao, T. C. H. and Wall, O. (2009) Tourism as a sustainable livelihood strategy. Tourism Management 30, 90 – 98.

47. Tribe, J. (2002) Education for ethical tourism action. Journal of Sustainable Tourism10, 309 – 324.

48. Twining – Ward, L. and Butler, R. (2002) Implementing STD on a small island: development and use of sustainable tourism development indicators in Samoa. Journal of Sustainable Tourism 10. 363 – 387.

49. Union Territory of Lakshadweep (2009) Home. Available at: http://lakshadweep. nic. in/(accessed 10 September 2009).

50. Wall, G. and Mathieson, A. (2006) Tourism: Change, Impacts and Opportunities. Prentice Hall, London.

51. Wong, P. (2001) Small – scale tourism and local community development: the case of the Gili Islands, Lombok, Indonesia. In: Proceedings of the WTO/UNEP Asia – Pacific Seminar on Island Tourism in Asia and the Pacific. United Nations World Tourism Organization, Madrid.

52. Yasarata, M., Altinay, L., Burns, P. and Okumus, F. (2010) Politics and sustainable tourism development – can they co – exist? Voices from North Cyprus. Tourism Management 31, 345 – 356.

6 气候变化对马尔代夫旅游业的风险

苏珊·贝肯　约翰·海伊　斯蒂芬·埃斯皮纳
新西兰克莱斯特彻奇林肯大学

概述

近期,马尔代夫成为媒体关注的焦点。2008 年 11 月,马尔代夫经民主选举产生了首位总统——穆罕默德·纳希德(Mohamed Nasheed),他上任后宣布:马尔代夫将使用部分国家旅游收入购买一片新的家园。人们认为,他的这种做法相当于为国家购买了一份保险合同,以防止因气候变化而使 300 000 马尔代夫人沦为环境的难民。半年后,这位总统再次大胆宣布,到 2019 年,马尔代夫将是世界上第一个碳中和国家。为此,他们将向游客征收环境税,意在协助降低与国际航空旅行相关的碳排放量。2009 年稍晚时候,在一次前所未有的宣传噱头活动中,这位总统召开了世界首次水下内阁会议,目的是让人们意识到海平面上升这一现象,以及海平面上升将要给马尔代夫带来的威胁。

对气候变化的研究和对马尔代夫个案的研究,使得人们深刻理解了可持续性的多元视角和规模是如何影响岛屿旅游的长期发展的。首先,研究结果已经明确表明,在世界范围内,影响可持续发展的温室气体排放是如何影响到某些小岛屿国家的存在的,海平面的上升终将会导致一些国家或陆地的大量领土被洪水淹没。其次,案例研究表明,在全球舞台上,即使是一个很小的参与者,例如马尔代夫,也可以通过减少自身气体排放量、参与诸如碳封存等实践活动的方式为减缓气候变化做出贡献。最后一点是广泛开展地方性可持续实践活动,例如加强废弃物管理、加强生物多样性保护、推动社区参与等等,这些实践活动对于有效适应气候变化来说,是至关重要的。

在这一背景下,本章节将探讨马尔代夫面临的由气候变化而产生的各种风险,并将其与旅游业利益相关者所面临的气候变化风险加以对比。借此,理解公众和那些所谓旅游利益相关者是如何认识到气候变化对成功发展政治、经济具有决定性影响的,是如何通过采取社会行动来解决气候变化带来的潜在影响和后果的(Belle & Bramwell,2005;Leiserowitz,2007)。人们认为,对外部环境所持的判断结果、态度和信念,会对人们的行为具有重大影响(Ajzen & Fishbein,2005)。莱丝洛威茨(Leiserowitz)曾于 2006 年提出:人们对气候变化带来的风险和危险意识,对公众是否支持或反对气候条约、规则、税款或津贴等事宜，具有很大影响。因此，如果缺少“全面支持”意识，则有可能会影响到可持续性策略的广泛实施。

马尔代夫背景

在气候变化方面，人们一直认为马尔代夫是世界上最脆弱的、最易受其影响的国家之一（Barnett & adger，2003）。事实证明，马尔代夫的热带岛屿环境是一种独特的畅销资本，在这个国家，基本没有任何其他可在商业上开发的资源。导致马尔代夫脆弱性的关键因素，是其较低的海拔（80% 的陆地面积的海拔均低于 1 米）、脆弱的生态系统、地域偏僻、地理面积小且分散、自然资源稀缺、人力资源基础较差、极度有限的内部市场和极其敏感的、极具竞争力的外部市场。马尔代夫的经济严重依赖两种产业：渔业和旅游业。这两种产业都面临着强大的国际竞争，而且易受一系列自然和人为威胁的影响。例如，2004 年发生的印度洋海啸，导致旅游度假村的总投入成本和政府部门旅游收入损失超过 3 亿美元（规划和国家发展部，2005）。

马尔代夫的旅游业基于其美丽的自然环境。马尔代夫珊瑚礁生态系统具有世界上最丰富的物种，总面积多达 8 920 平方米，占世界珊瑚礁面积的 5%。在参观马尔代夫的游客当中，据估计有 25% ~30% 的游客参加过水肺潜水，有 75% ~80% 的人会选择浮潜（内务、住房和环境部，2001）。当管理方式不具备可持续性时，珊瑚礁也可以证明旅游业是如何对自然环境造成巨大影响的。对于马尔代夫的旅游业、渔业以及马尔代夫提供的其他生态服务而言，珊瑚礁不仅在经济层面上具有重要性，在战略上，还可以提供海岸防卫，可以在海岸线受到海浪和其他海洋力量冲击时，起到缓冲的作用。

马尔代夫对旅游业的依赖性极大，主要是将旅游业作为外汇、就业和国内生产总值（GDP）的来源。在 2003 年，旅游业占国内生产总值的 32. 7%，游客数量达 60 万人，在当地旅游部门就业的人员数量超过 1. 7 万人，超过工作人口总量的 56%。自 1972 年开展旅游业以来，旅游部门发展迅速。国际游客量由 1980 年的 4. 2 万人增长至 2004 年的 60 万人，年增长率超过 9%（旅游和民航部，2007）。在 2009 年，96 个度假村和 14 家酒店大约可提供 21 792 张床位。为了给客房、温泉休闲室和饭店提供场所，度假村修建了 1 200多个水上建筑。作为《第三次旅游总体规划 2007—2011》（旅游和民航部，2007）的一部分，政府还在 11 个指定岛屿上另外批准了 1 600 张床位，而且侧重于环境保护和维护。除住宿设施经营者外，马尔代夫的旅游业还包括各项活动的经营者（例如潜水员）、游客服务及运输经营者。

虽然已经制定了一系列气候变化适应项目和措施（包括旅游措施），但是，马尔代夫（和许多其他国家一样）仍然未制定出处理气候变化所需的旅游业相关策略。通常情况下，旅游业包括许多不同的参与者，涉及大型、小型商家、一系列公共部门利益相关人员以及社区(Becken & Hay,2007)。此外,旅游业还会受到国内和国际利益的驱使,尤其是在马尔代夫,仅有57%的雇佣人员来自当地,大量资本都来自海外(环境和建设部,2004)。这些情况使当地旅游业很难制定出一种用于解决复杂问题的通用方法,例如,气候变化的不确定性、较大的时空范围及其不可逆性(Becken & clapcott,in press)。

气候变化风险评估

马尔代夫面临的一项主要挑战是该国家的所有气候项目都表明:不利于旅游部门发展情况发生的可能性在增大(表6.1)。不仅只有旅游业会感受到气候变化带来的不利后果,依赖旅游业求发展的个人、社区和企业也都能感受到气候变化将带来的不利后果。气候会直接或间接地影响到旅游业的发展能力和盈利能力。阳光-沙滩-大海旅游模式是马尔代夫的主要旅游形式,在这种模式中,气候是选择旅游目的地时的决定性因素(Agnew & Palutikof,2006)。与此同时,不利条件会影响到旅游体验,在极端情况下,还会影响到游客健康、游客安全及一个国家作为旅游目的地的名誉(Pizam et al.,1997;Sönmez & Graefe,1998)。

表6.1 气候风险及后果对旅游业的影响及现行应对策略(来源:海伊等,2008)

气候风险事件	风险后果及对旅游业的影响	旅游业现行的应对策略
海平面上升,包括狂浪事件	海岸侵蚀、土地流失、洪水及水灾	可移动的防波堤、海岸植被恢复、开放式结构码头、海滩养护、消波器、防波堤、高架结构
海洋和潟湖温度升高	珊瑚白化、藻华、鱼类患病率	珊瑚园、海滩和潟湖清洗运动、更改营销策略
变化的洋流和风向	海岸侵蚀、土地流失、变化的冲浪条件、危险的游泳条件	上述大部分策略,以及加强预先警报,提供认知度和发展安全项目
空气温度升高	人类、植物和动物的热激反应、媒介传播的疾病	进行保护活动、教育和增强人们保护意识、为植物和结构遮阴、深海冷却系统、升级的卫生保健设施、杀蚊雾化剂、植被和水域管理
降雨概率增加,更极端	干旱、洪水	水源保护、储存和再利用、收集雨水、提高雨水管理系统
狂风	户外活动减少、建筑物损坏	预先警报、加强安全管理、制定备选活动方案、进行建筑物设计

马尔代夫旅游部门面临着与气候变化有关的主要风险。这些风险包括海岸线和海滩的加速侵蚀、暂时减少的可用水源、被中断的供应链、财产的物理损坏,以及海水温度的升高。海平面的变化对马尔代夫而言至关重要。政府间气候变化专门委员会(IPCC)预测:至21世纪末期,全球海平面将平均上升0.19~0.58米(Mimura et al.,2007)。气候模式表明海洋环流中温度、盐分和变化的不均分配导致海平面的上升出现地理差异。

从全球来看,地方差异也受岛屿地质构造学和后冰期均衡调整的影响。对马尔代夫而言,伍德沃斯(2005,in mimura et al. ,2007)总结出的在21世纪,海平面将大约上升50厘米是基本确凿的事实。同时,人们认为政府间气候变化专门委员会对海平面上升的预测过于保守,实际上,海平面的变化情况基本取决于格陵兰岛冰川的融化速度。

马尔代夫海洋表面变暖对珊瑚礁造成的影响可通过不断增加的珊瑚白化事件和死亡事件反映出来(环境和建设部,2004)。马尔代夫在1977年、1983年、1987年、1991年、1995年、1997年和1998年均出现了珊瑚白化事件。白化事件前后的活珊瑚平均覆盖率分别为45%和5%(内务、住房和环境部,2001)。白化事件和缓慢的恢复期会对旅游部门造成严重的影响。

早在2006年,海伊便已经对马尔代夫现在和将来可能(按概率)出现的与气候相关的风险做出了估测。随时间推移发生的变化反映了全球变暖带给这里的影响。估测的风险包括极端降雨事件(每3小时或每天降雨);干旱、高海平面、狂风、极高气温(图6.1)。对将来出现的与气候相关的风险估测,是基于特定排放条件下气候的输出模式做出的。由于全球变暖,所有与气候相关的风险的发生率都将有所增加。

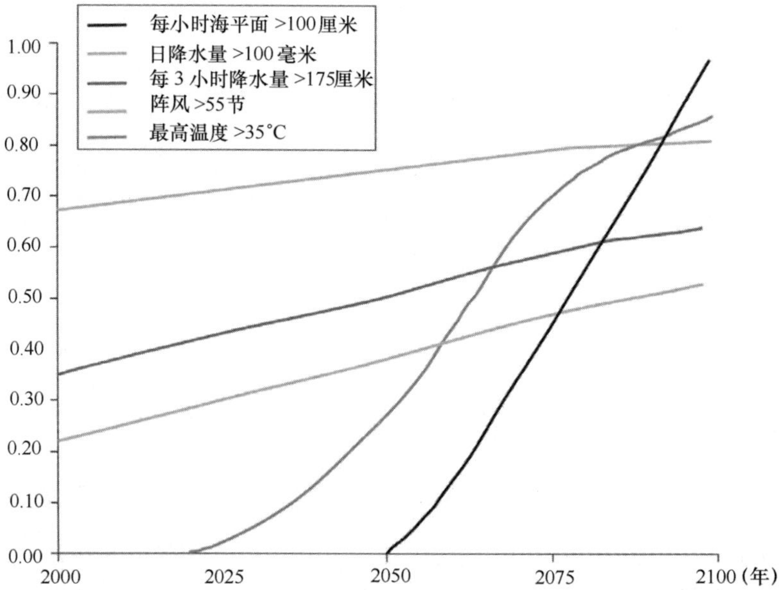

图6.1 瑚湖尔岛(紧邻马尔代夫首都马累的度假岛屿)综合气候风险预测显示了在任何年份中出现所列气候风险事件的可能性,预测结果是根据2000年的观测数据和利用自多模式和排放条件计算得出的最佳估测数据,据此预测出2100年的数据(source:Hay,2006)

通过对瑚湖尔岛(Hulhulé)海平面长期观测的结果发现,瑚湖尔岛的上升速度为1.7毫米/年,该岛是一个紧邻马尔代夫首都马累的度假岛屿,瑚湖尔岛海平面的上升速度远远高于所观测到的局部和全球平均海平面的上升速度,海平面每小时的最大上升速度大约为 7 毫米/年。就瑚湖尔岛而言,海平面高于平均海平面 70 厘米需经过 100 年的累积。到 2050 年,有可能在一年时间里就可达到这个数字。人们对将来最高温度的估测也比较有信心。据估测,截至 2100 年,每年的日最高温度可增加 1.5℃。目前,33.5℃的最高温度是经过 20 年时间形成的。到 2025 年,有可能出现 3 年重现期。

对每日、每月、每年或每日最大降水量的观测,并未发现明显的长期性趋势。目前,在瑚湖尔岛,最少日降水量达 160 毫米的现象已经很罕见,降水量的重现期为 17 年。对降水量的估测,存有很大的不确定性,作为全球四种气候模式之一,表明未来的降水量会下降。截至目前,180 毫米的极端日降水量为 100 年一遇。到 2050 年,平均降水量有可能翻倍。截至目前,100 毫米的极端 3 小时降水量为 25 年一遇。到 2050 年前后,平均降水量至少会翻倍。将低于第十个百分位的月降水量作为衡量干旱的一项指标(降水百分位指数),则相对于 20 世纪后半叶和 21 世纪下半叶而言,21 世纪上半叶的干旱频率可能较低。目前,极端阵风为 60 节,重现期为 16 年。据估计,到 2025 年,重现期将减少至 9 年。

旅游业利益相关者对气候变化风险的认知

理论背景

风险认知过程是指个人和社区对威胁到其所重视的事物的风险形成一定印象的过程。与上述气候科学家得出的评估结果不同,风险认知不是对可能性和量级的技术性计算,而是根据经验(包括个人和集体)和在文化环境下,与直接态度和行为相结合的个性判断所形成的主观评价。

风险认知文献的普遍重点都是研究人们如何描述风险、公众对风险认知的准确度、对风险的接受态度、具备相关风险知识如何有助于有效策略的实施等(Espiner,2001)。在得出的各种结论中,一直有一种观点认为,公众对风险的理解和专家们对风险的理解,在方式上有所不同(Slovic,2000;Gskell & Allum,2001;Sjöberg & Drttz - Sjöberg,2008)。与技术专家相比,公众通常会对高量级、低频率事件的威胁估计得过高,而对累积性的缓慢的事件所造成的威胁,却估计过低(Slovic et al.,1980)。对普通公众而言,他们对那些包含严重的、即刻的、恐怖后果的威胁具有最高的风险认知(Slovic,2000)。掌握公众和专家之间对风险认知的不一致性是很重要的,因为,专家对风险的评估有助于政策的制定,同时也有助于做出风险管理决定。而公众在对风险认知上反映出的社会和道德价值,有助于指导他们的行为,其中包括愿意采取新型管理实践在内。

针对公众和专家之间对风险评估的差异性问题,人们给出了多种原因,包括不完整的、偶尔互相矛盾的数据、复杂的理论,以及某些专家不愿意理解公众所关注的事情(Leiss & Chociolko,1994)等等。专家们通过计算方法得出评估结果,公众则通常是依靠启发式程序得出评估结果,例如,事件的明显性或可感知频率。若一种事件很容易被想象或被回忆出来,公众一般会认为这一事件更容易存在风险。这种推理方法被命名为"可得性启发法",这种方法可以帮助我们解释在对风险的认知时,为什么有时会不准确的原因(Slovic,2000;Tversky & Kahneman,1982)。

风险认知并不单纯是一种认知过程。风险认知通常会深受感情因素、图像结果,以及经验等因素的影响(Leiserowitz,2006)。除此之外,社会文化背景知识也可以帮助人们进行风险认知,这是道格拉斯(Douglas)和维尔代夫斯基(Wildavsky)(1982)开创性文化理论工作的一个特点。道格拉斯和维尔代夫斯基强调在对风险进行判断的过程中,人们就好像是"具有主观社会压力的社会人,而且是将自己的决策过程依托在制度背景下"。因此,集体成员关系和文化价值有可能会影响到人们处理风险的方式。

虽然有大量的学术文献是研究风险认知和气候变化的,却很少有研究人员在研究公众是如何认识气候变化风险的(Leiserowitz,2006)。西格里斯特(Siegrist,2008)提出,公众对气候变化风险的认知度易受下列挑战的影响,从而降低了他们的认知度:

- 计算概率的困难;
- 基于系统采取实施方法的困难;
- 缺少进行讨论的文化语境;
- 由于缺少科学共识而产生的挫败、否定和漠然。

采访利益相关人员

为了了解马尔代夫旅游业利益相关者在旅游业可持续性发展这个大背景下,是如何理解气候变化带来的相对风险的,2009 年组织了 16 次采访活动。这些面对面的采访活动是由一名来自马尔代夫的博士生组织的。采访中的受访者代表着不同的行业部门(四名来自宾馆业、两名来自旅游活动行业、两名来自服务行业、四名来自运输行业),其中有三个政府机构,还有马尔代夫旅游协会。

在实施考察的同时,采访活动主要侧重于一些有趣的领域。利益相关者对气候变化的认知度很高,但是对给马尔代夫造成影响的实际关注度相对较低。几乎所有受访者都认为其他风险对旅游业造成的影响更为重要,而且更为紧急。全球经济衰退和其对游客量的潜在影响是大家关心的主要问题,其次是奢华度假村(以损害中等度假村利益为代价)的过度投资问题,当地技术劳动力短缺问题,外来因素对度假村所有权和运行的影响问题,以及环境问题等(例如,废弃物处理和生态系统退化)。有些人明确表示,气候变化并不是一种风险,对此这些人的解释是:因为气候变化具有程度上的不确定性("全是理论层面的")、气候变化是长期性的("这是一个长期性风险"、"我们能活 100 年"),

还有些人是通过文化价值来证明自己的观点的（“我坚信大自然会以某种方式将风险抵消的”）。这些通过文化价值证明自己观点的人所做的声明被一名来自政府的代表间接予以肯定，这位政府代表称：“大多数人会给你一种教科书式的完美答案，但是他们的行为和习惯会告诉你他们并不是真正相信”，因为“人们认为这是一种神圣的行为”。与来自工业方面的代表们相比，所有受访的政府代表对风险的关注程度更高、他们具备的相关知识也更多。

在所有观点中，有两种观点很有趣，它们反映出旅游业作为一种销售娱乐活动的行业所具有的特点，同时还反映出旅游业是一个流动性很高的行业。一名受访者指出，过多地讨论气候变化对马尔代夫的影响，有可能会产生负面影响，人们有可能不会再到这里来了。因为，这可能会使人们感到害怕。正如那些选择去其他目的地的游客一样，旅游经营者们也会对自己提供的旅游目的地进行灵活调整。一家大型欧洲旅行社的驻店经理解释说：如果洪水淹没了所有岛屿，我们便不会再往岛屿输送任何游客，我们会把他们调整到其他旅游景区去。这家旅行社甚至为未来的5~10年做出规划，在其他有关旅游度假村（大约是5年）投资回报期的采访中，我们验证了他们确实做了规划。因此，旅游经营者，尤其是来自马尔代夫之外的旅游经营者，他们受到的影响都是较短时间期限的影响，也就是说，在这段较短时间期限内，人们并不认为气候变化是一种风险。在受访的公司中，仅有一小部分公司报告说他们已开始着手进行正规的风险评估了。

采访结果中，尽管缺少为解决气候变化问题，人们就其自身业务采取的措施，但是受访的旅游经营者们还是能够说出迄今为止他们所“意识到的”气候变化影响。这些影响包括不可预测的天气情况增多了，尤其是与季风相关的天气，珊瑚白化、温度升高、风力加强，以及海滩受到侵蚀等等。在采访中，住房运输与环境部的代表们指出，就这些影响而言，有些并不是由气候变化引起的，而是由于“缺少知识”（例如，有关海岸管理和建筑结构的知识）和不良环境行为引起的。其他受访者还指出，对环境标准的执行欠佳，而且监管不得力。当采访探讨到为减少气候变化（适应）产生环境脆弱性而制定的各项措施的实施情况时，可以很明确地看出应答者对于什么是适应的措施，以及马尔代夫旅游业应该采取哪些措施等知之甚少，或者完全一无所知。当谈到可持续性旅游相关问题时，大部分受访者会立即着重谈到环境措施、“绿色旅游”、马尔代夫声称的碳中和，以及发展环保型旅游岛屿的利益。有趣的是，这类的措施拥有众多的拥护者。所有的建议措施都是有关于温室气体排放（例如加强马尔代夫的可持续性）的，而非解决气候变化影响的。仅有一名行业代表对环保的好处发表了评论，他的评论中涉及加强岛屿的应变力问题，目的是为了应对气候变化和其他压力源的影响；另一位行业代表则对筛选出一批更适合发展的岛屿的可行性（例如有关海拔、侵蚀和风力等）进行了一番探讨。

人们认为，马尔代夫政府是解决气候变化问题的关键方（人们说：“政府必须完成90%的工作来解决这个问题”），大部分受访者指出，他们需要更多、更全面的信息、论坛、研讨会以及有关实施措施的说明等。人们对政府的信任度较高：“如果政府告诉我们会发生这种情况，就意味着政府具有事实根据，而且这些事实根据一定是由专家们采集得出的。如果不是这样的话，政府是不会提出这个问题的。”政府也起着协调作用："旅游部需要发挥巨大的作用，将旅游部门和其他相关政府机构连接起来。”由于已经意识到了这些责任，受访的政府部门代表一直在说明他们所面临的障碍，例如缺少能力和资金来源等等。

政策意义

当前，马尔代夫旅游业的成功是具有明确目标和公私合作关系共同作用的结果。政府和旅游行业一致认为海洋环境是主要的旅游资源，而且一致认为：为了实现可持续管理，政府应该制定严格的旅游行业标准。所有度假村都必须配备环保焚烧炉和污水处理设施。通过海水淡化技术满足度假村用水需求，这种方式可以实现对岛屿地下水的保护。强制要求进行环境影响评估，以确保使旅游发展对自然环境的影响降至最低。在度假村，任何建筑活动都不得从珊瑚礁上采集珊瑚；无灌木丛和其他植被覆盖的面积不得超过岛屿面积的20%；施工活动和建筑物距离植物生长区线的最小缩进距离为5米。正如上述一些受访者透露的，现实情况与环境标准的理论要求是有差距的（Zubair et al.，2010）。这种情况有可能导致马尔代夫生态系统的应变力受到气候变化的威胁。

目前，气候变化引起的风险日益增加，而马尔代夫旅游部门在解决风险方面采取的措施少之又少，例如主要利益相关者对风险关注度的缺失、与如何适应风险方面相关的信息有限（有关旅游业）、缺少对气候适应实践措施的说明等，这些都是显而易见的。珊瑚礁修复结合"温和的”海岸保护措施，可以在很大程度上延长岛屿和依赖旅游业生存的居民社群的生存寿命。主要的障碍是缺乏能力（包括意识和知识）、缺少受训人员和制度的支持。由于缺少能够大幅度降低风险的资金的支持，情况变得更加不乐观。

对于发展长期可持续性旅游业而言，在马尔代夫其他部门基于各项适应气候变化所做的努力工作下，旅游部门可以通过以下措施开展适应气候变化的工作。

（1）制定并实施国家政策、法规，进行协调工作，尤其是针对适应气候变化方面的工作。

（2）向旅游经营者说明哪些是有效地适应措施。

（3）制定风险沟通策略，以确保广泛宣传适应气候变化措施的知识，并将这些措施列入日常决策中。

在解决气候变化方面，政府明显具有领导义务，而且还具有承担责任的义务。旅游总体规划已为国家旅游政策提供了一个非常有用的框架，但是，目前还缺少对气候变化影响的具体考虑。例如，操作程序上，进行新型旅游投资招标、向有人居住的岛屿分配经费，可以明确地将未来海平面升高预测和其他因素一并考虑；使用政策上战略性环境评估对决策支持战略有利。所有决策的实施需要旅游部、环境、能源和水利部、环礁发展部和其他政府机构加强制度管理，以增强部门之间对环境管理工作的协调和支持。从长远观点来看，旅游部门会从改进气候变化预测这项工作中受益，例如旅游部门需要与马尔代夫气象局合作。

通过提供案例研究发现成功的适应技术、经验教训（包括失败教育）及子行业所用的良好实践指南，有利于成功实施为旅游业制定的具体适应措施。例如已经开始尝试减少游船对天气、气候极端性和可变性的不利影响，不同的适应策略容易被广泛分享。在部分基于经营者的适应方法中，包括一种宏观视角，即试图在更广泛范围内加强自然资源基础的应变力。马尔代夫面临的一个关键问题是对固体废弃物的管理，努力减少废弃物、对废弃物进行再利用，确保对再利用进行最佳处理，都有助于维护良好的生态系统。同样，通过改善保护措施，也可以提高珊瑚礁生态系统的应变能力。其中包括部署和使用系泊浮筒、提供废水管理（例如用于从游船接收废水的环礁转运站）、珊瑚修复（例如珊瑚园艺）、珊瑚礁渔业的可持续性利用以及其他的相关保护活动。

上述采访表明，旅游业相关利益者对气候变化的关注度很低，如果计划在这个重要的行业中严格执行气候变化适应措施，必须改善目前的现状。可以制定一系列沟通策略，例如公共研讨会、媒体发布会、社交网站（例如，facebook）、设立“国家小型岛屿知识中心”、培训课程或是将气候变化纳入教学课程中，例如纳入马尔代夫高等教育学院的教学课程等等。在人们对气候变化认识的基础上，这些措施有可能会取得较好的效果。针对马尔代夫旅游业利益相关者制定的沟通策略可参考由马尔代夫总统发起的、旨在提高海外公众对气候变化意识的成功运动。然而，据帕特（Patt）和施勒特尔（Schroeter，2008）观察，当着手宣传由气候变化引起的潜在风险和制定解决风险的策略时，一个很重要的做法是尽早让人们参与其中。早期参与还可以在政策制定方面和实施方面增加其社会可持续性。

结语

气候变化风险对马尔代夫的影响最大，所以需要制定一个适应措施来降低旅游业、基础设施和社区的脆弱性。适应措施应作为可持续性旅游发展不可分割的一部分，而且是降低气候风险增强可持续性的首选双赢策略。由于气候变化的表现形式不确定，尤其是在时间方面的不确定性，因此，适应策略显得更为重要；正是由于缺乏科学准确性，才导致马尔代夫旅游利益相关者对气候变化的优先考虑程度很有限。此外，当对涉及尚未产生可怕后果和即刻显现严重影响的后果所形成的风险认知时，旅游业参与者的反应方式与科学界人士的反应方式很有可能很相似（Slovic，2000）。调查发现，马尔代夫旅游利益相关者的风险意识和风险认知受经济议程、认知知识、环境价值、政治议程及世界观（例如，“自然神话”）的影响（Etkin & Ho，2007）。很显然，一些旅游经营者是依据自己从旅游业获得的利益对气候变化风险有所认知的，而非依据气候变化可能带来的潜在危害，由此便可证实一份早期研究的结果，即人类利益和认知的生态风险之间的关系（McDaniels et al.，1996）恰恰相反。所有这些因素有可能导致“现状偏见”，在这种情况下，参与者在面临正面和负面影响混合出现时常常不采取任何行动，缺少控制和认知责任（Patt & Schroeter，2008）。

“如果小岛屿发展中国家（SIDS）不能制定出应对气候变化的政策，当小岛屿发展中国家面临不利气候变化时，就会措手不及，并且会增加产生严重后果的可能性”，因此，需要解决缺少关注度和措施的问题（Belle & Bramwell，2005）。本章节阐述了科学界和马尔代夫旅游利益相关者（有些例外）在气候变化风险的理解、意识和认知方面存在的差距。此外，在关心气候变化并计划解决气候变化问题的决策者与旅游部门的其他人员之间也存在差距，包括那些从事市场营销相关工作，然而并没有意识到气候变化风险就在眼前的人。这种“不一致性”很棘手，可能会给适应策略的实施带来挑战（Patt & Schroeter，2008）。强烈建议使用参与性方法进行沟通、宣传知识和实施策略。

鸣谢

在这里，非常感谢伊凡·扎克（Irfan Zhaki）为组织16名利益者的访谈所做的努力。本章节中所含数据和由约翰·海伊（John Hay）组织并担任高级顾问的联合国世界旅游组织（UNWTO）项目，都将应用于在马尔代夫开展的、由全球环境基金（GEF）赞助的气候变化与旅游项目中。

参考文献

1. Agnew, M. and Palutikof, J. (2006) Impacts of short – term climate variability in the UK on demand for domestic and international tourism. Climate Research 31, 109 – 120.
2. Ajzen, I. and Fishbein, M. (2005) The influence of attitudes on behavior. In: Albarracín, D., Johnson, B. T. and Zanna, M. P. (eds) The Handbook of Attitudes. Erlbaum, Mahwah, New Jersey, pp. 173 – 221.
3. Barnett, J. and Adger, N. (2003) Climate dangers and atoll countries. Climatic Change 61, 321 – 337.
4. Becken, S. and Clapcott, R. (2010) Developing public policy for climate change in the tourism sector. Journal of Policy Research in Tourism, Leisure and Events (in press).
5. Becken, S. and Hay, J. (2007) Tourism and Climate Change – Risks and Opportunities. Channel View Publications, Clevedon, UK.
6. Belle, N. and Bramwell, B. (2005) Climate change and small island tourism: policy maker and industry perspectives in Barbados. Journal of Travel Research 44, 32 – 41.
7. Douglas, M. and Wildavsky, A. (1982) Risk and Culture: An Essay on the Selection of Technical And Environmental Dangers. University of California Press, Los Angeles, California.

8. Espiner, S. (2001) The phenomenon of risk and its management in natural resource recreation and tourism settings: a case study of Fox and Franz Josef Glaciers, Westland National Park, New Zealand. Doctoral thesis, Lincoln University, New Zealand.

9. Etkin, D. and Ho, E. (2007) Climate change: perceptions and discourses of risk. Journal of Risk Research 10, 623 – 641.

10. Gaskell, G. and Allum, N. (2001) Sound science, problematic publics? Contrasting representations of risk and uncertainty. Politeia 63, 13 – 25.

11. Hay, J. E. (2006) Climate Risk Profile for the Maldives. Report prepared for the Government of the Maldives. Ministry of Environment, Energy and Water, Malé, Maldives.

12. Hay, d., Vereczi, G., Abdulla, A. and Saleem, A. (2008) Integrating Tourism into Adaptation to Climate Change in the Maldives. Summary Report of the Initial Consultations. Ministry of Environment, Energy and Water, Government of the Maldives, Malé/United Nations World Tourism Organization, Madrid.

13. Leiserowitz, A. (2006) Climate change risk perception and policy preferences: the role of affect, imagery, and values. Climatic Change 77, 45 – 72.

14. Leiserowitz, A. (2007) International Public Opinion, Perception, and Understanding of Global Climate Change. Human Development Report Occasional Paper 2007/31, Human Development Report Office, United Nations Development Programme, New York.

15. Leiss, W. and Chociolko, C. (1994) Risk and Responsibility. McGill – Queens University Press, Quebec.

16. McDaniels, T., Axelrod, L. J. and Slovic, P. (1996) Perceived ecological risks of global change. Global Environmental Change 6, 159 – 171.

17. Mimura, N., Nurse, L., McLean, R. E, Agard, J., Briguglio, L., Lefale, P., Payet, R. and Sem, G. (2007). Small islands. In: Parry, M. L., Canziani, O. F., Palutikof, J. P., van der Linden P. J. and Hanson, C. E. (ads) Climate Change 2007: Impacts, Adaptation and Vulnerability. Contribution of Working Group II to the Fourth Assessment Report of the Intergovernmental Panel on Climate Change. Cambridge University Press, Cambridge, pp. 687 – 716.

18. Ministry of Environment and Construction (2004) State of the Environment. Maldives 2004. Malé, Maldives.

19. Ministry of Home Affairs, Housing and Environment (2001) First National Communication of the Republic of Maldives to the United Nations Framework Convention on Climate Change. Maé, Maldives.

20. Ministry of Planning and National Development (2005) National Recovery and Reconstruction Plan: Programmes and Projects. Maé, Maldlives.

21. Ministry of Tourism and Civil Aviation (2007) Maldives Third Tourism Master Plan 2007 – 2011. Malé, Maldives. Available at: www. tourism. gov. mv/downloads/ttmp. pdf (accessed 3 September 2010).

22. Patt, A. G. and Schroeter, D. (2008) Perceptions of climate risk in Mozambique: implications for the success of adaptation strategies. Global Environmental Change 18, 458 – 467.

23. Pizam, A., Tarlow, P. E. and Bloom, J. (1997) Making tourists feel safe: whose responsibility is it? Journal of Travel Research 36, 23 – 28.

24. Siegrist, M. (2008) Public Risk Perception of Climate Change. Swiss Federal Institute of Technology, Zurich. Available at: http://www. sec. ethz. ch/education/HS2008/701151000 L/StDo/Presentation_risk_perception_CC. pdf (accessed 3 September 2010).

25. Sjöberg, L. and DrottzSjöberg, B. (2008) Risk perception by politicians and the public. Energy and Environment 19, 455 – 483.

26. Slovic, P. (2000) Informing and educating the public about risk. In: Slovic, P. (ed.) The Perception of Risk. Earthscan Publications, London, pp. 182 – 198.

27. Slovic, P., Fischhoff, B, and Lichtenstein, S. (1980) Facts and fears: understanding perceived risk. In: Schwing, R. C. and Albers, W. A. (eds) Societal Risk Assessment: How Safe is Safe Enough? Plenum Press, New York, pp. 181 – 214.

28. Sönmez, S. F. and Graefe, A. R. (1998) Influence of terrorism risk on foreign tourism decisions. Annals of Tourism Research 25, 112 – 144.

29. Tversky, A. and Kahneman, D. (1982) Availability: a heuristic for judging frequency and probability. In: Kahneman, D., Slovic, P. and Tversky, A. (ads) Judgment Under Uncertainty: Heuristics and Biases. Cambridge University Press, New York, pp. 163 – 178.

30. Zubair, S., Bowen, D. and Elwin, J. (2010) Not quite paradise: inadequacies of environmental impact assessment in the Maldives. Tourism Management, doi: 10. 1016/j. tourman. 2009. 12. 007.

第二部分　海岛旅游的社会可持续前景

7 当地人与游客对岛屿环境所受旅游影响的认知

法蒂拉·伊斯梅尔[1] 布赖恩·金[2] 兰吉特·伊哈拉纳雅克[2]
1. 马来西亚丁加奴马来西亚大学 2. 澳大利亚维多利亚维多利亚大学

概述

马来西亚位于东南亚,主要分为两个部分:西马来西亚和东马来西亚。马来西亚陆地面积超过33万平方千米,拥有数百个岛屿,其中有6个岛屿为大型岛屿。马来西亚文化多元,人口数量为2 700万人(2007年),由不同民族构成,包括马来族(50.4%)、华裔(23.7%)、土著族(11%)、印度族(7.1%)和其他民族(7.8%)。虽然马来西亚存在多种宗教,例如佛教、道教、印度教、基督教和锡克教,但是伊斯兰教仍是马来西亚人最主要的宗教信仰。

马来西亚是东南亚经济发展最快的国家之一,根据国际货币基金组织(International Monetary Fund)统计,在2008年其国内生产总值(GDP)已跃居世界第39位。马来西亚的经济体系属于开放型、以国家为主导的一种经济体系。服务业和制造业各占其经济的51%和36%,农业占13%。马来西亚的主要工业包括橡胶业、棕榈油业、制造业、石油生产业、炼油业、电子业、锡矿业、伐木业和木材加工业。自1959年马来西亚建立首个政府级旅游部门以来,旅游业便开始在马来西亚的服务业中扮演着越来越重要的角色。

马来西亚政府一直积极发展旅游业,将其作为外汇、就业、其他经济和非经济利益的潜在来源。马来西亚通过投资建设一系列的自然、文化和人造景点,吸引了大量的国内和国外游客,从而促进了当地旅游业的发展。这些旅游景点包括海滩、原始珊瑚礁环绕的热带岛屿、19个国家公园、热带丛林、山庄度假村和东南亚最高山峰基纳巴卢山(位于东马来西亚)。在文化吸引力方面,马来西亚将其具有百年历史的文化、艺术和传统结合在了一起,同时还将当地多种族、多民族和多宗教的社群融为了一体。

因此,马来西亚的种族多样性得到了很好的保护,这一点通过当地各种不同的语言、服装、节日、饮食和工艺就可以很好地体现出来。近期当地商业和工业活动的增加使得马来西亚的吸引力更加多元化，为将其打造成购物、运动、健康的旅游目的地提供了良好的基础，并使其成为会展旅游的中心。马来西亚同时也是一处在价格上很具竞争力的旅游目的地。

马来西亚旅游业第一次大规模发展发生在20世纪80年代。在这10年时间里，尽管在发展的最后5年里游客数量增长出现了停滞的情况（1991—1995年），但是每年马来西亚的国际游客数量平均增长率仍为12.7%（见表7.1）。这种停滞现象可能是由于亚洲金融危机和健康恐慌造成的（例如对柯萨奇病毒的恐慌）。在20世纪90年代末期（1996—2000年），国际游客量开始出现回升，平均增长率为6%。尽管近几年也发生了一些对旅游业造成影响的事件，例如2001年9月11日的恐怖袭击、伊拉克战争和禽流感，但是在2001—2006年期间，马来西亚的旅游业发展仍表现出了一定的恢复，每年国际游客数量增长率均到达两位数以上（10%）。表7.1显示出来自于国际游客的旅游业收入的增长速度要远高于国际游客数量的增长速度。在1990—1995年间，每年来自于国际游客的旅游业收入平均增长16.5%，而国际游客数量的增长速度却仅为0.1%。在接下来的时间里也出现了类似的增长情况，在2006年，来自于国际游客的旅游业收入超过了10亿美元。

如表7.1所示，近年来，东南亚国家联盟（ASEAN）一直是主要的旅游资源市场。1990年，东盟国家接待的国际游客数量几乎占国际游客总量的74%，2006年这个比例增加至79%。如此大的市场份额同时也表明马来西亚的旅游市场对短途旅行游客的依赖。在东盟国家中，来自新加坡的游客在1990年占马来西亚游客总量的61%。尽管该市场份额在2006年下降至55%，但是新加坡仍然是马来西亚最主要的国际游客来源国。在东盟国家以外，日本是马来西亚国际游客的第二大来源国，1990年来自于日本的国际游客几乎占马来西亚国际游客总量的7%，接下来是中国台湾，大约占游客总量的3%。截至2006年，这些市场份额都出现了明显地下降。与世界许多其他的发展中国家相反，马来西亚并不被那些传统意义上的远途旅游游客所青睐，远途旅游游客主要来自英国、美国、澳大利亚等国家。1990年，来自于这些国家的游客数量只占马来西亚国际游客总量的2% ~ 3%，而且截至2006年，这个份额又有所下降。

尽管国际游客数量在近几十年里有所增长，但是，旅游部门仍面临两大挑战。首先，是马来西亚依赖单一的客源市场，即东盟国家（通常）和新加坡（特殊）。从经济和政治角度来看，这样的市场集中化是不健康的。由于短途客源市场给旅游业带来的经济作用较低，所以尽管马来西亚的游客数量并不少于其竞争对手，但是就旅游业收入而言，马来西亚已经开始落后于其竞争对手了。其次，是传统意义上的远途旅行游客的数量增长速度缓慢而且所占市场份额较低。

表 7.1　1990—2006 年马来西亚国际旅游市场的经济重要性（来源：Ismail，2009）

国家/地区	1990 年游客量		1995 年游客量		年均增长率	2000 年游客量		年均增长率	2006 年游客量		年均增长率
	数量（人）	%	数量（人）	%	（%）[a]	数量（人）	%	（%）	数量（人）	%	（%）
东盟国家[b]	5 495 150	73.8	5 537 312	74.1	0.2	7 190 421	71.7	5.4	13 824 631	78.8	11.5
新加坡	4 569 127	61.4	4 537 347	60.7	(0.1)	5 420 200	54.1	3.6	9 656 251	55.0	10.1
泰国	514 691	6.9	530 254	7.1	0.6	940 215	9.4	12.1	1 891 921	10.8	12.4
印度尼西亚	139 896	1.9	233 996	3.1	10.8	545 051	5.4	18.4	1 217 024	6.9	14.3
文莱	214 985	2.9	189 657	2.5	(2.5)	195 059	1.9	0.6	784 446	4.5	26.1
菲律宾	56 451	0.8	46 058	0.6	(4.0)	81 927	0.8	12.2	211 123	1.2	17.1
越南	–	–	–	–	–	7 969	0.1	–	63 866	0.4	41.5
日本	507 764	6.8	330 725	4.4	(8.2)	455 981	4.5	6.6	354 213	2.0	(4.1)
中国内地	6 895	0.1	103 130	1.4	71.8	425 246	4.2	32.8	439 294	2.5	0.5
中国台湾	193 575	2.6	293 896	3.9	8.7	213 016	2.1	(6.2)	181 829	1.0	(2.6)
中国香港	103 102	1.4	146 603	2.0	7.3	76 344	0.8	(12.2)	89 577	0.5	2.7
印度	108 411	1.4	27 701	0.4	(23.9)	132 127	1.3	36.7	279 046	1.6	13.3
澳大利亚	149 136	2.0	136 300	1.8	(1.8)	236 775	2.4	11.7	277 125	1.6	2.7
英国	196 320	2.6	164 489	2.2	(3.5)	237 757	2.4	7.7	252 035	1.4	1.0
美国	174 986	2.4	136 405	1.8	(4.9)	184 100	1.8	6.2	174 336	1.0	(0.9)
其他国家	510 569	6.9	592 188	8.0	3.0	870 815	8.8	8.0	1 674 777	9.6	11.5
总计	7 445 908	100.00	7 468 749	100.00	0.1	10 022 582	100.00	6.1	17 546 863	100.00	9.8
旅游收入（×10 亿美元）	1.4		3.0		16.5	5.2		11.6	10.9		13.1

a. 年均增长率。b. 东南亚国家联盟。

马来西亚急需实现其市场的多元化,并吸引更多来自于远途客源市场的游客,例如来自欧洲、英国、美国、澳大利亚和新西兰的游客。由于其遵循市场多元化的发展政策,所以马来西亚一直保有其最大的旅游业发展资本,即许多自然资源丰富并且极具魅力的小岛屿。假如马来西亚可以实行正确的市场营销策略,那么小岛屿旅游模式定会提高马来西亚在远途旅游市场的竞争优势,从而加强其旅游业发展的可持续性。此外,为了能够成功地实现该目标,了解来自这些客源市场的游客的需求并且满足他们的期许也是至关重要的。

对于全球多个小型旅游岛屿而言,由于其资源稀缺、地处偏远、交通费用高昂、出口遭受限制、缺少规模经济等原因,经济状况一直不景气。但是,由于这些小型岛屿具有美丽的自然景观,所以旅游业很有可能会大大促进它们的经济增长,并保证岛上社群的生存。为了实现经济发展,并且最大限度地减少对脆弱的岛屿环境造成任何伤害,必须以可持续的方式对这类岛屿进行规划、开发和管理。除了经济与生态问题,在追求可持续发展的过程中,社会文化问题也需要重点考虑,这是因为旅游目的地需要同时满足当地人和游客的不同需求,并协调他们之间的不同需要。在小型岛屿环境下,当地居民和游客之间的互动较为频繁,因此会产生各种正面或负面的影响。由于对游客行为的不满,当地居民可能会产生愤怒感,进而降低他们追求可持续发展旅游业的积极性,最终降低经济效益。如果,游客对当地居民的行为不满,那么他们很可能会选择其他类似的旅游目的地。

由于旅游业在全球范围内的大规模发展,人们逐渐认识到跨文化旅游环境的重要性。马来西亚的大部分岛屿均吸引了许多来自于世界各地的国际游客,这些国际游客主要来自于欧洲、北美、澳大利亚和新西兰等国家。这些国际游客的文化背景与当地居民的文化背景截然不同。基于这些文化差异,理解文化差异对旅游目的地发展所造成的潜在影响是十分重要的。本章节对当地人和游客之间的跨文化交流,以及文化差异对岛屿旅游业发展所造成的潜在影响进行了研究。此研究旨在确认:

- 对马来西亚当地人和马来西亚游客从社会人口统计学方面进行研究,研究结果是否存在差异。
- 小型岛屿上的当地人和游客对旅游业的认知是否存在明显的差异。
- 具有不同文化背景的当地人和游客对旅游业的认知是否存在明显的差异。

文献综述

文化是一个复杂的概念,在文学作品中有很多关于文化的定义(Reisinger & Turner, 2003)。在理解旅游和文化关系的过程中,将价值观所发挥的作用考虑到其中非常重要。价值观衍生自文化,可直接归咎于文化环境所产生的影响(Reisinger & Turner,

2003)。赖辛格和特纳(Reisinger & Turner,2003)认为价值观和行为准则对于比较当地人和游客之间的文化差异有着至关重要的作用。有人认为,在确定现行的行为准则方面,价值观发挥着重要作用(Samovar & Porter,1998),他们还认为价值观可以对各种行为进行指导和分类(Peterson,1979;Fridgen,1991)。根据罗克奇(Rokeach,1973)所述,不同的价值观具有不同的行为表现方法。行为准则可以帮助人们明确哪些行为可以被社会所接纳,哪些行为不会被社会所接纳,不同文化群体的行为准则也存在着很大差异(Harre & Secord,1972)。在文献中,如果要对东西方文化进行比较,那么通过对它们的价值观和行为准则进行对比,就能够最全面地得出它们二者之间的差异(Nakamura,1964;Foa et al. ,1969;Hofstede,1980)。

在岛屿环境下发展旅游业,理解当地人和游客之间的文化差异至关重要,原因在于这种文化差异会对人们的行为产生影响,例如文化差异会影响人们的消费习惯、从事的旅游活动、喜好、饮食习惯、满意度等,还会决定游客是否会再来岛屿旅游。赖辛格和特纳(Reisinger & Turner,1997)早已提出理解当地人和游客之间文化差异对市场营销策略和市场划分的重要性。若当地人能够理解游客的文化背景或者是游客能够理解当地人的文化背景,那么游客就会更喜欢来这样的目的地进行参观游玩(Reisinger & Turner,1998)。如果旅游目的地想要在竞争日益激烈的全球旅游市场中占有一席之地,那么它就必须要理解当地人和游客之间的文化差异,提高其行动的有效性。

大部分早期的旅游业文献均强调旅游业的经济和自然影响,却较少关注其产生的社会影响(Pizam,1978)。游客对当地社群所产生的社会、心理和经济影响早已被人们所熟知,这已经不再是一个新的课题了(Jafari,1973;Young,1973;Pizam,1978),近几年对旅游业影响的研究,人们都更多地关注旅游业对当地社群所带来的负面影响。研究发现受到旅游业负面影响的社群有可能通过敌意行为来对游客进行报复,这样自然会降低旅游目的地的吸引力。旅游收入和就业机会也可能会受到影响。这就表明了如果要发展旅游业,就必须要获得当地社群的支持,将当地社群的意见纳入旅游业发展规划当中。

当地居民对于旅游业发展的认识会受到一系列因素的影响,包括文化价值观的影响、行为准则的影响、旅游消费和就业依赖性的影响、当地人和游客之间互动情况的影响以及当地发展水平的影响(Murphy,1985;Madrigal,1995)。越来越多的研究表明,人们对发展旅游业的负面认识常常与较大的游客密度、游客在旅游地较长的逗留期,以及当地土著人的情况有关(Pizam,1978;Murphy,1985;Liu et al. ,1987;Um and Crompton,1987;Davis et al. ,1988;Canan & Hennessy,1989;Madrigal,1993,1995)。而人们对发展旅游业的正面认识则与客源市场距旅游地的距离及两者之间的经济信任程度有关。

当地居民对旅游业的认识受社会经济变量影响较小(Pizam,1978;Liu & var,1986;Madrigal,1993)。旅游业发展水平和当地人对旅游影响的认识之间存在着明显的相反关系。中下等发展水平的旅游业似乎对当地人更为有益。但是,当旅游业发展水平持续低于某个特定点时,当地居民对旅游影响的认识就会开始呈现下降趋势(Doxey,1976;Butler,1980;Allen et al. ,1988;Gunn,1988)。如果旅游度假村在发展的同时,注重保护生态的可持续性,那么就可以将发展旅游业所产生的负面影响降至最低,与此同时,居民对发展旅游业所造成的影响的总体认识也会趋于积极的方向(Ap,1992)。

关于当地居民对发展旅游业的认识问题已经进行了大量的研究,但是,针对小型岛屿的研究却相对较少,尤其是针对马来西亚的研究。如果要研究马来西亚这种小型岛屿的旅游业影响和增长潜力时,很明显,就需要适时地研究一下当地居民和游客对发展旅游业的不同认识。本章节介绍了两者各自对发展旅游业所造成的正面和负面影响的认识情况。文中所述的方法有助于解决先前关于岛屿旅游业影响研究所存在的问题,即过多地侧重居民的观点而忽略了游客的观点的做法。

研究范围

本研究的主要目的是调查小型岛屿居民和游客社群的不同文化背景以及不同的文化背景对旅游业影响认识的不同作用。与较大的、更为分散的社群比较,那些较小的、较为紧密的社群的文化多样性和认识情况都更为复杂。马来西亚已经选择出一些较大的和一些较小的旅游岛屿来进行混合比较,以衡量它们之间的差异。研究人员对西马来西亚海岸的三个岛屿进行了数据采集,这三个岛屿是停泊岛、热浪岛和兰卡威岛(Perhentian,Redang and Langkawi)。在这三个岛屿中较小的两个岛屿是停泊岛(13.92 平方千米)和热浪岛(10.32 平方千米),另外一个较大的岛屿是兰卡威岛(478.47 平方千米)。与西马来西亚的其他小型岛屿相比,停泊岛和热浪岛是马来西亚小型岛屿中最受游客欢迎的岛屿,它们受欢迎的原因在于:

- 物理隔离是指相对于其他较大的岛屿社群而言,这些岛屿的居民似乎更忠于他们的当地风俗习惯和文化,并且对文化问题也更为敏感。
- 由于旅游业是小型岛屿最主要的经济活动,所以岛上居民特别关注可持续发展的问题以及影响他们切身幸福的重要因素。
- 由于岛屿居民需要与游客进行频繁并且密切的互动活动,所以二者必须共享有限的岛屿资源。在这种情况下,游客与居民之间的矛盾有可能会更加明显。
- 停泊岛和热浪岛上的大部分居民都是穆斯林教徒,所以这两个岛屿上的居民与马来西亚其他岛屿上的居民相比,信奉的宗教更为传统。之所以选择分析这两个岛屿,是因为,仅分析一种主要宗教信仰对与游客互动的影响要比分析各种宗教信仰对与游客互动的影响简单得多。
- 停泊岛和热浪岛是马来西亚小型岛屿中最受游客欢迎的两个岛屿,吸引了具有各种文化背景的国际游客前来参观游览。由于这两个岛屿上的游客具有不同的文化和国家背景,所以在这两个岛屿上进行衡量分析工作也较为容易。

文中“停泊岛”是指两个岛屿,大停泊岛和小停泊岛。它们属于一个小型群岛的一部分,大概位于马来西亚东北海岸19千米处,属于丁加奴州(图7.1)。主要旅游住宿服务包括小木屋和度假村,而且大部分的小木屋和度假村都在大停泊岛上。当地最大的社群聚居地(2 000名马来人)是一个坐落在小停泊岛上的小村庄。只有通过船舶经由丁加奴州的瓜拉勿述码头才能到达停泊岛。在发展旅游业之前,这里的主要经济活动只有渔业。在岛屿被批准为海洋公园后,这里就开始禁止捕鱼,因此渔业开始逐渐消失。如今,旅游业是当地主要的就业来源和经济活动。

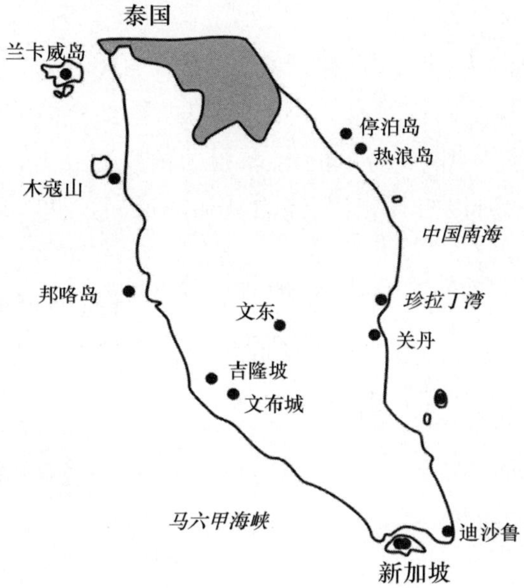

图7.1 西马来西亚地图

(来源:摘自Holiday有限公司网站,于2007年10月8日登录)

热浪岛位于丁加奴州(大约45千米)海岸处,靠近西马来西亚(图7.1)。属于一个小型群岛的一部分,这个小型群岛由9个岛屿组成,其中热浪岛的面积最大,同时也是唯一一个可以提供小木屋和度假村服务的岛屿。热浪岛上大约有1 000名居民(大多数是马来人),旅游业是岛上主要的经济活动。岛上不但禁止捕鱼,而且还是一处重要的海龟保护区。岛上拥有一个小型飞机场,吉隆坡有直飞该岛的航班服务。通过船舶经由位于瓜拉丁加奴和丁加奴墨浪的两处码头也可到达热浪岛。

兰卡威岛位于吉打州西马来西亚的西北海岸处(图7.1),它是一个由99个岛屿组成的群岛中最大的一个岛屿。兰卡威岛人口总数为6.5万人,主要是马来人,少数民族包括中国人、印度人和泰国人。可经由吉隆坡和新加坡乘飞机或自沙敦(泰国)和巴拉望(印度尼西亚)经由槟榔屿到达兰卡威岛。在发展旅游业之前,兰卡威岛的经济活动主要是农业(水稻和橡胶生产业),此外,渔业同样也发挥着重要的作用。

为了进行现状调查,选择了兰卡威岛作为马来西亚较大岛屿中的代表。停泊岛和热浪岛每年各自会迎来4万名国内和国际游客，与这两个岛屿相比，兰卡威岛每年会迎来200多万名游客。由于拥有得天独厚的基于海洋和陆地的各种活动、景区、现代设施和基础设施，兰卡威岛一直深受当地和国际游客的欢迎。兰卡威岛吸引了来自不同市场并且具有不同旅游目的的游客，这些游客的旅游目的包括度假、购物、参加官方及商务活动等。而大部分前往停泊岛和热浪岛的游客都是出于度假的目的。

由于停泊岛和热浪岛位于西马来西亚的东海岸，受到从10月开始一直持续到翌年3月的季风气候的影响，所以参观这两个岛屿会受到季节性的限制。但是与停泊岛和热浪岛在季风季节里停止接待游客不同，兰卡威岛一年四季都可以招待游客。与兰卡威岛相比，停泊岛和热浪岛面积较小且营业时间（6个月）有限，所以每年4万的游客量就很可观了。在所有位于西马来西亚海岸的小型岛屿中，这两个岛屿的游客到访量算是最多的。但是，需要注意的是，兰卡威岛上的游客数据信息是由单一机构（兰卡威发展署，LADA）进行管理收集的，所以与其相比，停泊岛和热浪岛这两个较小的岛屿的游客到访数据并不完整和准确。

小型岛屿可以定义为人口少于100万人或陆地面积小于1 000平方千米的岛屿（Bass & Dalal - Clayton，1995），虽然在本研究中出于比较的目的将兰卡威岛作为一个较大的岛屿，但是这三个岛屿却都属于小型岛屿。

研究结果

以下三个标题中的内容对研究结果进行了阐述，即当地人口统计概况、游客人口统计概况以及主成分分析。

当地人口统计概况

在较小和较大的岛屿上，调查对象的职业是主要的人口统计学方面的差异。由于居住在经济基础相对薄弱的较小岛屿上，停泊岛和热浪岛上的调查对象对旅游业的依赖性更强，因为他们中的大部分人都直接从事旅游业。兰卡威岛上的调查对象从事的经济活动就较为广泛，包括农业、渔业及旅游业。作为西马来西亚海岸最大、发展最快，并且具有优惠免税政策的岛屿上的居民，兰卡威岛上的居民通常更为年轻。兰卡威岛当地人主要从事与销售相关的职业。兰卡威岛还吸引了许多来自马来西亚以外的服务提供商，这些供应商中的很多人都来自泰国边境。他们大部分都从事酒店相关行业。

游客人口统计概况

两个较小岛屿和兰卡威岛的游客调查对象从人口统计学上来看在年龄方面存在很大差异。停泊岛和热浪岛上有超过57%的游客调查对象较为年轻,年龄主要在21～30岁之间。而兰卡威岛却仅有33%的游客属于这个年龄组,这就说明兰卡威岛上的游客年龄稍大。在马来西亚多个小型岛屿旅游景区里,潜水和浮潜等活动是岛上的主要娱乐项目,所以就会吸引较为年轻的游客。这也许就是停泊岛和热浪岛拥有大量较为年轻游客的原因。而游客参观兰卡威岛的目的就更加广泛,包括度假、购物、参加官方及商务活动等。由于具有更为多样的吸引力,所以兰卡威岛迎来的游客的年龄范围也就更为广泛。

从游客的主要国籍(欧洲人、英国人和中国人)方面进行比较,较大、较小岛屿的景区也存在差异。与停泊岛和热浪岛相比,兰卡威岛的客源市场更为广泛。停泊岛和热浪岛两个岛屿上的主要欧洲游客均来自丹麦、法国、德国、意大利、荷兰、瑞典、瑞士。而兰卡威岛还有很多来自于前东欧(例如,爱沙尼亚和匈牙利)的游客。兰卡威岛客源市场的多样性可能是由于其是马来西亚第一岛屿旅游目的地的原因,兰卡威岛具有各种旅游景区,以及基于海洋和陆地的各种活动。而且私人和政府部门都一直在国内和国外市场积极宣传兰卡威岛。兰卡威岛是举办会议和展览的重要之地,同时也是马来西亚和海外多个公共和私人组织的聚集之地。

主成分分析

主成分分析(PCA)用于探讨调查中所研究的各种变量(旅游影响认知)之间的关系,并对调查对象就旅游发展的感知分组进行识别。通过锁定一组较小的组分,通过主成分分析方法可以确定出大部分变量的潜在结构(Hair et al.,2006)。本调查中所用的测量手段包括对旅游影响的19种认知。各种属性在先前的调查中已有所应用(Belisle & Hoy,1980;Brougham & Butler,1981;Sheldon & Var,1984;Liu et al.,1987;Milman & Pizam,1988;King et al.,1993;Akis et al.,1996)。表7.2中列举了对旅游影响的19种认知,并说明了调查对象对旅游影响的看法是正面的还是负面的。

表7.2 正面和负面旅游影响认知

经　济	社会文化	环　境
招商引资(+)	遇见当地人/游客是一次宝贵的经历(+)	改善运输系统(+)
提高生活水平(-)	增加娱乐设施(+)	为修缮古建筑物提供动力(+)
提高土地和住房价格(-)	对当地文化的不良影响(-)	为保护自然资源提供动力(+)

续表

经　济	社会文化	环　境
增加生活成本(－)	当地居民受到游客的打扰(－)	导致令人不快的拥挤景区环境(－)
带来就业机会(＋)	犯罪率增加(＋)	增加污染(－)
增加销售商品的多样性(＋)		破坏自然环境(－)
改善公共基础设施(＋)		
提高商品和服务价格(＋)		

主成分分析对19种旅游影响认知进行了总结,并将其集合为建构。与分别对比各变量的方法相比,以这种形式表示可以令结果更具有说明性。表7.3显示了从当地人和游客角度出发,所得出的两种类型的岛屿目的地(较大和较小岛屿)主成分分析的结果,并对依据可释方差得出的建构、依据重要性得出的等级次序、正面或负面认知进行了概述。旋转选择是基于一个特征值,进行方差极大旋转,用以将建构之间的差异最大化。所有样品组的取样适当性量数(KMO)均高于0.6,巴特莱特球形检验结果显著($P=0.000$),这就说明数据适用于主成分分析(基于特定变量组之间存在强关联性,0.5以上的因子负荷可视为显著结果;塔巴西尼克和菲德尔,2007)。

表7.3　旅游业影响认知

	停泊岛和热浪岛			兰卡威岛		
样品组	因素	影响	方差百分比	因素	影响	方差百分比
当地人	1. 基础设施	正面	14.7	1. 经济机遇与基础设施	正面	22.1
	2. 环境与文化	负面	13.5	2. 环境与价格	负面	13.3
	3. 价格	负面	12.5	3. 保护	正面	10.1
	4. 经济机遇与经历	正面	11.6	4. 基础设施与经历	正面	10.0
	5. 保护	正面	10.4	5. 文化	负面	8.9
马来西亚游客	1. 环境	负面	20.6	1. 环境与文化	负面	29.0
	2. 保护与基础设施	正面	16.4	2. 基础设施	正面	18.3
	3. 价格	负面	16.2	3. 价格	负面	10.5
	4. 经济机遇	正面	13.7	4. 保护	正面	6.5
中国游客	1. 基础设施	正面	16.7	1. 经济机遇与基础设施	正面	21.0
	2. 环境	负面	15.3	2. 环境	负面	18.7
	3. 价格	负面	14.5	3. 价格	负面	15.2
	4. 保护	正面	10.7	4. 保护	正面	9.6
	5. 经济机遇	正面	9.3			
英国游客	1. 价格	负面	19.8	1. 环境与文化	负面	18.0
	2. 环境	负面	17.3	2. 价格	负面	17.2
	3. 保护	正面	14.1	3. 基础设施	正面	13.5
	4. 基础设施	正面	11.0	4. 保护	正面	11.1
	5. 经历	正面	7.7			

从停泊岛和热浪岛样品中抽取出 5 个成分，可释方差为 63%。从马来西亚游客样品中抽取出 4 个成分，可释方差为 67%。另外两组的主成分分析生成 5 个成分，分别占总方差的 66% 和 70%。兰卡威岛当地人样品的主成分分析也生成 5 个成分，可释方差为 64%。其他三个兰卡威岛游客组的主成分分析生成了 4 个成分，总可释方差大于 60%（分别为 64% 和 65%），只有英国人组除外（低于 60%）。

这些旅游目的地的调查对象对旅游影响的正面和负面认知情况可见一斑。与兰卡威岛调查对象相比，较小岛屿（停泊岛和热浪岛）调查对象的负面认知更为明显（可释方差较高）。对于旅游业带来了很多负面影响（尤其是环境和价格）这一看法，英国调查对象持有的看法最强烈，其次是中国调查对象。尽管马来西亚人也表现出对环境影响（例如垃圾、污染、对珊瑚礁的破坏和过度拥挤）的担心，但是他们的态度通常都较为乐观。兰卡威岛的马来西亚游客指出了一些旅游业对当地文化造成的负面影响，包括饮酒、卖淫等。正面认知与经济繁荣的关系更为密切，而负面认知却与社会和环境问题密切相关。

这些结果证实了之前由皮赞姆（Pizam，1978）、贝里塞尔（Belisle）和霍伊（Hoy）（1980）、谢尔登（Sheldon）和沃尔（Var）（1984）、金恩（King）、皮赞姆（Pizam）和米尔曼（Milman）（1993）以及兰克福特（Lankford，1994）提供的文献内容。这些文献称，当地人基于其个人就业和福利待遇更容易对旅游业形成自己的看法。尽管与兰卡威岛当地的调查对象相比，较小岛屿上的当地调查对象对发展旅游业的看法并不是很乐观，但是较游客而言，当地调查对象对旅游业正面影响的看法和表达似乎还是更为明确。

较小岛屿上的调查对象表达出了他们对旅游开发以及当地文化所遭受的负面影响的担忧。两大岛屿目的地（较大和较小岛屿）的英国游客表达出他们对价格增长的担忧。与更为保守的马来和中国游客不同，英国游客很欢迎与当地居民接触的机会。这个结果很支持一种普遍的说法，即不同文化群体对旅游业的认知不同。

基于文化的认知可作为小型岛屿进行规划和管理的指南。与其他文化群体不同，较小和较大岛屿的当地调查对象均对当地文化所遭受的旅游负面影响感到担忧。为了响应这个结果，马来西亚政府在发展海岛旅游业的同时，应将调查对象的这种担忧考虑在内。应对诸如饮酒、卖淫等敏感问题时对其进行管理和监控，以避免对当地人造成不必要的影响。从长远来看，这种做法会提高当地人接纳游客的积极性。

研究结果表明，与其他两个游客群体（马来西亚和中国游客）相比，英国游客更加担心的是环境影响。为了维持小型岛屿旅游业并增加旅游业收入，应采取不同的市场营销策略。应加强远途市场的促销活动，例如加强在欧洲、英国、美国、澳大利亚和新西兰市场的促销活动，同时应鼓励马来西亚和中国游客到环境相对不是很脆弱的马来西亚大陆地区旅游。

对于加强小型岛屿旅游业持续增长而言，取得当地社群的信任很重要。提供能够让游客接触到当地文化和风俗习惯的活动也会有所帮助。英国游客似乎尤为注重与当地人相处的经历。在马来西亚小型岛屿上鼓励发展寄宿家庭项目很值得一试,原因是年轻、独立的游客是小型岛屿的主要客源。寄宿家庭项目既可以通过增加收入使当地人受益,又可以帮助较为年轻的游客减少旅行费用。与此同时,由于这种方式可以减少为满足游客住宿需求而对小木屋和度假村进行的过度建设,所以还可以起到环境保护的作用。

与其他较大的岛屿,尤其是兰卡威岛相比,马来西亚小型岛屿的旅游业发展速度较慢。然而,引起注意的是有关小型岛屿的信息非常有限。岛屿规划和市场营销的一个重要环节就是对游客量综合数据库的了解。不幸的是,马来西亚小型岛屿可用的游客量数据非常有限,并且可用数据的可靠性和有效性仍是个问题。正如本文研究结果所示,不同的游客群体均具有不同的行为特征。在识别文化多元性对于旅游业发展所产生的作用时,游客量的信息对于以一种可持续方式发展的海岛旅游业而言是非常有用的。马来西亚政府需要付出巨大努力,为马来西亚境内的所有小型岛屿建立起一个完整的、准确的游客量数据库。一种可供马来西亚政府选择的方法就是,按照兰卡威发展署的形式建立一个单独机构对马来西亚境内的小型岛屿进行管理。

结语

本章节就当地人和游客对马来西亚境内小型岛屿的发展认知进行了调查。调查发现,当地人对发展旅游业一般持乐观态度,同时对负面影响也有一定的认识。这个调查结果意义重大,因为迄今为止,马来西亚从未慎重地考虑过游客对旅游业发展的态度。本章节提供证据证明国内和国际游客均很担忧旅游业对岛屿产生的影响。诸如在价格和污染方面不断增大的压力有可能会以不同的方式对游客的经历和满意度产生影响。感到不满意的游客有可能会改变其所偏爱的旅游目的地,而选择一处具有同等环境,并能提供更好产品和服务的目的地,然后通过口碑交流的方式鼓励其他游客也做出这样的选择。理解文化背景不同的当地人和游客对旅游业发展的认知情况有助于制定可行性旅游策略,对不同旅游目的地文化差异的较好理解有利于更好地发展定制式服务并增加当地人和游客的满意度。

针对当地人和游客的研究结果表明,对于环境脆弱的岛屿而言,在制定旅游规划时应认真考虑环境保护问题。应定期通知这两种主要受众,告知其保护工作正在进行,并向其保证实施适当的策略对发展旅游业所造成的潜在影响进行管理。为旅游目的地长期生存利益起见,应对自然财产进行谨慎的管理。岛屿旅游的平均停留期通常较短,这为与岛屿社群共同探讨旅游业长期利益仅提供了一个短暂的机遇。一些可供选择的沟通方式包括宣传册、导游信息以及位于主要景区的标志。此类供应信息应说明旅游业是如何有助于保存和保护工作的,并提供出长期发展问题的来龙去脉。保护实践工作应解决当地人和游客所担忧的问题。沟通活动应说明进行保护工作的原因并解释其是如何与以市场为导向的旅游业相互兼容的。可以通过口头形式进行此类沟通活动,或者是将信息编入宣传册和信息手册中。也可以通过向游客询问关于适当发展的建议、想法、意见,使游客加入到可持续性发展的过程中来。还可以在远程游客表达希望有机会与当地居民相处的过程中让其提供相关信息。

本调查也存在些许局限性。样品选择便是一个限制条件。本研究侧重于小型岛屿中当地人和游客之间跨文化交流的情况,以及文化差异是如何影响其行为和对旅游业发展的认知的。由于是侧重文化差异,所以对样品组的鉴定完全是以语种为基础的。无论居住国是哪里,都将来自英国和中国调查对象合并到一种语言组里。由于调查结果基于较为广泛的分组,所以他们也许并不能代表来自特定国家的游客的真实行为,因此,应对调查结果的任何普遍化情况进行谨慎的处理。有人提议,日后的研究应以国别为基础。当地调查对象样品是另外一个限制条件。在数据采集阶段,通常会避开年龄较长者,因为这个群体的主流认知情况是这种调查性研究所不熟悉的内容,而且对他们进行研究的价值也不大。由于基于这种选择方法,所以两种目的地的(较小岛屿和兰卡威岛)当地调查对象中有超过70%的人属于年纪较小组。由于年纪范围存在偏离,所以调查对象的观点并不能代表更为广泛的社群的主流观点。在这个基础上,有人建议日后研究应涵盖更为广泛的年龄范围。虽然存在这些局限性,但很明显的是,本研究丰富了马来西亚岛屿旅游有待研究领域的文献内容。

参考文献

1. Aids, S., Peristianis, N. and Warner, J. (1996) Residents' attitudes to tourism development: the case of Cyprus. Tourism Management 17, 481 – 494.

2. Allen, L. R., Long, P. T., Perdue, R. R. and Kieselbach, S. (1988) The impact of tourism development on residents' perceptions of community life. Journal of Travel Research 27, 16 – 21.

3. Ap, J. (1992) Residents' perceptions on tourism impacts. Annals of Tourism Research 19, 665 – 690.

4. Bass, S. and Dala – Clayton, B. (1995) Small Island States and Sustainable Development: Strategic Issues and Experience. International Institute for Environment and Development, London.

5. Belisle, F. J. and Hoy, D. R. (1980) The perceived impacts of tourism by residents: a case study in Santa Marta, Columbia. Annals of Tourism Research 7, 83 – 101.

6. Brougham, J. E. and Butler, R. W. (1981) A segmentation analysis of resident attitudes to the social impact of tourism. Annals of tourism Research 8, 569 – 590.

7. Butler, R. W. (1980) The concept of a tourist area cycle of evolution: implications for management of resources. Canadian Geographer 24, 5 – 12.

8. Canan, P. and Hannessy, M. (1989) The growth machine, tourism and selling culture. Sociological Perspectives

32,227 – 243.

9. Davis,D. ,Allen,J. and Cosenza,M. (1988) Segmenting local residents by their attitudes,interests and opinions toward tourism. Journal of Travel Research 27,2 – 8.

10. Doxey,G. (1976) When enough is enough: the natives are restless in old Niagara. Heritage Canada 2,26 – 27.

11. Foa,U. G. ,Mitchell,T. R. and Lekhyananda,D. (1969) Cultural differences in reaction to failure. International Journal of Psychology 4,21 – 26.

12. Fridgen,J. D. (1991) Dimensions of Tourism. Educational Institute,American Hotel and Motel Association,East Lansing,Michigan.

13. Gunn,C. (1988) Tourism Planning. Taylor and Francis,New York.

14. Hair,J. F. ,Black,W. C. ,Babin,B. J,,Anderson,R. E. and Tatham,R. L. (2006) Multivariate Data Analysis, 6th edn. Pearson Education International,Upper Saddle River,New Jersey.

15. Harre,R. and Secord,P. (1972) The Explanation of Social Behavior. Blackwell,Oxford,UK.

16. Hofstede,G. (1980) Culture's Consequences: International Differences in Work – related Values. Sage Publications,Beverly Hills,California.

17. Ismail,F. (2009) The development of small island tourism in Malaysia. PhD thesis,Victoria University,Melbourne,Australia,

18. Jafari,J. (1973) Role of tourism on socioeconomic transformation of developing countries. MSc thesis,Cornell University,New York.

19. King,B. ,Pizam,A. and Milman,A. (1993) Social impacts of tourism: host perceptions. Annals of Tourism Research 20,650 – 665.

20. Lankford, S. V. (1994) Attitudes and perceptions toward tourism and rural regional development. Journal of Travel Research 32,35 – 43.

21. Liu, J. C. , Sheldon, P. J. and Var, T. (1987) Resident perception of the environmental impacts of tourism. Annals of Tourism Research 14,17 – 37.

22. Liu,J. C. and Vat,T. (1986) Resident attitudes toward tourism impacts in Hawaii. Annals of Tourism Research 13,193 – 214.

23. Madrigal,R. (1993) A tale of tourism in two cities. Annals of Tourism Research 20,336 – 353.

24. Madrigal,R. (1995) Residents' perceptions and the role of government. Annals of Tourism Research 22,86 – 102.

25. Milman,A. and Pizam,A. (1988) Social impacts of tourism on Central Florida. Annals of Tourism Research 15, 191 – 204.

26. Murphy,P. E. (1985) Tourism: A Community Approach. Routledge,New York.

27. Nakamura,H. (1964) Ways of Thinking of Eastern Peoples. East – West Center Press,Honolulu,Hawaii.

28. Paterson,R. A. (1979) Revitalizing the culture concept. Annual Review of Sociology 5,137 – 165.

29. Pizam,A. (1978) Tourism impacts: the social costs to the destination community as perceived by its residents, Journal of Travel Research 16,8 – 12.

30. Reisinger,Y. and Turner,L. W. (1997) Cross – cultural differences in tourism: Indonesian tourists in Australia. Tourism Management 18,139 – 147.

31. Reisinger,Y. and Turner,L. W. (1998) Cultural differences between Mandarin – speaking tourists and Austral-

ian hosts and their impact on cross – cultural tourist – host interaction. Journal of Business Research 42,175 – 187.

32. Reisinger, Y. and Turner, L. W. (2003) Cross – cultural Behaviour in Tourism; Concepts and Analysis. Butterworth – Heinemann, Oxford.

33. Rokeach, M. (1973) The Nature of Human Values. Free Press, New York.

34. Samovar, L. A. and Porter, R. E. (1988) intercultural Communication: A Reader, 5th edn. Wadsworth Publishing, Belmont, California.

35. Sheldon, P. J. and Var, T. (1984) Resident attitudes to tourism in North Wales. Tourism Management 5,40 – 47.

36. Tabachnick, B. G. and Fidell, L. S. (2007) Using Multivariate Statistics, 5th edn. Pearson Education, Upper Saddle River, New Jersey.

37. Um, S. and Crompton, J. L. (1987) Measuring resident's attachment levels in a host community. Journal of Travel Research 26,27 – 29.

38. Young, G. (1973) Tourism, Blessing of Blight. Penguin Books, Harmondsworth, UK.

8　海岛赌场发展:可持续的社会文化旅游业——圣克罗伊岛和圣诞岛

珍妮·利伯德[1]　杰克·卡尔森[2]
1. 丹麦埃斯比约南丹麦大学　2. 西澳大利亚科廷大学

概述

不可以脱离社会政治环境孤立地解读可持续旅游业,可持续旅游业源于社会环境,从空间环境上理解,可持续旅游业是一种存在于社会政治环境中的管理哲学(Liburd,2010)。作为一种源于社会,同时又被社会质疑的理念(Bramwell,2004),可持续经常受到旅游业发展方式的制约,人们提倡当今的旅游业发展方式,因为人们可以从中获利。海岛旅游发展最具争议的发展方式之一,是在海岛上建造赌场,很多文件资料已经很好地证明了这种发展方式对海岛社群社会文化产生的影响。本章节将首先回顾有关海岛赌场发展历史的关键文献,这些文献阐述了旅游业发展经常会受到二元对立的影响和判断偏好的影响。受这两者的影响,一些发展方式不但享有特权,牺牲了其他发展方式(Bruner,1994),而且还偏离了可持续的原则。造成上述情况的部分原因,可能是由于缺少相关知识,不了解怎样的发展方式才能够被当地居民和当地文化所接受,缺少实现可持续旅游业在社会文化方面的指导方针(Scott,2004)。

根据全球发展研究中心(Global Development Research Centre)的规定(2010 年),对可持续最纯粹的定义是:一种对当地环境和文化影响很小,同时可以创造利润和就业机会,并且能够保护当地生态系统的产业。负责任的旅游业既要保护当地的生态系统,同时又要保护当地的文化。

本章节旨在使大家了解发展海岛赌博业对当地社会文化造成的复杂影响,了解美国维尔京群岛(US Virgin Islands)中圣克罗伊岛和澳大利亚圣诞岛可持续旅游业的发展模式。

在过去的 30 年当中,发展赌博业已经成为许多地方应对经济低迷的权宜之计。受 20 世纪 70 年代旅游业影响研究的启发(Smith,1977,1989;Hsu,2000),旅游地当地居民开始密切关注发展赌博业给他们带来的正面影响和负面影响(Ap,1990;Long et al.,1990;Lee & Back,2003,2006;Lee et al.,2010)。哈里森(Harrison,1996)确定了可持续发展的范例与旅游业发展所造成的社会文化影响之间的微妙关系。这种关系可以应用在社会凝聚力水平、文化界限标准和传统解读方式上(Scott,2004)。

人口分析同样可以用于帮助理解旅游业的社会文化影响。但是有一部分人,甚至是一整个群体,他们更愿意从其他方面来看待旅游业产生的影响,例如旅游产业的附属产业、当地人的既得利益,或对发展与环境保护的整体态度等。安德瑞克(Andereck et al.,2005)发现,亚利桑那州的不同社群在将旅游业作为经济发展战略的态度方面存在很大差异。他们发现,态度不一定能够决定未来旅游业的发展方向,因此他们建议,探索这些问题可以采取质与量相结合的方法。而且,在调查过程中,如果对被调查居民给予警示,就可以改变被调查者对发展旅游业所持的态度,这种改变能够维持一小段时间。因此,人们在此期间内收集到的数据显然不再客观。所以,一些研究便采用纵向的方法,来研究生活在赌博业区域内居民的态度变化(Carmichael et al.,1996;Hsu,2000;Lee et al.,2003)。其他一些人从事跨文化研究,用以对比区别韩国居民和科罗拉多居民对发展赌博业所持的不同态度(Lee et al.,2010)。总而言之,量化型的研究方法并未能研究到更深层的社会文化问题,例如世界观、文化观和道德观等,这些问题体现了赌博业与旅游业发展的关系。但是,这些本质的、内在的价值观却很难被捕捉到,很难被理解,也很难对其加以比较,尤其是在经济领域的比较。

空间环境同样会影响到居民态度调查的结果。许多对居民态度的调查是以整个州为基础的,我们可以将这种调查称之为区域性调查分析。麦库(McCool)和马丁(Martin)(1994)发现,在从旅游业发展中获益的人们和未能从中获益的人们之间,存在着潜在的分裂关系。这种分裂关系在旅游业发展相对成熟的地区并不明显,尤其是在圣克罗伊岛和圣诞岛这样的小岛屿。但是,现存的关于赌博业及其发展影响的文献中没有体现出小岛屿等旅游胜地人们之间易受伤害的脆弱关系。在那些小岛屿上,经济、社会文化及环境的改变更容易影响到整个国家,而在陆地面积较大的国家,这种影响可能会相对小很多。例如,小岛屿的经济发展通常局限于一些特定的领域(如旅游业、采矿业、特殊经济作物业)。小岛屿上的人口相对较少,因此,掌握技能的种类也就相对较少。

因为岛与岛之间的距离很近,所以很容易感觉整个岛屿的生态和社会文化都受到了影响(例如化学淀积、海平面上升、犯罪等等)。由许多小岛组成的国家可能会面对更多不同感官距离和空间距离方面的问题,这些问题更强调环境分析,因此更要求深入理解实现可持续的重要性(Bass & Clayton,1995;Liburd,1999)。简而言之,由于社区环境、理论出发点及调查方法的不同,对居民态度调查的结果也会有很大的不同。更进一步说,莫斯卡多(Moscardo)和皮尔斯(Pearce)(1999)发现,那些态度调查活动经常会受到调查者自身态度的影响。他们认为,由于过度关注调查内容,在对居民态度的调查中,往往忽略了调查时的环境和目的。调查结果在总体上反映出了人们对于文化理解的差异,以及人们为什么会将文化也作为商品出售。这是一种实用主义的、高度透视的理解,这种理解将文化归纳为一个静态的联系在一起的实体,通常被理解为“文化差异冲突”或“出售文化差异”(Liburd & Ren,2009)。如此理解的结果是,要么文化变成了一种异国情调,并以此促进了旅游业的发展;要么文化变成了一种急需受到保护的脆弱财富(Burns,2005)。

旅游发展的社会文化标准可以分为两类:积极的和消极的,这种分类多少有些徒劳。因为,旅游业的发展可以有多种形式,当地居民表现出来的态度通常基于许多种不同的价值观、信仰和知识。而且,由于欲望和需求的差别,岛上的利益相关者、网络传播者及具体行动者的类型也是多种多样的。对于一些人来说,有利于社会发展的旅游开发对于另外一些人而言,可能就是不利于社会发展的。岛上居民寻求可持续道路所面临的挑战,主要在于确定人们接受哪一种社会文化、环境和经济改变,由此来决定哪些是应该受到保护的、什么人去保护,以及应该如何实施保护,而且这种保护应该由本地居民或即将移居到当地的人们去实施(Liburd,2007)。

赌博业的发展其实是一种旅游业发展的模式,它需要深入理解如何将文化价值应用到实际工作当中,理解这些价值是如何相互影响、相互关联的。在岛屿环境中,这种理解尤其重要。

本章节介绍的两种调查均附有引言,引言清楚地介绍了调查过程中采用的方法。为了强调岛屿赌博业社会文化可持续的重要性,第一项针对圣克罗伊岛的调查,重点研究了政策实施的情况,研究了众多地方的建设与发展能力的一致性,这些全都会受到当地价值观和环境的影响。第二项针对圣诞岛的调查,主要研究了岛上赌博业发展给当地社群带来的社会文化影响。从这两项调查中积累起来的经验确定了,并着眼于社会文化可持续观点,这些观点来自于这种形式的旅游业发展。最后,我们梳理了一下在管理方面所处的窘境,以及未来岛屿赌博业发展在社会文化方面的可持续性。

研究方法

针对东加勒比圣克罗伊岛(Eastern Caribbean island of St Croix)的研究,需要采用纵向的研究方法,本章节的第一位作者在美国维尔京群岛进行的调查中就采用了这种方法,即现场采访和人类学实地考察(1995—1998 年,2000 年,2001 年和 2006 年)。调查结果报告依据了许多种研究方法,如对赌场既得利益者、政府官员及潜在投资者细致的观察和深入的采访,以及同当地居民进行的非正式谈话等。谈话内容的分析可以用来揭示旅游业和赌博业发展过程中不同要素之间的力量变化和重组、政策制定过程及决定旅游业可持续发展的首要因素的特性和附属性。普遍接受的谈话内容分析,是一种针对语言要素所做的分析。先假定一种恰当的环境、生产过程和接受程度(Drew & Heritage,1992,Van Dijk,1997;Wodak,2006;Krzyzanowski & Oberhuber,2007),再假定一种能力与知识的关系(Foucault,1980)。通过探究谈话内容、解读不同地区环境之间的关系,我们可以知道赌博业是如何发展的，赌博业在特定的岛屿环境中起着怎样的作用，调查的结果可以帮助我们确定转型的方向，了解我们是否已经偏离了可持续的道路。

第二项对于圣诞岛的研究基于 20 世纪 90 年代对圣诞岛各地居民的采访和在居民之间所进行的讨论。此项研究回顾了造成改变的各种原因，改变促进了赌博业的发展，使其变得越来越复杂。研究还同时回顾了在 1990—1995 年之间，发展赌博业对圣诞岛所产生的影响。1993 年，圣延岛作为旅游地对外开放以后，各种影响显而易见，开发对许多历史文化古迹造成了深远的影响。此项研究还介绍了圣诞岛在开放仅仅 5 年之后，就在 1998 年停业这一重大事件。大众广泛接受的可持续旅游业的定义，是指尊重当地的社会文化环境，尽可能减少或缓和其他社会文化环境对当地社会文化环境的影响。圣诞岛旅游胜地的研究说明了发展赌博业可能是岛屿旅游业社会文化可持续的对立面，因为，赌博业既不尊重当地的社会文化，也没有认识到其自身对当地社会文化所造成的不良影响。

圣克罗伊岛赌博业的发展

圣克罗伊岛是小安的列斯群岛（the Lesser Antilles）美属维尔京群岛当中最大的岛屿，紧邻波多黎各岛东部（East of Puerto Rico）。圣克罗伊岛上有 19 个民族，12.5 万人口（Liburd，1999），岛上存在多种社会文化形式、价值观、社会文化特性以及地方势力。Sprauve（1990）认为，针对岛上人口的分类应该按照社会语言学进行，而不是按照血统分类进行。这样的话，可以将岛上人口分为 15 类，或者更简单地划分为 3 类——黑种肤色、白种肤色、其他肤色，抑或是本地人、外来人及其他。

后一种分类有悖于赌博业的发展进程。关于这一点，会在后面的可持续中心原则——本地化管控与对外赋权一章中进行介绍。由于没有像姐妹岛屿圣托马斯岛（St Thomas）那样的港口，所以圣克罗伊岛的财政收入主要依靠各种各样的旅游产业。这里的旅游产业有高尔夫、潜水、钓鱼、历史古迹参观、宜人景色欣赏和在各种新建赌场里的赌博。在圣克罗伊岛，赌博非常受欢迎，赌博种类包括彩票、斗鸡、赛车、赛马、骰子、扑克牌、宾戈游戏和双骰儿赌博。1979 年，圣克罗伊岛政府在第十三届立法委员会上曾就“赌场赌博与斗鸡”问题进行过全民公决，但公决并没有取得任何收获。直到 20 世纪 90 年代初期，政府制定了关于赌博业发展的若干条例，这些条例终于取得了一些成效。发展赌博业的主要原因是因为在没有像姐妹岛屿圣托马斯岛那类港口的情况下，圣克罗伊岛迫切需要以其他方式实现发展。虽然两岛之间仅相距近 71 千米（44 英里），但两个岛屿之间却存在很大的分歧和隔阂（Liburd，1999）。圣克罗伊岛上的居民被称作欧洲鲫鱼，他们经常嘲笑圣托马斯岛上的拥挤。因为圣托马斯岛人口达 6 万之众，而面积却只有 62 平方千米（24 平方英里），并且还都是山地。圣克罗伊岛虽然有 12.5 万人口，但是面积约有218平方千米(84平方英里),既有山地又有平原。圣托马斯岛主要依赖船运业,其旅游业的发展与圣克罗伊岛旅游业的发展相比,相差甚远。

1994年11月8日,58%的公民投票支持通过6069号法规(法规编号:21-00027),反对票仅有42%。法规名为《维尔京群岛赌场与度假胜地管控法规1995》(以下简称《赌场法规》)。此法规是专门为圣克罗伊岛制定的,与其他常规性法规不同的是《赌场法规》详细规定了一整套有关社会、文化、经济及环境的管理条例。在针对赌场发展制定的四种法规中,《土地规划》是最有利可图的(详见《赌场法规》第228a章)。举例而言,"凡三星级酒店,其51%股权必须控制在维尔京本岛人手中"(详见《赌场法规》435b章),其具体解释如下。

> 与任何相悖的法律规定无关,所谓"维尔京本岛人",是指所有1927年以前出生在维尔京群岛上的人,所有1927年以前出生在维尔京群岛上的人的后代,生活在维尔京群岛以外的维尔京本岛人的后代,这些后代的祖先可能因为留学、工作或服兵役等原因离开了维尔京群岛(详见《赌场法规》第402章)。

鉴于司法优先权,美属维尔京群岛本岛人可能有资格于今后成为某家三星级赌博娱乐场的所有者,只要他的祖先1927年之前出生在维尔京群岛。1927年是自1917年开始起的第一个10年,在这10年当中,丹麦西部的印第安人开始移居美国,移居来的居民被给予10年时间,来决定是继续保留丹麦国籍,还是申请获得美国国籍。纵观《赌场法规》并对法规的贯穿性作进一步说明,可以看出,该法规在其条例和目的方面,很大程度上都受到了美国本土印第安赌博业的启发,尤其是受到康涅狄格州福克斯伍兹玛莎汗塔克皮特部落赌场度假村经营模式的影响(Carmichael et al. ,1996)。

《印第安赌博条例1988》(Indian Gaming Regulatory Act of 1988)中的第20章规定:印第安人可以在"新开拓的土地上"进行赌博。为进一步拓展圣克罗伊岛的商业发展,探讨与其他地方合作的可能性,圣克罗伊岛制定《赌场法规(1995)》的参议员在1995年和1996年间,与玛莎汗塔克皮特部落人员共同召开了多次会议。来自于历史方面和当地少数民族方面的压力主要是部落人员对本地化管控和权力赋予等方面有诉求。很明显,无论圣克罗伊岛本地人,还是玛莎汗塔克皮特部落人,他们都存在社会经济问题。作为曾经的、传统的加勒比农耕社会,圣克罗伊岛吸引了大量的外国务工人员,这些工人来自许多国家,他们有的是众所周知的非洲奴隶,有的则是来自于欧洲的种植者。在奴隶解放以后,圣克罗伊岛成了许多波多黎各人的家园,在19世纪50年代和60年代,随着旅游业的兴起,当地成立起两家大型跨国公司,吸引了大量的美国大陆居民,此外还引来了数以万计的工人,这些工人大多来自东加勒比岛。与此同时,许多维尔京岛人(东加勒比的西印第安人)移民到美国大陆和欧洲城市,这就造成了岛上外来人口高于本地人口的局面。不仅岛上的法律优先保护维尔京岛本地人和他们的子女,而且岛上还大量报道了关于非法移民的暴力犯罪、吸毒及玷污美属维尔京岛历史的事件。因此,并不奇怪,大部分圣克罗伊岛居民强烈反对《赌场法规》,圣克罗伊岛大部分居民是早期移民的第二代、第三代子孙和美国公民,而《赌场法规》却只对那些于1927年以前出生的人有利。当地的广播和媒体报道了许多关于与这些问题有关的激烈争论,以下是一封写给编辑的信:

> 在过去的10年中,移民数量进一步扩大,如果没有那些来自于西印第安其他地区的工人,我们的旅游业、建筑业、甘蔗业就会瘫痪。即使是在这些移民到来之前,美国维尔京群岛也与西印第安的其他部分紧密相连,与他们的文化相连,享有同样的非洲传统和社会背景。可是现在,参议员布赖恩却要把这些为美属维尔京群岛做出巨大贡献的人们以及他们的子孙贬为二等公民。
>
> (Lloyd,1996)

参照新泽西州和福克斯伍兹赌场度假村经营模式制定的《赌场法规》,为了适应美属维尔京岛上的实际情况,对法规的规定和条款进行了多次修订。在1996年3月8日,修订之后对"维尔京本岛人"的定义变更为"所有出生在维尔京岛的人"。两年后的1998年5月,流行天王迈克尔·杰克逊参观了圣克罗伊岛,在他走后,岛上居民对岛上赌博业的发展、外籍人员所有权制度及地方管控不断高涨的消极观念产生了变化。杰克逊先生被特许在岛上建设赌场度假村和主题公园,当地政府特许他20年不需缴纳税金,而且还划分出一片海滩给他。

《赌场法规》中关于经济和环境的条款规定,根据现行严格的土地划分方法,最多可以给经营者10年的免税权。尽管如此,当地的政客们却仍解释道:"我们应该采取一切必要措施,迈克尔·杰克逊是名人,他可以给我们的岛屿带来巨大的利益。"(Bryan,1998)尽管迈克尔·杰克逊并没有与圣克罗伊岛签订任何建造赌场的合约,但是美国媒体关于巨星参观圣克罗伊岛的报道,足以使该岛屿立刻变成旅游、度假、休闲娱乐的胜地。

摘要

在圣克罗伊岛通过了《赌场法规》的10多年后,经营岛上唯一一家赌场的跨国公司获得了当地大型客户的赞助。追溯圣克罗伊岛上赌场发展的立法过程,左右岛屿发展的力量主要来源于本土势力。这就暗示着那些精心制定的发展战略、理想决策、巧合事件、利益冲突以及"本地"身份,都与当地人的利益息息相关。通过理解这些要素和力量是如何相互作用的、相互涵盖的和相互排斥的,就可以得知需要如何立法了。可是圣克罗伊岛上赌博业的发展并没有遵循可持续旅游业的客观原则,即减少或缓和发展对于当地自然、历史、文化和社会环境所造成影响,而是进一步扩大了历史、空间、社会经济和政治上的分歧,使多民族聚居的社群更加向极端化发展。

圣诞岛旅游业的发展

1643年的圣诞节，不列颠东印度公司（British East India Company）的首领威廉姆·迈纳斯（William Mynors）首次命名了圣诞岛。250年后，人们在这座距离西澳大利亚佩斯市2 600千米的遥远的印度洋小岛上发现了磷酸钙，这是一笔巨大的宝藏。1888年，科科斯（基林）群岛（Cocos（Keeling）Islands）克鲁尼斯地产公司（Clunies－Ross Estate）开始开发圣诞岛，1897年，圣诞岛磷酸盐公司开始提取磷酸盐，并将其作为一种高效的化肥出口到英国，英国人喜欢在花园里使用这种化肥。

在政治上，圣诞岛属于英国直辖殖民地，受驻扎在新加坡的殖民政府管辖，因此，圣诞岛继承了所有强加给海峡殖民地的法律制度。第二次世界大战之后，由于英国政府财政紧张，圣诞岛直辖殖民地的管理权被移交给了澳大利亚政府，圣诞岛和科科斯（基林）群岛也随之变成了澳大利亚在印度洋上的领土。从那时开始，澳大利亚政府和澳大利亚－新西兰圣诞岛磷酸盐公司就肩负起了圣诞岛上2 500～3 000居民生活福利的使命。

在这种以私人管理为主的环境下形成的社会经济体制提倡较高的职业道德规范，提倡在错综复杂的种族宗教层面下的社会等级，提倡多元化的经济模式，这些都有利于岛上磷酸矿经营者的利益，由此可见，圣诞岛磷酸盐公司同圣诞岛上的居民是密不可分的。纵观历史，圣诞岛上的主要经济活动，其实就是对磷酸矿的开采和政府进行的食品分发。

1987年，澳大利亚政府宣布，岛上的磷酸盐矿产资源即将枯竭。造成这一结果的主要原因是因为政策上的失误。多年以来，无休止的工业开采、开采过程中大量的耗损，以及政府对岛上公共服务设施所给予的可怜补助，都导致了今天的局面。圣诞岛工会（Union of Christmas Island Workers）及其秘书长戈登·本奈特（Gordon Bennett）曾努力争取把矿产的经营权移交给当地的公司，但是澳大利亚政府似乎并不愿意这么做。相反，他们把这个岛屿看做问题岛屿，而且一直想减少问题岛屿上的人口，并将矿产的经营权出租给了一家私有制公司——埃尔德斯资源（Elders Resources），因为这家公司可以从本国大陆引入劳动力。

由于圣诞岛在政治、社会和商业方面的种种巨变，澳大利亚政府于1986年12月正式提出在岛上修建综合赌场度假村和高级机场设施的想法。在圣诞岛上修建度假村的想法一直没有实现，直到几年后，当8 000万澳币投入到这个项目中时，度假村才开始修建。20世纪90年代初期，澳大利亚的房地产开发商和新加坡—印度尼西亚联合财团获得了在岛上建造综合赌场度假村的经营许可，直至这时，发展岛上赌博业的想法才得到慢慢的落实。在建设过程中，从1990年12月直到1993年12月，赌场度假村开始营业，建设管理公司和开发商圣诞岛旅游度假控股公司（Christmas Island Resort（CIR）Pty Ltd）之间一直存有分歧和矛盾，而且分歧还很多，建设过程可谓一波三折。在财务方面存在分歧,有一部分原因是因为在做生意过程中与承包人之间存在的文化差异。澳大利亚所有建筑业都接受在做生意过程中按进度分期付款的做法。然而,从事 CIR 项目的新加坡和印度尼西亚商人却不能接受在项目完成之前按进度分期付款给承包人的做法,因为他们担心承包人可能会在项目完成之前跑掉。该项目所遇到的法律财务方面的问题,给今后的远距离施工和在跨文化商业环境中经商提供了很好的参考。

驻欧洲奥地利国际赌场(Europe - based Casinos Austria International)负责圣诞岛上度假村的建设。他们雇佣了大约 300 名员工,这些员工的 2/3 来自于澳大利亚大陆。他们占据了所有的技术岗位和管理岗位,其中包括赌场的总管理人、督导和其他管理层的职位。圣诞岛的居民只能从事余下的 100 多个非技术性职务(清洁工、地勤人员、司机等)。本地居民公开表示了他们对这种分配的不满,为什么他们只能从事卑微的工作,而只有外来者才能够从事那些高薪高技能的工作呢?很难估计圣诞岛度假村到底提供了多少个间接的就业机会,但是,生活在蒲松地区的在赌场工作的工人和他们的家人,给当地的零售商、餐馆和俱乐部创造了巨大的效益。岛上大部分商铺都是圣诞岛居民经营的,为了适应不断增加的人口的需求,还有许多新店铺开始开张营业。

圣诞岛和澳大利亚政府经营度假村,第一年所获得的直接经济收益大约是 1 000 万澳元(Carlsen,2000)。收益的大部分(900 万澳元)都作为公司所得税上缴给了澳大利亚政府,其余部分存入了社区福利基金(CBF),留作岛上的日常开支。

圣诞岛的度假村主要依赖来自印度尼西亚雅加达的疯狂赌徒,他们乘坐包机前来这里,把大部分时间都花在了赌博上。1998 年 6 月中旬,在发生了一系列法律纠纷之后,北方包机服务被取消,赌场关闭,大量人员失业。尔后,给了 CIR 21 天时间,用以阐述"为什么不能吊销他们的经营许可"(德拉蒙德,1998)。但是,CIR 并没有理睬那些不得不离开 CIR 的员工,尽管这些员工没有领到工资,甚至不知道应该如何回家。CIR 更没有理睬那些没有工作、没有收入的圣诞岛居民,最终 CIR 对赌场的经营许可还是被取消了。度假村的经营者——奥地利国际赌场把他们大部分有经验的员工安排到昆士兰凯恩斯新开张的赌场,圣诞岛本地雇员和本地商业的状况变得非常糟糕,因为他们原本都是为圣诞岛度假村的游客服务的。

在度假村经营的 5 年当中,圣诞岛上出现了许多社会问题,其中包括人身财产方面的犯罪、因赌债累累所导致的入室抢劫和使用非法药物等。1995 年,在采访过程中,当地居民讲述的度假村造成的潜在社会影响中,还包括类似职业罪犯的各种敲诈勒索,以及当地的卖淫活动。澳大利亚联邦警察局在圣诞岛上安排的警力很少,而且并没有明显证据表明岛上不断攀升的人身财产犯罪与圣诞岛的度假村发展有关。然而,在 1994—1995 年期间,岛上却出现了一些严重指控,包括对人身攻击、性侵犯和其他与毒品有关的指控。还有其他许多稍轻微点儿的指控,其中包括刑事伤害、盗窃、入室行窃和偷车等。与大陆国家相比,这些犯罪对一个小岛产生的影响将更为深远(见表 8.1)。

表 8.1　圣诞岛 1994 年和 1995 年的犯罪类型(来源:Carlsen,2000)

犯罪类型	指控数量(件)
刑事损害	8
盗窃	56
入室行窃	15
偷车	6
毒品类案件	1
袭击	7
性侵犯	3

一些证据表明一些犯罪确实与发展赌场有关,例如 1995 年 1 月,香港的黑社会组织 27K 就曾在度假村与赌场的保安人员发生过冲突。

还有一些报道与雅加达卖淫团伙在圣诞岛上的卖淫有关。这些问题使圣诞岛上的居民不得不面对更多的健康隐患和社会问题,社会越来越混乱,道德更是日益败坏。

越来越多的圣诞岛居民沉迷于赌博,但是人们很少能够看到有关社会影响方面的报道。不可否认,沉迷于赌博,也是发展岛上度假村付出的社会代价。圣诞岛上有 3 种文化形式并存——圣诞岛马来文化、大陆外籍文化和圣诞岛中国文化。在这些文化当中,圣诞岛上的中国人更容易沉溺于赌博当中。中国人之所以更好赌,是因为圣诞岛上的中国人更有钱,岛上的大部分生意都是中国人打理的。假如一个中国商人赌博,他的生意很有可能会出现亏损,也很有可能会发生家庭暴力,最终导致家庭破裂。其他圣诞岛居民同样可以通过倒卖圣诞岛上的房产赚到大笔资金。房地产市场投放土地和住房的政策,使圣诞岛上的居民可以优先以优惠价格购买到海边的房产。一些人向印度尼西亚和澳大利亚的投机者取经,学习如何从圣诞岛的房地产市场中获利,赚取大笔资金。但是很不幸的是,他们将赚到的钱都拿去赌博了,居民手中的钱所剩无几,处境也很艰难。

通过与圣诞岛上居民和赌场负责人的谈话,可以明显地得知,赌场里的许多客人都在吸食毒品。人们认为,毒品可以使赌徒长时间保持清醒,于是他们就可以夜以继日的连续豪赌。越来越多的赌场客人吸食毒品,造成了岛上有许多社会问题发生。毒品逐渐渗入到岛上的各个角落,越来越多的在岛居民开始吸食毒品。一些毒品,例如历史上曾经出现过的鸦片,对于圣诞岛上的居民来说并不陌生,与鸦片相比,新型毒品可卡因和摇头丸,除了进一步加重了圣诞岛上的社会问题之外,还增加了岛上的健康开支和治安开支,除此之外,再没有什么其他作用了。

赌场带来的另一种社会影响是对岛上现存社交俱乐部造成的影响。岛上原来有许多社交俱乐部,人们可以在俱乐部里从事赌博活动。俱乐部是圣诞岛上居民主要的社交娱乐场所。而现在,这些俱乐部都不太景气,因为圣诞岛上的居民如今更喜欢去赌场度假村,在那里,他们可以赢到更多的钱。斯科特(Scott,2004)发现,在土耳其—塞浦路斯文化(Turkish - Cypriot culture)中,赌博曾经经历过一次转型,从原来在咖啡馆里、电影院里和市中心进行的小赌,逐渐转变成了在岛上商业赌场里进行的豪赌。

当然,赌场度假村也带来了一些积极方面的影响,一名受访者在采访过程中表示,在赌场营业以后,岛上居民的自豪感明显增强,岛上的种族矛盾在很大程度上得到缓和。由于圣诞岛上出现了更为复杂的社会构成,一些居民的殖民地思想发生了转变。这种现象也有可能是由其他原因造成的,例如本地居民掌控了矿产经营权,社会原有的工人结构消失了。

摘要

赌场经营许可证的废止、包机服务的中止,以及 CIR 和建筑公司之间的纠纷不断,使圣诞岛度假村在开业仅 5 年之后,于 1998 年停止营业。缺失维护的度假村的建筑物、场地,以及建在岛屿松软沙滩上的度假村的主建筑,都在加速着赌场的消亡。澳大利亚政府曾在 2002 年出租了部分建筑,用于拘留澳大利亚领土上的非法移民。一位悉尼的企业家——现在圣诞岛度假村的拥有者正在与政府洽谈,他希望利用岛上度假村的设施来为充满争议的移民羁留中心(Immigration Detention Centre)的员工提供住宿。

赌博业发展的启示与岛屿旅游业的可持续

尽管在本质上对于个案的研究存在局限性,但是对它们的研究结果却可以反映出可持续旅游业更广泛的理论体系和实现过程中需要的知识(Carlsen et al. ,2008)。从这两个案例中吸取的经验可以帮助我们定义,可以帮助我们进一步分析岛屿旅游业发展中社会文化的可持续性。但是,人们面临的事实是:人们不但没有精确定位出社会经济和文化上的差异、接受“文化”和“种族”以及“本地”和“外来”之间的矛盾,社会关系的基石反而变得日益不稳,文化上的误解和差异也在日益加大(cf. Lew & Kennedy,2002;Andereck et al. ,2005;Lee et al. ,2010)。在本章节接下来的内容中,将讨论赌场发展与旅游立法和当地政策执行情况之间的关系。不论是文化、种族、经济,还是空间上的差异,都不被当作可供分析的、想当然的新政策的重点研究对象,而被当作正在执行的政策的研究对象,被当作社会物质生产的研究对象(Law,2004;Ren,2009)。情况表明,实现可持续需要了解实现过程中出现的各种价值体系。案例的研究从本质上证明了发展赌博业在很多方面不利于社会文化的可持续。

通过对圣诞岛度假村的研究,我们可以清楚地了解到,澳大利亚政府在其印度洋地区领土上实施的政策是通过法律政策和各种产业的经营许可证发放政策坚持掌控那里的土地开发权和旅游业发展权。这种控制政策可能与圣诞岛所处的战略位置有关,圣诞岛位于澳大利亚的西北部，是澳大利亚最西北部的领土。在过去，反对土地区域划分的力量一直阻碍着旅游业的发展，如果没有明确的圣诞岛旅游业可持续指导方针，这股力量将会继续阻碍旅游业可持续的进程。同样，第一个案例的研究结果表明了当地是如何通过立法手段发展圣克罗伊岛的，"旧时代"的圣克罗伊岛本地人是如何通过立法重新获得对岛屿的控制权的，是如何通过赌场立法发展的，是如何通过这一发展过程来重新界定自己的归属感、定义他们的个体身份的。

这两个案例都表明了在当地环境中，这样的价值观和网络体系如何形成的过程。它们对国际关系也产生了一定的影响，这种国际关系在一定程度上形成了错综复杂的网络，形成了错综复杂的论述和相互作用，这种国际关系已经摆脱了地理界限造成的制约。

通过两个案例的调查得知，在岛上修建赌博度假村的计划严重影响了当地人的社会生活。发展赌博业违背了众所周知的有关发展的表面张力（capillary power）的概念，而且或多或少地经由隐含的机制、文化、知识和力量影响到人们的生活世界，这种影响同样也来自不同的环境。这些影响随着环境的改变而改变，通过对赌场发展过程的实际调查可以得出上述结论。以前，人们在社交俱乐部里面小赌娱乐，这种娱乐方式很受两岛居民的欢迎。但在赌场开业以后，人们为了赢到更多的钱，便开始到赌场里赌博，有很多居民变得就此沉溺于赌博，最终导致家庭破裂。与普瑞尔贝斯基（Przybylski）等（1998）的发现相似，人们开始质疑赌博业是旅游业发展的必要形式这一观点，因为许多小赌场仅只是当地的娱乐形式。

受到福克斯伍兹赌场度假村立法理念的影响，圣克罗伊岛的居民不得不详细定义什么是维尔京本岛人，哪些应该属于维尔京本岛人，因为福克斯伍兹赌场度假村的立法理念是以本地所有权、本地培养及本地财务控制为特色的。立法的过程对岛上的各族人民形成进一步分裂，因为他们中的大多数人已经在圣克罗伊岛上生活了几代人，在立法中，他们却被划定为加勒比岛人。在这种相互联系的环境当中，很难一次性了解发展赌场的过程是如何改变当地居民的生活质量和主观幸福感的。生活满足感的溢出效应，如整体生活的安逸，在很多文学作品中都有体现（Neil et al.，1999；Liburd et al.，2011）。人们本应该更加重视圣克罗伊岛上居民的迁移率，重视圣克罗伊岛与其他国家的关系，但实际情况却并非如此。

在圣诞岛上，由于没有足够的劳动力，缺少应该有的适当培训，损失了很多工资收入和税收，因此圣诞岛必须引入外来务工人员。此外，还由于圣诞岛上的居民只能从事卑微的低技能工作，也使岛上的居民很难成为疯狂赌徒。作为发展方式，这种旅游业发展形式被人们看做是对当地文化影响比较小的发展方式，所以应该被保留下来。但是，基于文化冲突和重重误会的观点，并不能帮助人们理解这些影响是岛上社会物质活动的结果，因为发展赌场最终被用于表明和体现了文化（社会经济）的差异。发展赌场进一步说明了本地控制与本地所有权这种带有浪漫主义色彩的观念是如何必须经过实践证明的，只有这样，才可以确保人人平等和民主权利，这两点是可持续理念的核心原则（世界环境与发展委员会,1987)。

结语

本章节从社会文化可持续角度,对圣克罗伊岛和圣诞岛两个岛上赌场发展的实际经验进行了深入研究。对于这两个案例的研究,同样促使人们反思发展过程中所遇到的种种困难和重重考验,使人们得以从环境视角来看待社会文化的可持续性。有争议的是,在这种形式的旅游业发展中,政府的职能和对权力的欲望不仅违背了本地控制的原则,而且还违背了在岛屿环境中实行可持续的基本含义。两个案例的研究结果表明:在岛屿上发展赌博业,这在许多方面都严重影响了岛上社会文化的可持续性,因为发展赌博业既不尊重当地社群,也不能认识到赌博业本身对岛屿产生的不利影响,这其中包括当地居民对主观和社会幸福感的理解。

大规模发展赌场度假村的提议一直受到各加勒比政府的青睐。因为,基于自上而下发展的战略,发展赌场可以给当地市场带来许多发展机会(Holder,1993;Patullo,1996),圣诞岛的情况也是如此。通过理解赌场发展作为旅游地政策被贯彻执行并成为当地形象工程和旅游娱乐创新,可以帮助我们深入透彻了解当地的社会文化理念。对圣克罗伊岛和圣诞岛两个岛上赌场的了解,还可以帮助我们摆脱传统的实用主义理论的束缚,避免文化冲突,摒弃老套的被误读的理念。没有了束缚,人们可以更好地为岛屿旅游业的持续发展提供解决方案和管理方法。将广泛的可持续目标和价值观转换成一个特定的小岛发展理念,以局部为基础,寻求发展。可持续旅游业必须有利于当地居民具体的发展需求和生活质量的提高。只有这样,才能够判断出特定的实践是否具有改革性,是否有利于群众的利益和需求。

尽管发展赌场有诸多益处,但是,如果岛屿赌场的发展是为了实现社会的可持续发展,那么在接下来的发展过程中,还是有需要我们进行批判性反思之处。首先,应该先研究一些关键性的问题:当地居民中的哪一些人从岛屿赌博业的发展中受了益?哪些人受到的影响是负面的?其次,必须强调应该长期应对和管控当地多种族之间的利益冲突。最后,应当重视与社会文化价值观和实践决心相关的政治问题,而且必须明确为什么重视和应该如何重视。为了能够在研发方面和传播方面潜移默化地提供更丰富的、广泛的,且在文化意义上更持久的旅游地文化理念,岛屿旅游地的居民和从事旅游研发的人员之间需要进行对话,要批判性地强调最根本的管理问题,只有这样,才能够更好地推进旅游地(Ren,2011)的发展和管理。在这个过程中,将涉及如何对发展中的旅游业类型进行检验(由谁来发展,以及应该如何管理发展的过程)的问题,还将涉及旅游业发展的最终客观目的是什么,只有解决了这些问题,才能真正实现旅游业的可持续。

参考文献

1. Andereck, K. , Valentine, K. M. , Vogt, C. M. and Knopf, R. C. (2005) Residents' perceptions of community tourism impacts. Annals of Tourism Research 32, 1056 – 1076.

2. Ap, J. (1990) Residents' perceptions research on the social impacts of tourism. Annals of Tourism Research 17, 610 – 616.

3. Bass, S. and Dalal – Clayton, B. (1995) Small Island States and Sustainable Development: Strategic Issues and Experiences. Environmental Planning Issues No. 8, International Institute for Environment and Development, London.

4. Brarnwell, B. (2004) (ed.) Coastal Mass Tourism: Diversification and Sustainable Development in Southern Europe. Channel View Publications, Clevedon, UK.

5. Bruner, E. M. (1994) Abraham Lincoln as authentic reproduction. a critique of post – modernism. American Anthropologist 96, 397 – 415.

6. Bryan, A. B. (1998) Do whatever is necessary. St. Croix Avis, 11 May 1998, p. 3.

7. Burns, P. M. (2005) Social identities, globalisation and the cultural politics of tourism. In: Theobald, W. T. (ed.) Global Tourism. Elsevier Butterworth – Heinemann, Oxford, pp. 391 – 405.

8. Carlsen, J. (2000) Population – development – environment interactions on the Cocos (Keeling) Islands. PhD thesis, University of Western Australia, Perth, Australia.

9. Carlsen, J. , Liburd, J. J. , Edwards, D. and Forde, P. (2008) Innovations for Sustainable Tourism. International Case Studies. University of Technology, Sydney.

10. Carmichael, B. A. , Peppard, D. M. and Boudreau, F. A. (1996) Megaresort on my doorstep: local resident attitudes toward Foxwoods Casino and casino gambling on nearby Indian Reservation land. Journal of Travel Research 34, 9 – 16.

11. Drew, P. and Heritage J. (1992) Talk at Work: Interaction in Institutional Settings. Cambridge University Press, Cambridge.

12. Drummond, M. (1998) WA tycoon faces casino share loss. The West Australian. 23 June 1998, p. 30.

13. Foucault, M. (1980) Power/Knowledge: Selected Interviews and Writings. Pantheon, New York.

14. Global Development Research Center (2010) Sustainable Tourism Info – Sheets: Defining Sustainable Tourism. Available at: http://www.gdrc.org/uem/eco – tour/sustour – define.html (accessed 9 September 2010).

15. Government of the US Virgin Islands (1995) The Virgin Islands Casino and Resort Control Act of 1995. Act No. 6069, Bill No. 21 – 0027.

16. Harrison, D. (1996) Sustainability and tourism: reflections from a muddy pool. In: Briguglio, L. , Archer, B. , Jafari, J. and Wall, G. (eds) Sustainable Tourism in Islands and Small States, Volume 1: Issues and Policies. Pinter, London, pp. 69 – 89.

17. Holder, J. S. (1993) The Caribbean Tourism Organisation in a historical perspective. In: Gayle, D. J. and Goodrich, J. N. (eds) Tourism Marketing and Management in the Caribbean. Routledge, London/New York, pp. 20 – 27.

18. Hsu, C. H. C. (2000) Residents' support for legalized gaming and perceived impacts of riverboat casinos: changes in five years. Journal of Travel Research 38, 390 - 395.

19. Krzyzanowski, M. and Oberhuber, F. (2007) (Un) Doing Europe: Discourses and Practices of Negotiating the EU Constitution. Sage, London.

20. Law, J. (2004) After Method. Mess in Social Science Research. Routledge, London.

21. Lee, C. - K. and Back, K. (2003) Pre and post - casino impact of residents' perception. Annals of Tourism Research 30, 868 - 885.

22. Lee, C. - K. and Back, K. J. (2006) Examining structural relationships among perceived impact, benefit, and support for casino development based on a 4 year longitudinal data. Tourism Management 27, 466 - 480.

23. Lee, C. K., Kim, S. S. and Kang, S. K. (2003) Perceptions of casino impacts - a Korean longitudinal study. Tourism Management 24, 45 - 55.

24. Lee, C. - K., Kang, S. K., Long, P. and Reisinger, Y. (2010) Residents' perceptions of casino impacts: a comparative study. Tourism Management 31, 189 - 201.

25. Lew, A. and Kennedy, C. (2002) Tourism and culture clash in American Indian country. In: Krakover, S. and Gradus, Y. Tourism in Frontier Areas. Lexington Books, Lanham, Maryland.

26. Liburd, J. J. (1999) Sustainable tourism development. Case studies from the Eastern Caribbean. PhD thesis, Faculty of Arts, Aarhus University, Denmark.

27. Liburd, J. J. (2007) Sustainable tourism, cultural practice and competence development for hotels and inns in Denmark. Tourism Recreation Research 32, 41 - 49.

28. Liburd, J. J. (2010) Sustainable tourism development. In: Liburd, J. J. and Edwards, D. (eds) Understanding the Sustainable Development of Tourism. Goodfellow Publishers, Oxford, pp. 1 - 18.

29. Liburd, J. J. and Ren, C. (2009) Selling difference: conceptualising culture in tourism education and management. In: Blacso, M. and Zoelner, M. (eds) Teaching Cultural Skills: Adding Culture in Higher Education. Samfundslitteratur, Copenhagen, pp. 71 - 90.

30. Liburd, J., Benckendorff, P. and Carlsen, J. C. (2011) Tourism and quality of life: how does tourism measure up? In: Uysal, M., Perdue, R. and Sirgy, J. (eds) Handbook on Tourism and QoL Research. Springer, Berlin/New York/London (in press).

31. Lloyd (1996) Immigrants' blood, sweat and tears build US Virgin Islands. St. Croix Avis, 5 January 1996, p. 3.

32. Long, P., Perdue, R. R. and Allen, L. L. (1990) Rural resident tourism perceptions and attitudes by community level of tourism. Journal of Travel Research 28, 3 - 9.

33. McCool, S. and Martin, S. (1994) Community attachment and attitudes towards tourism developrnent. Journal of Travel Research 32, 29 - 34.

34. Moscardo, G. and Pearce, P. L. (1999) Understanding ethnic tourists. Annals of Tourism Research 26, 416 - 434.

35. Neil, J. D., Sirgy, M. J. and Uysal, M. (1999) The role of satisfaction with leisure travel/tourism services and experience in satisfaction with leisure life and overall life. Journal oJ Business Research 44, 153 - 163.

36. Patullo, P. (1996) Last Resorts: The Cost of Tourism in the Caribbean. Cassell, London.

37. Przybylski, M., Felsenstein, D., Freeman, D. and Littlepage, L. (1998) Does gambling complement the tourist industry? Some empirical evidence of import substitution and demand displacement. Tourism Economics 4, 213

-231.

38. Ren, C. B. (2009) Constructing the tourist destination. A socio - material description. PhD thesis, Faculty of Humanities, University of Southern Denmark, Esbjerg.

39. Ren, C. B. (2011) Beyond hosts and guests: translating the concept of cultural misconception. International Journal of Culture, Tourism and Hospitality Research (in press).

40. Scott, J. (2004) Coffee shop meets casino: cultural responses to casino tourism in northern Cyprus. In: Bramwell, 13. (ed.) Coastal Mass Tourism: Diversification and Sustainable Development in Southern Europe. Channel View Publications, Clevedon, UK, pp. 307 - 320.

41. Smith, V. L. (1977) Hosts and Guests. The Anthropology oJ Tourism. Blackwell, Oxford.

42. Smith, V. L. (1989) Hosts and Guests. The Anthropology oJ Tourism, 2nd edn. University of Pennsylvania Press, Philadelphia.

43. Sprauve, G. (1990) Fission and fusion and creole, calypso and cultural survival in the Virgin Islands. Available at: http://www. stx. k12. vi/KRAAL/fission. htm (accessed on 9 September 2010).

44. van Dijk T. A. (1997) Discourse as Social Interaction. Sage London.

45. Wodak, R. (2006) Mediation between discourse and society: assessing cognitive approaches. Discourse Studies 1, 179 - 190.

46. World Commission of Environment and Development (1987) Our Common Future. Oxford University Press, Oxford.

47. Yanow, D. and Schwartz - Shea, P. (2006) Interpretation and Method. Empirical Research Methods and the Interpretative Turn. M. E. Sharpe, Armonk, New York.

9 色情文化领域旅游业的社会可持续性：性自由与暴力——特立尼达岛和多巴哥岛

约翰尼·库曼星
美国北达科他州麦纳特州立大学

彩虹国度简介

特立尼达岛和多巴哥岛一直被人们认为是加勒比群岛地区宝岛链中两颗璀璨的明珠。1498 年，克里斯多弗·哥伦布称这些美丽的岛屿属于西班牙，然而在欧洲殖民力量的几次较量以后，1797 年英国控制了特立尼达岛。在经过了荷兰、法国和英国之间长达 30 多年的战争之后，英国最终于 1802 年控制了多巴哥岛。1886 年，英国将多巴哥岛和特立尼达岛（Williams，1964）两者合二为一。岛屿在 1962 年获得独立。

从地理上来看，多巴哥岛和特立尼达岛属于安第斯山脉（Andean mountains）的一部分。多巴哥岛的背脊就是安第斯山脉最后的残余部分。得益于赤道性气候，彩虹国度里生长着各种各样的南美动植物。除了动植物种类的丰富多样之外，特立尼达岛还拥有一座世界闻名的地沥青湖。据历史记载，在瓦尔特·罗里爵士去寻找理想中的黄金国度时，曾经使用地沥青湖里的沥青填充他船上的缝隙。地沥青湖占地 40 公顷（99 英亩），是非常著名的旅游胜地，围绕地沥青湖的形成，有着千奇百怪的民间传说。

头上顶着彩虹国度的雅号，特立尼达岛和多巴哥岛一直对外宣称居住在岛上的各个民族人人平等。在加勒比盆地，特立尼达岛和多巴哥岛同样还可以宣称这里是“节日的大地”。除了一些常规节日之外，这个多宗教、多民族、多节奏、多娱乐的国度要庆祝的节日很多，例如排灯节、胡里节、帕兰节、斯帕瑞麦节、渔民祭祀节、多巴哥岛传统节日、侯申节，还有最重要的特利尼达狂欢节等等。所有这些庆祝活动和节日都是为了保护支撑着整个岛屿的社会信仰、宗教信念，还有岛上的美味菜肴。然而，实际上，真正给予特立尼达岛和多巴哥岛存在感的，是大斋戒前狂欢节。众所周知，大斋戒前狂欢节是旅游业发展的最重要平台。就旅游发展而言，人们甚至可以说，特利尼达狂欢节就像一只会下金蛋的鹅（网络，2000）。

特利尼达狂欢节持续吸引着大量游客，游客中的大部分来自欧洲和北美。狂欢节最壮观的街头表演是为了庆祝奴隶制的最后消亡（Mason，1998）。其实狂欢节前的热身表演同样也很精彩,比如星期日格拉斯秀等等。暂且不管各种节日带来的影响,尤其是先不管特利尼达狂欢节带来的影响,首先要做的是对阻碍和威胁旅游业持续发展的因素的分析。

没有真正意义上的旅游业发展史

由于特立尼达岛和多巴哥岛依赖石油和天然气的经济模式,以及 1962 年独立以后当地的工业发展形势,可以说特立尼达岛从来没有过真正意义上的旅游业史。在 1977—1987 年之间,旅游业发展缓慢,甚至可以说一直停滞不前。而且,当地根本没有必要发展旅游业,在那里,开采石油和天然气才是岛上发展的经济动力。由于石油和天然气资源丰富,岛上根本不需要游客。事实证明,特立尼达岛和多巴哥岛的第一位首相艾瑞克.E. 威廉姆(Eric E. Williams)未致力于旅游业发展,他害怕旅游业的发展会使岛上居民大量地成为门卫和司机(Henry - Kunzel,1994)。然而,石油产业带来的利润并不持久。在 20 世纪 80 年代晚期和 90 年代初期,国际市场石油价格下跌,直接影响到石油的开采。在这种情况下,当地政府必须另求其他方法,以挽救岌岌可危的经济。

当世界发生石油危机时,旅游业虽然不是挽救经济困境的灵丹妙药,但毫无疑问,尚处萌芽状态中的旅游业确实很有潜力,能够弥补因不稳定的石油价格造成的经济损失。根据谢尔(Scher,2007)所说,旅游业正在逐渐获得动力,慢慢替代岛上的经济基础——石油业和农业,成为岛上新的收入来源。今天,随着游客流量的不断增加,特立尼达岛的收入越来越高,尤其是狂欢节时,收入增加更多。游客数量每年以 6.4% 的速度增长。2000 年,竟有 36 万多游客从欧洲和北美来到这个国家。在 1995—1999 年的 5 年中,游客消费总额也从 7 000 万美元上升到 1.62 亿美元(Global Newswire,2001)。政府希望在旅游业发展中从事游轮游览业务的企业每年仅人头税一项,至少应上缴 17.5 万美元(Richards,2001)。

同样,大斋戒前的特立尼达狂欢节还为成百上千的人创造了就业机会,这其中包括设计制作化妆服的人、准备各种场馆的人、调试钢管乐器的人、组织盛宴(嘉年华聚会)的人、安排卡里普索(calypso)和钢铁乐器表演的人,以及在庆祝活动即将开始前准备售卖食品的人。总体来说,仅为庆祝活动提供化妆服制作的行业就为经济带来超过 100 万美元的收入(Potter,2001)。据美国有线电视新闻网络报道,特立尼达岛经济的大部分仰仗于一年一度的狂欢节。根据西印度群岛大学(The University of the West Indies)经济分析员基斯纳斯博士所述,在 2001 年,游客在狂欢节上的消费估计已经达到了 15 万美元(Associated press,2005)。

所有的狂欢节活动都带有"狂欢心态","狂欢心态"是一种生活方式,大部分人的心里或多或少都有这种心态。

狂欢心态

世界闻名的大斋戒前的狂欢节每年举行一次，是所有狂欢节中被拍照最多、被报道最多、被模仿最多的节日(Mason,1998)。放下狂欢节面临的政治压力和经济压力不谈，一年一度的狂欢仪式表达了特立尼达岛和多巴哥岛这块土地的活力。特立尼达狂欢节实际上是一种超机体的实体(Zelinsky,1992;Mitchell,2000)，是一种基本价值体系，可以直接或间接地支撑或维系整个社会。这种快乐的景致使特立尼达岛和多巴哥岛的文化在加勒比国家中，甚至是在整个世界当中，都很特立独行(Coomansingh,2008)。因此，这里的旅游业的社会可持续，必须与狂欢节紧密相连。根据格林(Green,1998)所述，众所周知特立尼达岛和多巴哥岛上的居民都具有这种"狂欢心态"(一种活在当下的态度)。由于受到狂欢心态的影响，伯斯(Birth,1999)解释道，即使在涉及时间管理的时候，"任何时间都是特立尼达时间"。"任何时间都是特立尼达时间"已经成了一种综合症，这种综合症本身可能会威胁到社会的可持续性，因为许多特立尼达人与生俱来持有这种散漫的生活态度。放下狂欢心态不说，仅在狂欢节期间的狂欢节经营对策，就为岛上的富人和穷人带来了非常可观的收入。特立尼达狂欢节不仅仅是为化妆游行者准备的活动，同时也吸引了大量希望通过狂欢节寻欢作乐的游客。当然，特立尼达岛和多巴哥岛上的狂欢作乐也导致过度聚会、大量酗酒，甚至发生了一切情况下可能出现的冲突。

狂欢节庆祝活动为市民们提供了一种直面新形式、迎战新冲突的新鲜机会(Koningsbruggen,1997)，活动使市民们回忆起被英国殖民统治的时期，甚至回忆起奴隶与奴隶主之间的斗争(Hill,1972)。特立尼达岛和多巴哥岛上的狂欢作乐与大众的社会化差异存在着明显联系，通过狂欢节期间那些乔装打扮的乐队的表演水平，可以非常容易地察觉到人们的享乐心态。富人们特别喜欢身价高的专业化乔装乐队，这是一种很难被跨越的文化障碍。在狂欢节期间，同样可以看到岛上身份阶级的结构。事实上，特立尼达岛和多巴哥岛上的狂欢节可以被看做是人们的感官释放。对于在社会中受阶级束缚的人们来说，狂欢可以帮助他们缓解情绪，岛上本应是一个"白人统治"的文明国度，人们彼此相互尊重；与此同时，狂欢是真正意义上的文化自由，是岛上文化的核心与灵魂，是对于那些受殖民主义影响严重的人们的本应具有的平等身份的重申与庆祝(Sampath,1997)。无论当今整个国家在心理社会上存在多大分歧，狂欢节本身，正在不断地缓释着这种文化矛盾。

文化缓解

特立尼达狂欢节在不停地缓和着岛上的文化冲突，只有这样，它才得以最终成为一种吸引游客的文化产品。在成为文化产品的进程中，狂欢节需要舍弃一些狂欢节所需的乔装独创性。许多人认为，舍弃乔装独创性有可能成为实现可持续的障碍。因为，现实生活中仍有许多人固守着历史意义上的狂欢节不放。尽管历史意义上的狂欢节已经失去了一些独创性，但是狂欢节仍然以更具想象力的方式继续着，发展壮大着。如今，通过岛上成千上万的、穿着凉爽宜人的舞女，便可以有力地证明这一点，舞女们的臀部随乐队钢管弦乐的节奏和卡里普索的音乐不停扭动（舞蹈粗俗、性感、充满诱惑和挑逗）。从本质上说，尽管舞蹈充满了肉欲，但是舞女们在狂欢节上扭动两天，只不过是以不同方式来表现她们的性感，并不意味着她们在引诱人们与她们发生性关系。早在狂欢节开始前的3～6个月，那些想在狂欢节上扭动的女人们就会到健身房去锻炼自己的耐力。其中当然也包括那些想要更好体验狂欢节的游客们。

通过以上的描述，人们可能会感觉特立尼达岛和多巴哥岛实际上就是人间乐园。而且，岛上的自然景观优美，有着各种各样的美味佳肴、丰富的资源和各种节日，任何人都会认为所有的一切在拥有卡里普索音乐和钢制乐器乐队的天堂里，都是极其美好的。然而，在这个小乐园里，并不是所有的事物都那么美好。为了研究旅游业是否影响到了社会可持续，必须研究来到岛上的人，研究目前人口状态下岛上的情形到底如何。

人口情况

在欧洲人来到新世界以后，本性好战的西班牙人杀死了大部分的印第安人（Clawson，2006）。在大量残杀印第安人之后，西班牙人和其他欧洲人找到了一种新的方法来补充缺失的劳动力。1606年，荷兰的商人购买了407个非洲奴隶，并把他们带到了特立尼达岛上。到1813年，岛上的奴隶人口已经上升到了25 696（John，2004）人。奴隶贸易终于在1834年结束，但在1845年初，英国殖民政府就开始从东印度群岛人（来自印度；参考西印度群岛人）引进契约奴，来补充殖民地制糖业所需的劳动力。1917年引入东印度群岛人的贸易结束了。第一批被运来的东印度群岛人由225个人组成，他们于1845年5月30日登上了特立尼达岛的海岸。在1845—1917年之间，有143 939个东印度群岛契约奴被运到特立尼达岛上（Munasinghe，2001）。在如今这样的自治的、多种族的社会里，两大主要族群（非裔人和印第安特立尼达人）彼此争夺国家的统治权（Ryan，1972）。

所谓的人人平等并不现实，根据比塞萨（Bissessar，2002）所述："选举的结果会受到种族分裂的影响。"种族之间的矛盾，尤其是特立尼达岛上的种族矛盾，不仅体现在每次选举上，而且还体现在卡里普索的歌词和狂欢节的装扮上。有大量的证据表明，岛上存在严重的社会问题。在这种分裂的影响下，社会可持续很难实现。但是，随着时间的流逝，还是有希望看到人们之间的矛盾逐渐缓和，人们之间开始相互理解。

地方情况

特立尼达岛沥青资源丰富，拥有多条道路。尽管如此，在郊区，特别是特立尼达岛上，地面布满凹坑，山体滑坡情况严重。桥梁、路障和路标都急需修理。除了这些受损的道路需要维护(Coomansingh,2005)之外，在如此狭窄道路上行驶的不文明的司机，也急需改改他们的脾气了，因为他们的驾驶行为实在是不利于道路安全。附近居民经常受到汽车刺耳喇叭声的困扰。有一些司机的车速可以达到每小时100千米甚至120千米。没有人去修葺历史建筑，任凭它们逐渐倒塌。由于北部山脉山体裸露，骤发的洪水经常裹挟着淤泥和岩石席卷西班牙港和其他几个临近城市(Alexander,2009)。

无家可归的人们不断非法占用土地，他们甚至占用了政府特批、专门用于科学研究的森林保护区。例如，非洲工业产权组织专用的大草原就被他们占用着。野狗随处可见，流浪人就睡在马路上，他们在垃圾箱里翻找食物，街上到处都是垃圾，道路损坏严重，凹凸不平。有时在有些地方，不盖下水道的井盖。机场洗手间里总是缺少香皂和手纸。一些沙滩上布满了使用过的纸杯、纸碟、塑料袋、瓶子，或其他垃圾碎屑。每次人们在河边游玩、聚会、闲扯、聊天以后，河水就会被人们丢弃的动物内脏和毛发污染。有一些宗教信仰，当一些仪式结束之后，还要把人的头发和其他遗物扔到河里。人们时常会看到一位健壮的年轻人，他在比瑟姆高速公路上开着一辆破旧的垃圾运输车，他的车子逐渐减速，然后驶入西班牙港，在那里倾倒垃圾。交通拥堵无穷无尽，在银行等服务场所(公立的或者私立的)总要排很长的队。这样的介绍有可能会帮助特立尼达岛和多巴哥岛注意到那些被他们忽视的问题。

游客在去任何国家旅游的时候，最需要的是安全感。在上面所说的状态下，根本不可能很好地招待游客。但是，问题是为什么可持续的结果会是这样的呢？有一些问题的解决方法很容易，而有一些问题的解决方法就不那么容易。现在谈论这个问题，听起来似乎有点像陈词滥调，但是如果这个国家想要实现社会可持续，那么这个国家的政府就必须实行全国性的严格管理。如果想要从旅游业获得收益，就必须教育群众，让他们知道自己在环境保护中应起的作用，让群众将保护环境当作自己的事情一样去关心。

产品和问题

全国的许多主要城市都在庆祝狂欢节，即使如此，举行狂欢节的最主要地域依然是首都西班牙港。作为全国庆祝狂欢节的主要地点，西班牙港吸引了更多的狂欢参与者和游客(Coomansingh,2006)，其后果是导致了小地方的收入减少。所谓小地方，例如村镇，甚至有可能是稍微大一些的城市，例如圣费尔南多(San Fernando)、查瓜那斯(Chaguanas)、大桑格雷(Sangre Grande)和阿里马(Arima)。这些所谓的小地方一直努力,希望通过举办自己的卡里普索表演和狂欢游行来吸引更多的游客,借此增加旅游业的收入。这些小地方取得了一些成绩,不过西班牙港仍然垄断着整个狂欢节旅游市场。假如狂欢节市场能够使其他地方发展,游客们便可以经历到更加丰富的狂欢体验。

游客们来到特立尼达岛不仅仅是为了参加四旬斋前(肥美星期四)的狂欢节,他们也想观看一些其他节目,例如卡里普索表演、钢管乐队演奏、超级星期天(肥美星期天)狂欢游行等等。超级星期天狂欢游行最有特色,在游行队伍中,可以看到来自全国各地化妆乐队里的国王和王后,在游行表演当中,法官会选出年度卡里普索君王。超级星期天狂欢游行之后是星期一的狂欢游行(肥美星期一)和狂欢节之前的化妆表演。在狂欢节星期一,参加狂欢节前化妆游行的人们穿过西班牙港的各条街道,从凌晨2点一直走到中午的11点。问题的另一个方面是,过度沉溺于舞蹈和放荡之中,给节日不断带来不可去除的肮脏文化和暴力污点。每年的狂欢节庆祝期间都会发生谋杀、强奸和抢劫等暴力犯罪。这些罪犯中的许多人来自西班牙港以外的其他危险暴虐地区,即使是特立尼达岛和多巴哥岛的本地居民,也不敢轻易涉足这些地区。由于国家历史的原因,这一阻碍可持续发展的障碍很难克服。不可否认,西班牙港的山间郊区并不很安全,那里充斥着各种暴力犯罪,然而这些不安全地区正是特立尼达狂欢节、卡里普索文化和钢管乐队逐渐发展壮大的老家。特立尼达岛和多巴哥岛需要卡里普索的美丽、钢管乐队和狂欢节化装游行来吸引游客,但在这三种文化中,实际上都隐含着暴力和放荡。

危险地区与暴力

卡里普索音乐、钢鼓管弦乐队和大斋戒前狂欢节已经成为特立尼达岛在摆脱英国殖民后的最重要的文化。生活在西班牙港山间郊区的非洲人后代通过不断发展钢管乐队和每年在狂欢节上的表演,来表达他们摆脱奴隶制以后的自由心情(Liverpool,1994;Mangurian,2002)。钢鼓管弦乐队遍布两岛各地,成为一些人们施展其音乐创造力的核心,但在社会上,更“文明”的人们并不喜欢这些乐队。

特立尼达岛发展初期,法国的庄园主们经常在这里举行大规模的化装舞会或酒会(节日舞会、花园聚会),从圣诞节一直持续到圣灰星期三。在酒会上,人们的角色互换,主人模仿奴隶,奴隶模仿主人。尽管特立尼达狂欢节能够带来愉悦与欢快,但是庆祝同时也间接地甚至直接地导致了更多酗酒、吸毒和淫乱的发生。

通过模仿法国庄园主的娱乐方式和角色转换,有些不良分子,包括社会地位低下的女人和来自暴虐钢管乐队里的男人,也可以称他们是“无良约翰”,逐渐把特立尼达狂欢节发展了起来。对于这些人来说,狂欢节不仅是他们庆祝摆脱奴隶制的活动,狂欢节同样可以帮助他们重申他们的身份(Cowley,1996;Kongings bruggen,1997;Green,1998;Mason,1998)。如今,众所周知的狂欢节,其实其起源就是充满暴力和危险的地方,例如哈里亚德(Hell Yard)、贝尔蒙特(Belmont)、拉芬蒂勒(Laventille)、冈萨雷斯(Gonzales)、莫文特(Morvant)、圣詹姆斯(St James)和约翰约翰(John John)。上述地区都是首都西班牙港周围的贫困郊区,也就是人们所说的"桥下社会"(Koningbruggen,1997;Mason,1998)。

尽管这些贫困地区也生活着许多体面的有钱人,但在一些危险的山间郊区,境况令人十分担忧,这里失业严重,充斥着数不清的暴力犯罪。如非法运毒、吸毒、持枪抢劫、谋杀和枪战(Hutchinson - Jafar,2005)。西班牙港周边这些拥挤的贫民窟与巴西和委内瑞拉加拉加斯的贫民窟很像(Rowntree,2002;Clawson,2006)。许多人都认为一年一度的大斋戒前的狂欢节是一个挣钱的极好机会,庆祝活动的合法收入和非法所得都很可观。

盈利时代

旅游文献的焦点内容主要是旅游产品到底带来了多少利润。特立尼达狂欢节被赋予一些财富价值。狂欢节当中的每一项事物都具有价值。西班牙港、圣费尔南多、福廷角、阿里马、查瓜那斯和桑格里格兰等地都有演出服和化妆服的设计生产基地,这些基地被称作麦斯大本营。基地收费为会员制作演出服,价格从125美元一直高至1 000美元。但是,并不是所有人都有机会从狂欢节中赚取大量钞票。于是,便有一些人想通过非法暴力手段从狂欢节中获利,这对旅游业社会的可持续来说,势必是一种威胁。

特立尼达岛和多巴哥岛上的狂欢节从节礼日一直持续到圣灰星期三,每年的这个时候,都会有许多人从中获利。

从经济角度讲,《纽约时报》把石油天然气资源丰富的特立尼达岛称作"猫咪中的猛虎"(Rohter,1998)。但是,对于岛上的许多市民来说,对于生活在西班牙港贫民窟和棚户屋的人来说,他们并没有享受到高质量的生活。生活在西班牙港山间郊区和卡罗尼河洪泛平原区的居民(比瑟姆和西勒多)主要依靠一年一度的节日获得就业机会。在节日期间赚取的收入可能就是他们一年的所有收入了(Mason,1998)。在这种情况下,所有的经销商都只持一种想法,那就是从节日中尽可能多地骗取钞票。经销商并不用心款待游客,因为他们认为游客不会再回到这里进行二次消费。这种做法本身无疑会威胁旅游业的发展。

犯罪情况

同其他许多地方一样,如今特立尼达岛和多巴哥岛都面临着越来越多的与非法贩毒相关的犯罪。众所周知,特立尼达岛和多巴哥岛是来自南美地区的毒品的转运中心。在西班牙港贫民窟,毒品点经常会发生暴力冲突。游客要尽可能地避免进入这些地区。暴力冲突对旅游业的发展没有任何好处,甚至有可能威胁到社会的可持续。尽管特立尼达岛和多巴哥岛已经开始从多方面着手解决这一问题,但是许多国家还是发出了旅游预警以警告游客,告知他们岛上的危险状况。没有什么借口好为特立尼达岛和多巴哥岛开脱,但在其他一些依赖旅游业生存的国家,也曾遭遇到同样的情况,例如加勒比地区的岛屿就曾是这样的。

没有任何理由去原谅狂欢节期间发生的暴力犯罪,但是无论人们是否喜欢,狂欢庆祝活动都代表着受压迫人们的自我解放(Mitchell,2000)。源于法国的大斋戒前的特立尼达狂欢节在各条大街小巷中进行着,但它仍然处在一个"分裂的社会"中(Mitchell,2000)。因此,同其他一些大斋戒前的狂欢节一样,特立尼达狂欢节颠倒了正常的社会秩序,缓解了社会统治阶级和被统治阶级之间的矛盾,暂时体现了人们理想的社会秩序。无论人们是否狂欢,在特立尼达岛和多巴哥岛,放荡、颠倒社会秩序、社会统治阶级与被统治阶级之间的矛盾始终存在,而且无时无刻不在上演着。狂欢行为是特立尼达岛文化的一部分,然而岛上的大部分居民并不喜欢招待为狂欢节而来的游客,当然有一小部分人可能属于例外。特立尼达岛和多巴哥岛上的人们从来都没有接受过重视游客方面的教育,相反,他们觉得游客是对他们可持续旅游业的威胁。

任何形式的暴力行为都是不能容忍的,但特立尼达岛和多巴哥岛上,这种暴力行为的产生可能与特立尼达狂欢节有关。在世界上,其他一些大斋戒前的狂欢节也都带有暴力行为。2004 年,特立尼达岛上的保安人员夸口说,这一年的狂欢节将是绝对安全的。其实,任何人都没有能力对每年狂欢节期间是否会有暴力犯罪发生做出预报。大众媒体的监督只不过是一种政治策略而已,为了确保狂欢节的顺利举行,媒体总是报道那些积极的方面。

狂欢节是旅游产品的重要组成部分。为了确保狂欢节的举行,特立尼达岛和多巴哥岛的旅游工业发展公司(Tourism and Industrial Development Corporation of Trinidad and Tobago)甚至对地图大加粉饰。他们在地图上标注了西班牙港那些所谓的安全区域,他们甚至删除了地图上通往城市周边贫民窟和棚户区的道路标示。换一种方式来讲,游客可以从这些地图中间接地获得警示——不要去那些危险的地方。那些来自中产阶级的游客很容易被人们视作统治阶级、殖民主义及强权压迫的代表。在有些情况下,仅仅因为他们的中产阶级的身份,就有可能使他们身处险境。在特立尼达岛,奴隶社会中形成的下层人的反叛心理远远没有消失。在今天,同样的反叛心理正在以某种方式体现在对待游客的方式上。

结语

在特立尼达岛和多巴哥岛上，永远都有资产阶级和无产阶级存在。随着岛屿的解放和独立，全国范围内都已经宣称“奴隶主时代结束了”，但压迫仍然存在，而且表现得更加复杂化。显而易见的是长时间的贫困和居高不下的高失业率。非裔与印第安裔种族之间的明争暗斗影响着当地的政治，在这种政治体制下，他们之间的斗争仍会持续存在，人们之间的不平等也会长期地在这块土地上存在着。从经济意义上讲，许多人仍然保有着他们的奴隶身份。在某种程度上，经济地位的差异导致了针对狂欢节游客和国内其他参与者的暴力行为。特立尼达岛上的狂欢节从一开始就带有“斗争性”。实际上，狂欢节是人们用来宣泄压力的闸门，人们通过歌曲、音乐、美食和乔装打扮来抒发情感。其实，人们在日常生活中就带有这种狂欢心态，这也是特立尼达狂欢节之所以与众不同的原因。狂欢节文化直接或间接地影响着岛上的每一个人，不管他来自于哪种民族，更不管他们的信仰和阶级。

在实现旅游业社会可持续的道路上，特立尼达岛和多巴哥岛还有许多困难和障碍需要克服。其中有些困难特别难以克服，例如社会阶级和社会地位问题。因此，一些生活在这个狂欢大陆上的贫困的人们，在狂欢节期间仍然会继续着他们的暴力犯罪。毫无疑问，这是一个历史、文化和政治问题。如果想实现任何一种形式的可持续，大众必须改变对自然环境的认识。只有恰当的强化教育，才能够改变人们的认识。为了保护岛上的旅游资源，特立尼达岛和多巴哥岛必须想办法使岛上的人们重视游客，此事已经势在必行。除非非法贩毒彻底消失了，否则，各种形式的放纵、淫荡和暴力仍将会继续充斥着整个大陆，这同样会严重影响到特立尼达岛和多巴哥岛上旅游业的社会可持续。岛上需要投入更多的警力加强海域管控，消灭贩运毒品活动等。尽管在岛上，“任何时间都是特立尼达时间”，但是这种时间管理方式并不可取。如果要实现旅游业的社会可持续，就必须引入新的时间管理方式。尽管每年特立尼达岛和多巴哥岛都会发生一些针对游客的暴力犯罪，而游客们却依然沉浸在“狂欢心态”里，享受着节日带给他们的欢乐。

参考文献

1. Alexander, G. (2009) Construction main cause of downtown flooding – Imbert, Trinidad and Tobago Guardian, 7 August 2009. Available at: http://guardian. co. tt/news/general/2009/08/07/construction – main – cause – downtown – flooding – imbert (accessed 7 August 2009).
2. Associated Press (2005) Lose yourself at Trinidad's Carnival. Available at: http://www. cnn. com/2005/TRAVEL/DESTINATIONS /01/19/trinidad. carnival. ap/index. html (accessed 20 January 2005).
3. Birth, K. (1999) Anytime is Trinidad Time. University Press of Florida, Gainesville Florida.

4. Bissessar, A. (2002) Addressing ethnic imbalances in the public services of plural societies:the case of Guyana and Trinidad and Tobago. International Journal of Public Sector Management 15,55 –68.

5. Clawson,D. L(2006) Latin America and the Caribbean:Lands and Peoples. McGraw Hill,New York.

6. Coomansingh,J. (2005). The commodification and distribution of the steelpan as a conflicted tourism resource. PhD thesis(Geography),Kansas State University,Manhattan,Kansas.

7. Coomansingh,J. (2006) The intersections of tourism,culture and society in the creation of a temporary reality in the Trinidad Carnival. eRTR(e – Review of Tourism Research)4,85 –91.

8. Coomansingh,J. (2008) Eye – food:an exhibition of sexuality and sensuality in the pre – Lenten Trinidad Carnival. In:Proceedings,Annual Meeting of the Association of American Geographers Boston,Massachusetts,15 – 19 April 2008,p. 288.

9. Cowley,J. (1996) Carnival,Canboulay and Calypso. Cambridge University Press,Cambridge.

10. Global Newswire(2001) Moves to develop tourism. Financial Times,14 February 2001,p. 1.

11. Green,G,L. (1998) Carnival and the politics of national identity in Trinidad and Tobago. PhD thesis,The New School for Social Research,New York.

12. Hanry – Kunzel,G. (1994) Tobago expects tourism to spur economy. Hotel and Motel Management 209,21.

13. Hill,E. (1972) The Trinidad Carnival:Mandate for a National Theater. University of Texas Press,Austin,Texas/London.

14. Hutchinson – Jafar,L. (2005) Crime wave swamps Caribbean tourist destinations. CDNN (Cyber Diver News Network) Travel News,13 October 2005. Available at:http://www. cdnn. info/news/travel/t051013. html(accessed 17 September 2010).

15. InternetExpress (2000) Carnival goose an endangered species. In:Trinidad and Tobago Express. Available at http://trinidadexpress. com(accessed 13 August 2000).

16. John,M. (2004) The Plantation Slaves of Trinidad 1783 – 1816:A Mathematical and Demographic Enquiry. Cambridge University Press,Cambridge.

17. Koningsbruggen,P. (1997) Trinidad Carnival: A Quest for Mentity. Macmillan London.

18. Liverpool,H. U. (1994) Researching steelband and calypso music in the British Caribbean and U. S. Virgin Islands,Black Music Research Journal 14,179 –201.

19. Mangurian,D. (2002) A short history of the shiny drum. IDBAmerica Magazine,June 2001. Available at:http://iadb. org/idbamerica/English/MAY01E/may01e2. html(accessed 27 May 2002).

20. Mason,P. (1998) Bacchanal:The Carnival Culture of Trinidad. Temple University Press,Philadelphia,Pennsylvania/Latin American Bureau(Research and Action),London/Ian Randle Publishers,Kingston,Jamaica.

21. Mitchell,D. (2000) Cultural Geography:A Critical Introduction. Blackwell,Oxford.

22. Munasinghe,V. (2001) Callaloo or Tossed Salad:East Indians and the Cultural Politics of Identity in Trinidad. Cornell University Press,Ithaca,New York.

23. Potter,A. (2001) Costumes big business,as revelers get ready for Trinidad's pre – – Lenten carnival. Associated Press(International News).

24. Richards,P. (2001) Trinidad and Tobago finds its tourism groove. Interpress Service,English News Wire,25 January 2001. Available at:http://www. highbeam. com/doc/IPI – 40361245. html (accessed 17 September 2010).

25. Rohter, L. (1998) A tiger in a sea of pussycats: Trinidad and Tobago bids goodbye to oil, hello to gas. New York Times, 4 September 1998, p. 1.

26. Rowntree, L., Martin, L., Price, M. and Wycoff. W. (2002) Diversity Amid Globalization: World Regions, Environment and Development. Prentice Hall, Englewood Cliffs, New Jersey.

27. Ryan, S. (1972) Race and Nationalism in Trinidad and Tobago: A Study of Decolonization in a Multicultural Society. University of Toronto Press, Toronto, Ontario.

28. Sampath, N. (1997) Mas' identity: global and local aspects of Trinidad Carnival. In: Abram, S., Waldren, J. and Macleod, D. (eds) Tourists and Tourism: Identifying with People and Places. Berg, Oxford/New York, pp. 149 – 171.

29. Scher, P. (2007) The devil and the bed – wetter. Western Folklore, Winter and Spring 2007, pp. 107 – 126.

30. Williams, E. E. (1964) History of the People of Trinidad and Tobago. Praeger, New York/Andre Deutsch, London.

31. Zelinsky, W. (1992) The Cultural Geography of the United States: A Revised Edition. Prentice Hall, Englewood Cliffs, New Jersey.

10　海岛旅游:主人与客人之间可持续的发展关系——布鲁尼岛和磁岛

布兰特·莫伊尔　格伦·克罗伊　贝蒂·韦勒
澳大利亚维多利亚莫纳什大学

概述

全世界大概有10万多个岛屿,几乎每10个人中,便有一个人生活在岛上(King & Connell,1999)。岛屿很受游客们的欢迎,其部分原因是因为在游客眼中,岛上居民的文化和生活方式与众不同,而且很富有特色(Carlsen,1999)。许多岛屿上的旅游开发者和政策制定者都致力于开发岛上生活的社会文化特色,以此来促进经济发展,增加社会就业(Carlsen,1999;Scheyvens & Momsen,2008)。

尽管发展旅游业可以给岛上的居民带来许多利益,但是不适当的开发和游客们的不当行为都会给当地的环境、社会和文化造成不良影响(Hall,1994)。此外,针对岛上的空间、基础设施和主要资源的竞争,同样可以激发游客之间的矛盾,而且还会威胁到旅游业的可持续及岛屿本身的安全。由于岛上的时间、空间范围较小,所以在游客与当地人之间更容易产生摩擦。因此,对旅游业可持续的管理,尤其是在岛屿环境对旅游业可持续的管理,势必要考虑主人与客人之间的关系,务必使游客尊重当地人和当地环境的文化、生活方式和传统的社会价值观。可以证明,重视主客之间的关系至关重要,这样做不仅可以确保游客在岛屿上的行为得当,也可以使游客更好地体验岛屿文化,与此同时,更能够确保岛屿旅游业的可持续。研究表明,维系主客之间的关系有很多好处,而且可以实现岛屿旅游业的长期可持续。

本章节探讨了当地人和游客对于维系主客关系的理解,并且讨论了他们的理解对于岛屿旅游业可持续具有什么含义。如果要这么做,就必须首先从社会交换理论的视角,使主客之间的关系概念化,并总结出案例研究的分析方法。然后,对被研究岛屿(澳大利亚布鲁尼岛和磁岛)进行一个简短介绍。最后,将会讨论如何维系主客之间良好的互动关系,并将研究结果记录在可持续旅游业的文献中。本章节给旅游开发者和政策制定者一些启示,指导他们该如何进行未来的工作。

可持续和社会互动

既然维系主客之间的社会互动关系有利于岛屿旅游业的可持续,那么,确定这种互动关系到底是什么,显得十分必要。所谓社会互动关系,是人与人之间最直接的交流,说得简单一点,就是人们之间的相互碰面(Layder,1994)。微观社会学是研究人与人在彼此接触时,人们的表现和反应。不难理解,微观社会学研究的核心内容,其实就是社会互动关系(Cerulo,2009)。自从《礼物》一书发行之后(Mauss,1954),微观社会学界人士就广泛认可了在社会互动过程中,一定会发生某种特定形式的交流。这种交流互动的观点促进了许多其他理论的发展和应用。其中,最著名的理论就是社会交流理论(Blau,1964;Emerson,1976)。社会交流理论认为:在一个家庭中,家庭成员的性格各异,但是他们对社会交流的理解却是相同的(Cropanzano,2001)。他们认为,社会结构和社会发展过程能够影响并且体现个人之间的、个人与集体之间的,或集体与集体之间的相互交流互动(Markovsky et al. ,1988)。从总体上来看,社会交流理论将个人与个人之间、集体与集体之间的交流互动概念化了,而且为人们理解培养可持续的关系、交流和互动,提供了参考依据(Ap,1992)。

在发展旅游业方面,人们也极其重视主人与客人之间相互交流互动的关系,许多人都用社会交流理论来帮助自己探讨旅游业的发展(Sirakaya,2001)。在旅游发展领域,根据社会交流理论,社会交流互动通常被分为四个主要阶段:交流的启蒙、交流的促成、交流过程的评估,以及对交流所产生影响的评估(Ap,1992)。在旅游业方面,社会交流理论主要被用来帮助理解当地居民与游客发生交流互动时的共同看法,具体一点说,就是帮助理解发展旅游业对当地社群产生的经济、环境及社会文化方面的影响(Jurowski et al. ,1997;Andereck,2005;Chhabra,2007)。在一些极端情况下,不当地发展旅游业,可能会使当地居民产生不满情绪,导致当地居民对游客产生厌恶感,甚至有可能会发生针对游客的暴力行为(McNaughton,2006;McElroy et al. ,2007;Moyle et al. ,2010a)。

这些发现可以帮助我们更好地理解当地社群对发展旅游业的态度,了解当地社群是如何支持或如何反对发展旅游业的。所以,人们开始重视主客之间的关系,强调通过以整体的方法来确保旅游业可持续发展的必要性(Kuo,2007;Uriely et al. ,2009)。更重要的是,这些发现还可以帮助人们进一步理解社会互动关系在旅游业发展过程中所起的作用。

在重视过程的前提下,主客互动交流关系发展的第二个阶段,是在实际互动发生之前交流的促成,这也是我们所要研究的核心内容。交流的促成阶段为发生实际交流提供了机会。在这个阶段,至少有一方产生了希望进行交流的想法(Ap,1992)。在这个阶段,交流方中的一方要考虑是否有必要进行交流。交流的内容不一定是有形的,而且不一定是与钱有关系的。如果感觉到交流可能会产生回报,交流方中的一方就会想办法来扩大这种回报,与此同时,还要确保交流的内容没有发生本质性的改变。如果交流方中的任意一方感觉交流是没有必要的,那么,在实际交流发生之前,他们中的任意一方都有权利退出这次交流。如果交流双方都觉得有必要进行交流,真正的交流才会发生。依此情况,本章节研究了交流的促成阶段,还着重研究了主客之间对如何促成互惠互利的社会交流所持的理解。主客之间互惠互利的交流互动,就是岛屿社群旅游业可持续的重点研究内容。由于研究的重点内容是主客双方之间的关系,所以本章节将从两个方面进行讲解。首先,将会探讨本岛人是如何看待他们与游客之间发生的交流互动关系的,以及本岛人的这种看法对于整个社群对发展旅游业的理解和态度所产生的影响。然后,还会探讨游客是如何看待他们与当地人之间的关系的,游客对于旅游业可持续的理解虽然不够成熟,但却非常重要。这些探讨全部都参考了社会交流理论,研究了主客对于促成交流互动的看法。

为了清楚地了解如何促成旅游业中的社会交流与互动,在作为研究对象的两个岛屿上,与15个主要的社群、旅游业开发商和20名游客进行了深入的交谈。一共进行了70次座谈,其中有30次是与本地人的座谈,有40次是与游客间的座谈。座谈中,我们向参与者介绍了完整的社会交流理论,使大家了解交流互动的过程。游客与本岛人需要回答的问题是相同的,我们只是根据具体环境的不同,在举办座谈开始之前,对某些问题做一些小的修改。分析过程中,同样参考了实地观察结果和部分二手数据,用来帮助理解岛屿上主人与客人之间一系列复杂的交流互动关系。

通过社会交流理论的视角,进行实质性分析,可以使我们更深入地了解维系主客关系可持续的前提条件,即交流互动形成的第二个阶段。由于座谈已经使当地人和游客全面了解了交流过程中的每一个阶段,所以需要进一步研究促成主客交流的前提与可持续旅游业之间有哪些联系。

布鲁尼岛和磁岛

布鲁尼岛坐落在塔斯马尼亚岛(Tasmania)的东海岸,位于澳大利亚的最南端,也是澳大利亚最凉爽的地方(图10.1)。布鲁尼岛长100多千米,给人感觉很大,但是岛上的常住人口却只有620人(Davis,2004)。在岛上,社群的主要旅游资源就是自然历史文化古迹,这些古迹中包括南布鲁尼国家公园(South Bruny National Park)(Moyle et al.,2010a)。毫无疑问,夏季是布鲁尼岛旅游的黄金季节(Moyle et al.,2010b),没有办法确定岛上到底迎来了多少游客,人们只知道船运公司声称他们已经接待了大量游客。只有一小部分数据是在布鲁尼岛上收集的,该岛每年大约吸引33万名国内来此过夜的旅客,还有11万名来自各国的国际游客(CD MOTA,2009)。但是,即便如此,仍很难确切地知道这些人中到底有多少人真的实际参观游览了布鲁尼岛。据当地居民介绍，布鲁尼岛上的大部分游客是来自塔斯马尼亚岛的国内游客，他们中的一些人在布鲁尼岛上拥有自己的度假屋。同样，大部分来布鲁尼岛观光参观的其他州的国际游客，都是在参观了塔斯马尼亚岛之后，顺道来布鲁尼岛游玩的。这种参观者的数量不多，但却一直不断增加。在岛上，旅店为游客提供了为数不多的少量床位和早餐服务，大篷车和帐篷仍然是游客在岛上留宿的主要选择。此外，岛上还有许多可供游客租用的度假屋。

磁岛位于昆士兰海岸附近，属于北澳大利亚亚热带地区（图 10.1）。磁岛是澳大利亚大堡礁的象征，拥有一个荣登世界遗产名录的国家公园（World Heritage - listed National Park），常住人口 2 500 人（磁岛假日，2008）。

图 10.1　澳大利亚布鲁尼岛和磁岛的地理位置

社群活动、暗礁，及其他自然特色，是磁岛上的主要旅游资源，磁岛也是一个躲避汤斯维尔（Townsville）市喧嚣环境的极好地方，汤斯维尔市距离磁岛很近（Moyle et al.，2010a、2010b）。比较而言，磁岛的交通和天气状况更好，更由于磁岛坐落于著名的大堡礁上，所以与布鲁尼岛相比，磁岛吸引的国内游客和国际游客更多。磁岛每年大约招待 110 万名在此过夜的国内游客和 15 万名国际游客（CD MOTA，2009）。与布鲁尼岛相比，磁岛的旅游黄金时期是每年夏天的暑假和复活节，大部分游客在这两个季节到磁岛游玩。磁岛上有很多食宿可供选择，有酒店度假村、公寓、旅店床位和早餐服务等，岛上也有度假屋租赁给游客。

磁岛的旅游业比布鲁尼岛的旅游业更发达。尽管这两个岛屿分别位于澳大利亚的两端，但是，两个岛屿都拥有美丽的自然景观，都拥有充满活力的当地文化，都吸引着大量游客。因此，可以把两个岛屿放在一起一道研究，以此探讨主客关系互动是如何影响岛屿社会文化的可持续发展。

促进主客关系的可持续

布鲁尼岛和磁岛上的主人与客人都认为有许多有利于社会交流互动的因素。从谈话中得到的主客交流互动的最主要因素，是布鲁尼岛和磁岛上举办的节日庆典。许多本地人认为，像磁岛一年一度的国际爵士节(International Jazz Festival)这样的节日，对提高岛上居民的生活质量很重要。同样，在节日期间，当地居民还可以在不影响自己日常生活的情况下，与其他游客互动，通过节日建立起友谊：

> 节日是我们自由选择与游客交流互动的绝佳机会，所有人都坦诚相见。岛上的各族人民欢聚一堂，在岛上的节日期间，人们可以交到许多新朋友，甚至会发展成新恋情。
>
> (磁岛当地居民)

游客们还认为，节日活动可以在很大程度上有利于维系主客之间的关系，因此，岛上居民更应该加强对本岛文化、历史遗产及生活方式的展现和理解。例如：

> 这些年来，我们在长假期间参加了许多盛大节日。在节日期间，尤其是在复活节、劈柴节(Easter Wood Chopping Festival)期间，我们遇到了许多神奇人物。节日气氛令人惊诧，每年我们都会了解到有关岛屿的新故事。人们之间无所不谈，从岛上早期的开拓者，一直到岛上如今存在的问题，都是我们的话题。岛上的人们风趣幽默，这就是我们一有机会就来这里的原因。
>
> (布鲁尼岛游客)

就像前面的游客所说的那样，节日和庆典可以让游客反复到访这里，而且给游客提供了一种全新的体验，使游客觉得自己更受欢迎，这样做的结果自然是有利于岛屿的可持续。

与节日和庆典一样，在主人与客人的眼中，商品市场同样有利于促进主人和客人之间的互动。在布鲁尼岛和磁岛上，生活区内有多个市场。除了可以通过市场与游客进行互动之外，市场还可以给岛屿带来经济利益，弥补旅游淡季时的经济损失。因此，可以进一步维护岛屿旅游业的可持续发展。

> 如果没有夏季人们从市场上赚来的额外收入，许多人会很难在岛上过冬。
>
> (布鲁尼岛当地居民)

在磁岛上，阿卡迪亚(Arcadia)每周都有集市，马蹄湾(Horseshoe Bay)每月也会有一次集市。在布鲁尼岛，集市轮番在岛上的主要生活区开市。在布鲁尼岛和磁岛上，大部分社团、俱乐部、社会组织和岛屿海岸环境保护组织都是由志愿者领导的，志愿者们负责安排岛上的节日庆祝、集市，以及其他活动，其中包括剧院演出、艺术品展览、音乐会和运动会等。这些节日、集市和活动给岛上居民提供了社交机会，同时在很多情况下还能吸引游客，加强主客之间的互动。

岛上志愿者的辛勤劳动不仅使岛上居民的生活变得更加美好，而且还促使人们不断回到岛上探索新事物。

（布鲁尼岛当地居民）

因此，在组织岛上的节日、庆典、集市开市过程中，在许多能够促进主客之间互动关系的论坛上，岛上现在的社会团体发挥着根本性的作用。他们召集的活动和组织的论坛有利于主客之间的持续交流，本地居民也可以选择参加这些活动和论坛。因此，在交流的促成阶段，本地居民具有与生俱来的能力，来评估交流可能产生的结果。由于参加活动是自己的选择，因此在互动过程中，本地居民的主人翁意识会更强，在与游客的接触过程中，会表现得更加积极主动（Moyle et al.，2010b）。也有证据表明，如果当地居民被强迫参与到和游客的互动当中，那么在互动过程中一些居民会表现得非常被动。这种被动表现反倒影响了主客关系的维系，甚至影响到整个岛屿旅游业的可持续（Moyle et al.，2010a）。那些在组织、俱乐部和社会团体中有所奉献的志愿者，在许多方面促进了主客关系的发展，他们也是维系主客关系的重要因素。他们当中的许多人全身心地投入到岛上的各种活动中，通过活动歌颂岛上的文化、历史遗产和环境：

我知道，我们都在为我们的子孙后代和现在来此游玩的游客做事——保护岛上的文化。保护历史遗产及环境十分重要。

（布鲁尼岛当地居民）

从与布鲁尼岛和磁岛居民的谈话中得知的另一个促进主客之间可持续互动关系的因素，是当地商户及他们的员工对游客的态度。尤其是游客，他们认为，商户和商户的员工在促进良好的主客关系互动中，起着非常重要的作用。在布鲁尼岛和磁岛，游客认为与他们最直接接触的是人，也就是岛上的商户和商户们的员工。例如旅馆老板和导游，是他们帮助我了解到这个岛屿所具有的独特魅力：

有一天，我们和安迪一起去欣赏堡礁，安迪向我们介绍了许多有关珊瑚和鱼的种类的事情，他还告诉我们，如今岛屿周围的生态环境该有多脆弱……通过他们的介绍，现在，我更加了解了为什么我们要精心保护环境。

（磁岛游客）

布鲁尼岛上的游客同样认为岛上商户和他们的员工对维系主客之间的可持续互动关系起着很重要的作用。在布鲁尼岛，其他商户，尤其是卖土特产品的商户，例如卖草莓的、卖樱桃的、卖葡萄酒的、卖牡蛎的和卖乳糖的，他们被游客们看做是岛上的形象大使。正是他们，给游客留下了对岛屿的最后印象。当地人也认为商户和他们的员工对于旅游业的发展十分重要，当地人甚至认为，就连那些不直接服务于旅游业的商户和他们的员工也都很重要，例如普通商店、饭店以及他们的员工。

当地人和游客同时认为，岛上的当地政务会和公园管委会在确保岛屿长期可持续方面同样也起着重要的作用。例如，一位布鲁尼岛上的游客曾说，以前他是如何与一位护林员交流的，他在岛上做了许多次志愿者工作。

我们总是把孩子寄放在由当地一位护林员管理的塔斯马尼亚公园(Tasmanian Parks)或野生动物服务站(Wildlife Service)举办的夏令营里。我们刚刚开始这样做,目的是为了能够获得多一点自己的时间。但是时隔不久,我们便发现这个项目给我们带来太多的体验,于是我们就不自觉地在前几次的旅行中,为这个岛屿做了许多志愿者的工作。

(布鲁尼岛游客)

在磁岛上,当地政务会在维系主客之间关系方面同样发挥着重要作用,当地政务会制定了与汤斯维尔太阳能城(Townsville Solar Cities)项目相关的项目,在岛上成立了演艺中心,教育当地人、岛上游客应该如何应用可再生资源。

以前,我并不知道岛上的太阳能城项目,直到有一次我去市场跟当地人谈话才了解到这个项目。当地政务会今天早上在马蹄铁地区(Horseshoe)搭了个台子,邀请每一个人去他们的信息中心参观。我们去了那里,在那里参观了岛上太阳能技术的应用情况。我们一直想带回家一个太阳能板,现在看来,使用太阳能是将来发展的必然趋势。

(磁岛游客)

太阳能项目向我们展示了不同于往常的、已经被定格化了的主客关系的纽带,当地政务会通过向游客介绍可持续能源的应用,重塑了游客对岛屿的印象,使游客能够再次登岛旅游,从而增加了岛屿旅游业可持续的可能性。

此外,许多游客和当地人同样注意到岛屿的形象宣传和有关岛屿的文字介绍都能够促进主客之间的交流互动。当地人认为,由当地社群编辑整理的岛屿信息对游客来说是很重要的,游客可以通过这些信息了解岛屿上的故事传说。岛上的社群团体"布鲁尼岛冒险湾的朋友"(Friends of Adventure Bay on Bruny Island)曾编辑过一本书,书的内容是有关布鲁尼岛屿早期开拓者的。这本书获得的所有收益都用在了岛屿中最繁忙的海滩维护方面,以此来支持岛屿的可持续。

总的来说,对布鲁尼岛和磁岛的研究表明,岛屿比其他旅游环境更具有潜力——一种促成持久的、深入的和丰富的主客交流互动的潜力。为了实现主客关系的可持续,岛屿必须最大化地调动岛上的所有资源,包括主要节日活动、各种社会团体组织,以及岛屿宣传活动,以此来实现社区驱动的理想计划,使当地人和游客之间维持可持续的关系成为可能。互动关系的核心点是让当地居民主动参与到互动当中。例如,参加有游客参与的活动,自己主动选择参加这样的活动,可以增强当地居民的主人翁意识。还有一种可能,当地人不愿意参加那些有游客参与的活动和节日活动,这一做法就有悖于社群活动吸引游客参加的本质和目的了。作为游客,虽然参加了岛上组织的活动,但是却被实质上排除在当地社会之外。通过研究发现了许多可以加强主客交流互动的方法,这些方法可以使游客在岛上停留更长的时间,更全面地了解岛屿,而且可以促使游客重复来访,使游客有积极愉快的旅游体验,以此来提升岛屿旅游业主客关系可持续的潜力。

受访的当地人和游客都强调了节日、活动和市场的重要性，声称它们有助于实现积极自发的主客互动、有助于建立长期的主客关系、有助于为游客提供更好的岛屿旅游体验、有助于岛上的经济发展、有助于总体上提高岛上的生活质量。林兆斯(Lindroth)等(2007)同样提到，由当地社区组织的节日、活动和市场有利于提高岛屿的收入，提升当地居民的自豪感，保护当地文化，而且还能够向游客提供独特真实的文化体验。与此同时，同样需要注意不要让节日、活动和市场把主客关系变成一种遵从且卑微的雇佣关系，如果这样，最终一定会导致当地居民的不满(Faulkenberry et al. ,2000)。

岛上的志愿者、商户还有他们的雇员，处在与游客交流的最前沿。因此，对于每一个社群来说，这些人是最重要的。通过谈话和观察得知，那些充满奉献精神的志愿者在这些相对孤立、人口较少的小岛上，为岛上的旅游业发展发挥了更加重要的作用。他们组织安排各种促进主客关系发展的活动，帮助游客了解岛上的环境、生活方式和文化，在为游客提供旅游经验方面发挥着首要作用。如果没有岛上居民在与游客交流过程中的倾情奉献，游客就不能够更加全面地了解当地的文化，那么旅游业可持续恐怕就难以实现了(Greer,2002)。

还有最后两点可以加强岛屿的可持续，丰富游客的旅游经验。首先，政府的作用至关重要，政府需要提供各种便利服务、设施，加强岛上基础设施的建设，以支持岛上的居民和游客。政府组织的作用同样需要给予重视(尤其是两个岛上重点保护地区的组织团体)，政府组织是对政府工作的一种补充，可以使游客获取更多关于岛屿的知识，丰富他们的旅游经验。其次，政府组织同社会成员和团体一同，促进岛屿的对外展示和宣传，宣扬岛屿文化和岛屿上的主人与客人之间的可持续互动实践。总的来说，主人与客人之间的社会互动有利于促进和加强岛上经济、社会及环境的可持续，有利于岛上旅游业的发展。

启示、未来研究方向和结论

这项研究得出的结论为旅游开发者和政策制定者提供了参考。首先，研究结果展示了管理好主客之间的互动关系有利于岛屿旅游业的长期可持续。同样，研究中还找到了许多方法，一些可以用于实现良好主客互动关系的好方法，从而促使游客重复造访。例如，岛屿可以更好地利用特殊的活动、节日及市场来吸引游客，把这些当作营销策划的工具。需要注意的是，研究结果表明，这些社区活动必须由社区主导组织，当地居民则必须是自愿参加(Faulkenberry et al. ,2002)。此外，还需要鼓励志愿者、商户、社会团体、当地政务会和政府，鼓励大家提供资金和资源，用以支持有利于主客关系发展的项目，促进宣传和基础设施的建设。

接下来的研究将探讨可能阻碍主客关系可持续的因素。这些因素可能包括，但不限于已知的、不利于旅游业发展的负面影响，当地社群对旅游业和旅游者的负面态度，不充分的宣传以及不为交流提供机会,缺少对旅游业的支持,缺少资金和基础设施来支持交流的发展,缺少协调、合作及良好策划来保护交流的发展。实际上,由于环境的关系,一些方法可能在岛屿上不会起什么作用,既不能促进主客关系的发展,也不会阻碍主客关系的发展。因此,政府官员需要根据岛屿的具体情况制定合适的社会互动项目,确保这些项目在整体上与岛屿旅游业可持续的战略目标相一致。

总的来说,本章节探讨了促进主客关系可持续的因素,讨论了岛屿旅游业可持续的整体意义。布鲁尼岛和磁岛上促进主客关系发展的主要因素包括:由社区组织、俱乐部、社会团体和海岸保护组织主导的节日、活动和市场。提供导游和住宿的商户、其他的当地老板和他们的雇员、公园管委会、社区策划的岛屿标志和宣传,以及当地政务会等,都是促进主客关系发展的因素。

在岛屿上,每一种因素在建立健康可持续关系方面,都有着它们自己特定的作用。最后,这项研究体现了"社会交流理论"的作用,它不仅帮助人们理解当地居民对旅游业发展影响的态度,还使我们理解了在促进主客关系发展过程中"主人和客人"的态度。

参考文献

1. Andereck, K. L., Valentine, K. M., Knopf, R. C. and Vogt, CA. (2005) Residents' perceptions of community tourism impacts. Annals of tourism Research 32, 1056 – 1076.
2. Ap, J. (1992) Residents' perceptions on tourism impacts. Annals of Tourism Research 19, 665 – 690.
3. Blau, P. (1964) Exchange and Power in Social Life. John Wiley, New York.
4. Carlsen, J. (1999) Tourism impacts on small islands: a longitudinal study of community attitudes to tourism on the Cocos (Keeling) Islands. Pacific Tourism Review 3, 25 – 35.
5. CD MOTA (Compact Disk Monitor of Tourism Activity) (2009) Online databases for the International Visitor Survey (IVS) and the National Visitor Survey (NVS). Tourism Research Australia, Canberra, Australian Capital Territory. Available at www. tra. australia. cam (accessed 3 June 2010).
6. Cerulo, K. A. (2009) Nonhumans in social interaction. Annual Review of Sociology 35, 531 – 552.
7. Chhabra, D. (2007) Exploring social exchange theory dynamics in Native American casino settings. UNLV Gaming Research and Review Journal 11, 31 – 48.
8. Cropanzano, R., Rupp, D. E., Mohler, C. J. and Schminke, M. (2001) Three roads to organizational justice. In: Ferris, J. (ed.) Research in Personnel and Human Resources Management, Volume 20. JAI Press, Greenwich, Connecticut, pp. 1 – 113.
9. Davis, B. (2004) Bruny Island ferry – 50th anniversary. Bruny News 3. 1 – 41.
10. Emerson, R. (1976) Social exchange theory Annual Review of Sociology 2, 335 – 362.
11. Faulkenberry, L. V., Coggeshall, J. M., Backman, K. F. and Backman, S. J. (2000) A culture of servitude: the impact of tourism and development on South Carolina's coast. Human Organization 59, 86 – 95.
12. Greer, J. (2002) Developing trans – jurisdictional tourism partnerships – insights from the island of Ireland. Tourism Management 23, 355 – 366.

13. Hall, C. M. (1994) Tourism in Pacific Island microstates: a case study of Vanuatu. Tourism Recreation Research 19, 59 - 64.

14. Jurowski, C., Uysal, M. and Williams, D. R. (1997) A theoretical analysis of host community resident reactions to tourism. Journal of Trovel Research 36, 3 - 11.

15. King, R. and Connell, J, (1999) Small Worlds, Global Lives: Islands and Migration. Pinter, London.

16. Kuo, I. (2007) Where West meets the Middle East - Jumeirah Mosque visit. Tourism Recreation Research 32, 31 - 38.

17. Leyde, D. (1994) Understanding Social Theory. Sage, London.

18. Lindroth, K., Ritalahti, J. and Soisalon - Soininen, T. (2007) Creative tourism in destination development. Tourism Review 62, 53 - 58.

19. Magnetic Island Holidays (2008) Welcome to Magnetic Island... The Ultimate Destination for Queensland Holidays! Available from: http://www. visitmagneticisland. com. au/ (accessed 20 July 2008).

20. Markovsky, B., Willer, D. and Patton, T. (1988) Power relations in exchange networks. American Sociological Review 53, 220 - 236.

21. Mauss, M. (1954) The Gift. Free Press, Glencoe, Illinois.

22. McElroy, J. L., Tarlow, P. and Carlisle, K. (2007) Tourist harassment: review of the literature and destination responses. International Journal of Culture, Tourism and Hospitality Research 1, 305 - 314.

23. McNaughton, D. (2006) The host as uninvited guest: hospitality, violence and tourism. Annals of Tourism Research 33, 645 - 665.

24. Moyle, B., Croy, G. and Weiler, B. (2010a) Tourism interaction on islands: the community and visitor social exchange. International Journal of Culture, Tourism and Hospitality Research 4, 96 - 107.

25. Moyle, B., Croy, W. G. and Weiler, B. (2010b) Community perceptions of tourism: Bruny and Magnetic Islands, Australia. Asia Pacific Journal of Tourism Research 15, 353 - 366.

26. Scheyvens, R. and Momsen, J. H. (2008) Tourism and poverty reduction: issues for small island states. Tourism Geographies 10, 22 - 41.

27. Sirakaya, E,, Teye, V. and Sönmez, S. F. (2001) Examining the sources of differential support for tourism industry in two Ghanaian cities. Tourism Analysis 6, 29 - 40.

28. Uriely, N., Maoz, D. and Reichel, A. (2009) Israeli guests and Egyptian hosts in Sinai: a bubble of serenity. Journal of Travel Research 47, 508 522.

11 高纬度地区海岛旅游业的可持续发展——设得兰群岛

理查德·巴特勒
苏格兰格拉斯哥斯特拉斯克莱德大学

概述

设得兰群岛是一个相对较小的、比较孤立的群岛，更是一个位于冷水区的群岛。与那些位于温水区的岛屿相比，其在实现旅游业可持续发展方面更具优势。这主要是因为相对于热带或者亚热带地区而言，冷水区接待的游客数量较少（Butler，2006）。这些岛屿在吸引游客方面面临着更大的问题，除非这些岛屿具备独特的旅游特色，使自身成为与众不同的旅游目的地。本章节所要研究的设得兰群岛就属于典型的上述类型的岛屿。它们的面积相对较小，位于北纬60度，不容易到达，路费较高，人口较少，属于欧洲西北边远地区，并且由于受北大西洋天气条件的影响，当地气候条件恶劣。尽管有如此多的不利因素，但是在过去的200多年里，设得兰群岛仍成功地吸引了大量的游客，其成功的部分原因是由于岛屿本身具有独特的特点；另一部分原因是由于近年来交通和住宿情况的改善。在20世纪末，海岛周围石油资源的发现与开采为岛屿的旅游业发展做出了很大贡献（Butler，1996，1997）。现在，岛上每年接收的游客量大约为10万人，在这些人中，仅有1/3的游客是乘船而来（SIC，2008）。石油资源的发现，对设得兰群岛旅游业的发展起到了重大的作用，这或多或少有悖于自然资源开采与旅游业发展之间是相互矛盾的这一普遍观点。原因之一便是石油资源的发现与开采使得设得兰群岛在一定程度上获得了对自身资源自主控制的权利，除非其他岛屿是主权国家，否则，设得兰群岛不需要同其他多个岛屿共同谋取发展。这种程度上的自主控制权与关于发展的独特观点，使得设得兰群岛在决定自身未来发展的道路上具有很大的优势，并能够防止由岛屿旅游业和其他行业过度发展而产生的不可持续发展的现象。

本章节中回顾了设得兰群岛的特色，岛上旅游业的发展，它们是如何获得自主控制权以及所实施的政策等内容，这些政策可确保设得兰群岛旅游业和其他行业高度可持续发展。

环境

设得兰群岛位于不列颠群岛(British Isles)的最北端。设得兰群岛主要由花岗岩构成,由于北大西洋海水的不断冲击,这些花岗岩形成了令人叹为观止的海崖,并隔开了群岛西侧那些又深又窄的峡湾。群岛东侧地势较低,有断断续续的沙滩。岛上的气候属于典型的海洋性气候,夏季比较凉爽,平均最高温度15℃。冬季偏冷,平均最高温度5℃,多风,平均风速15节,阴雨天较多,每年大约有200个雨天,这样的气候环境确实不太适合发展旅游业。设得兰群岛人口总量为21 950人,基本都居住在100多个岛屿中的15个岛屿上,人口最多的地方是首府勒威克(Lerwick),这里共有6 830名居民(SIC,2008)。人口分布比较分散,大规模人口聚集区很少,岛上大部分居民均以小集体形式生活在海港,或者生活在受保护的小块肥沃土地的周围。几千年以前就有人类居住在这些岛屿上,这些岛屿迎来一批又一批的侵略者,包括皮克特人、维京人和苏格兰人。这些岛屿是维京人于1 000多年前在其西部扩张中最先占领的不列颠部分,同时也是他们在开拓冰岛、格陵兰和北美之前的最后一站。仅从名字上便可看出岛屿上的许多文化均来源于斯堪的纳维亚,并且直到今天,设得兰群岛的方言仍与挪威语有着密切的关系。1469年以前,设得兰群岛一直隶属于挪威,在1469年,设德兰群岛被当作嫁妆送给了苏格兰,并且一直未被赎回(Irvine,1985)。因此,设得兰群岛和南部的奥克尼群岛(Orkney Islands)成为了大不列颠联合王国最后归属的岛屿。正因为如此,人们一直认为这些岛屿的存在是不合时宜的,它们与苏格兰的其他部分实在不相称,总感觉它们并不属于苏格兰。几个世纪以来,设得兰群岛人充分利用他们所具有的海洋地理优势,成为了海内闻名的海员。他们中的许多人都受雇于皇家海军(Royal Navy)、商船队(Merchant Marine)和捕鲸舰队(Whaling Fleets),并且在各国工作,与欧洲和北美保持着紧密联系。设得兰群岛横跨北海北部地区,这样的地理位置有着很强的战略意义,并使其在第一次世界大战、第二次世界大战以及几个世纪以前的战争中均发挥出重要的防御作用。

设得兰群岛地势较低,最高处海拔仅有450米,岛上土壤贫瘠,可耕种土地面积很少。群岛的边缘性气候和贫瘠的土地使得岛上只有小块的田地可进行耕种(使用羊进行小规模耕种,粮食产量很低)。

设得兰群岛人主要依靠海洋生活,尽管在几十年前,渔业养殖(水产养殖业),尤其是三文鱼的养殖,已经在收入上超过了野生捕鱼业,即使是在今天,海洋捕鱼业也仍然是设得兰群岛经济发展的主要动力之一。同渔业一样,种植业和旅游业也是设得兰群岛经济发展的其他主要因素。许多年以前,羊毛针织品是岛上经济发展的第四条腿,但是,由于机械制品和人工纤维制品的竞争,在半个世纪前,岛上的针织业逐渐开始衰落。如今,岛上的主要财政收入源于近海石油的开采(过去的和现在的),石油的发现彻底改变了岛上居民的生活方式,或许在带来这种改变的同时也保证了岛屿居民的生存。

并不奇怪的是,到达设得兰群岛的主要途径是通过大海,至今情况仍是如此。现在,在设得兰群岛(勒威克)与亚伯丁(Aberdeen)苏格兰大陆之间,有滚装渡轮服务,这些渡轮均通往或经过奥克尼群岛。设得兰群岛委员会 SIC(Shetland Islands Council)在岛与岛之间开设了渡船服务,使得设得兰群岛的各个小岛可与主岛相连。在设得兰群岛、奥克尼群岛及苏格兰大陆之间通有航班,并且在群岛的小岛屿之间也通有航班。在战时或者战后,大部分航道都是被武装力量控制的。几十年来,由于石油收入的支持,岛上的道路状况有了很大程度的改善,现在岛上拥有完善的道路交通网。为了支持石油业的发展,在 19 世纪 70 年代和 80 年代期间,人们对群岛上的交通网络进行了大规模的改扩建,萨姆堡(Sumburgh)机场便是为了石油开采的需要而建设的。萨姆堡机场是设得兰群岛通往近海石油钻井平台的主要机场,就飞机的起飞降落次数而言,在 19 世纪 80 年代,萨姆堡机场是英国最繁忙的机场之一。萨姆堡机场运输旅客的数量从 1971 年的 4.7 万人上升到 1978 年的 130 万人,目前该机场年输送旅客大约为 33 万人。

设得兰群岛石油相关产业的发展

很难脱离设得兰群岛近海石油资源的发现和开采过程和由此产生的影响而孤立地解读如今岛上人们生活的本质及其经济活动。原因在于石油不仅影响了岛上的经济,并从根本上影响了岛上居民的生活方式,石油资源的发现与开采始于 1970 年。在 20 世纪后半叶,在北海下面、英格兰东海岸、荷兰西海岸之间发现了石油。19 世纪 60 年代到 70 年代期间,石油开采范围向北一直延续到苏格兰和挪威。1971 年,在设得兰群岛和奥克尼群岛东部发现了石油主要开采地(Wills,1991),于是,设得兰群岛自然变成了距离上最近的用于铺设石油管道、建设油码头、转运石油的近水陆地。在发现石油时,英国的经济很不景气,当时的英国政府尽可能快地开采、出售石油,以缓解经济压力和货币压力。在发展方面,实际受英国政府控制的群岛当地政府被不断地施压,被迫实施快速而大规模的石油相关发展计划,例如,建造石油码头、建设石油钻塔,及服务于钻塔的船运码头等。

设得兰群岛面临着大量有关建设输油管道和石油码头的要求。大体上说,每家石油公司均被要求拥有自己专用的输油管道和石油码头。设得兰群岛有可能共需建 16 个石油码头。与此同时,还要建设相关的船运锚位和连接管道,凡此种种,都必须大规模地、快速地进行建设,此事关系到了岛屿的生活和经济。

在当时,岛上的经济状况良好,失业率低于国家平均水平,渔业、农业和旅游业的收入保持持续增长,当地政府认为其不“需要”发展近海石油业。岛屿委员会为了国家利益，同意将设得兰群岛变成一个陆上基地，但是委员会声明他们并不支持发展这一切，反而会反对这一切，反对那些将设得兰群岛置于非必要危险之中的计划，委员会还声称，"他们永远不会把商业和工业发展放在设得兰群岛社群利益的前面"（SIC，1978）。由一位口才极好、意志也很坚定的首席执行官指挥的委员会拒绝了与上述问题有关的所有提议，他只同意在岛上建造一座石油码头，所有公司必须共享这个码头，并共享与之相连的唯一管道（巴特勒和尼尔森，1994b）。此外，当地委员会还拥有石油码头的股东权益，作为港务局，他们还出面管理海运经营、为码头提供电力供应、为油码头的劳动力雇佣制定各种条件，而且对经过石油码头的每一桶上岸油品征收补偿金。这样的条件前所未见，委员会的坚持最终取得了胜利，在私法法规－1974 年大不列颠联合王国议会上通过了决议；1974 年，根据泽特兰郡委员会法规（*Zetland County Council Act* 1974，UK Parliament，1974），议会通过了这个法规，使得委员会获得了上述权利。于是，委员会便有权管控石油公司在岛屿周围 3 英里之内所进行的挖掘施工，这就有效地控制了通往设得兰群岛的所有管道。为了能够尽快施工，国家政府同意了他们的要求，并同意不会将石油补偿金列入中央政府对当地委员会的财政支持预算当中（Nelson & Butler，1993）。虽然岛上还有一些人反对开采石油，但设得兰群岛当地政府在这件事情上的表现为其他地方政府处理此类重大发展问题树立了一个良好的榜样。在管控当地发展的主要问题方面，设得兰群岛政府是少数被提及的地方政府之一，其成功地实现了对当地发展的管控，尤其是成功地控制了那些暗地里受中央政府支持的外来机构和公司（Butler & Nelson，1994a）。

当面临重大发展所带来的政治压力时，设得兰群岛人的做法和他们的生活方式很值得我们学习。他们树立了一个良好的榜样，但遗憾的是，其他小岛屿的地方政府却很少有愿意或者很少有能力学习他们的做法。当涉及旅游业发展，尤其是旅游业可持续的问题时，设得兰群岛当地政府有权利也有能力确保岛上的任何发展，并保证所有的发展均有利于保护岛上社群理想的"生活质量"，当批准任何形式的发展时，"当地委员会会谨慎地规避各种风险，即使是在科学或者技术知识不确定的时候"（SIC，2004）。

这种发展方式很符合设得兰群岛的实际情况，而且也有利于岛上已有的各项活动。这种发展并没有对岛上的活动造成不利影响，相反，这种发展有利于确保设得兰群岛未来的长期发展、岛上的环境保护，更在本质上有利于岛上的经济、社会及环境的可持续发展。2004 年实施的《设得兰群岛地方发展计划》（Shetland Local Plan）就是"基于可持续的原则，也就是指所有的发展计划必须最大可能地有利于环境、社会和经济的发展，有利于确保新的发展方式，以使我们的下一代至少可以有平等的机会享受到我们今天所拥有的一切"（SIC，2004）。

1970 年以前设得兰群岛的旅游业

不同于其他地方，设得兰群岛一直在统计岛上多个方面的数据，包括人口、经济活动方面的可靠数据。在发现石油资源之后，岛屿立刻做出了回应，为了确保能够实现发展要求，岛屿委员会需要依靠自身重要的可靠信息，而不是依靠其他来源的信息。因此，在1972 年，委员会开始收集数据，并于每年发表一次。数据发表在《设得兰群岛数据统计集》(*Shetland in Statistics*)中，至今为止，该书已经持续发行了 30 多年。就旅游业而言，主要收集食宿、游客到访、当地组织会员情况、当地旅游资源利用情况以及旅游业整体对经济的贡献等方面的数据。很遗憾的是，并没有常规性的游客情况调查，所以很难确定游客在岛上的活动、游客的喜好和他们的行为究竟如何，尽管如此，在游客游览模式方面，还是有一些数据可以供作参考的。

多个世纪以来，设得兰群岛上的游客——不包括诸如维京人等入侵并占领岛屿的武装力量，主要是海上贸易商，设得兰群岛与许多海上力量保持着紧密的联系，例如，欧洲的汉萨同盟(Hanseatic League)、荷兰等国的捕鲸舰队。在整个 19 世纪期间，来到设得兰群岛单纯为了游玩和开阔眼界而不是出于商业目的的游客极少。18 世纪曾到达过大不列颠联合王国北方诸岛的勇敢探险者沃尔特·司各特爵士写了一本名为《海盗》(*Pirate*)的关于设得兰群岛的书，灯塔建造者——史蒂文森家族也曾经探索该岛并在岛上建造了灯塔，但是这样的游客还是很罕见的。岛上可供游客使用的设施很少，食宿条件只能满足最基本的需求，并且地方很少，当时岛上的总体经济条件也不是很好。岛上生活极其艰苦，生存困难，房东一般不生活在岛上，他们把房子出租给别人，无情地剥削租户。人们觉得没什么理由值得去设得兰群岛游玩，更重要的是，设得兰群岛周围的海域总是充满危险，不利于航行。岛屿南部的急潮流的速度可以达到 7 节，许多船只均无法应对这么湍急的潮速。岛屿周围还有许多船只的残骸，残骸中至少有一艘来自于西班牙的无敌舰队(Spanish Armada)。直到蒸汽机的出现，去设得兰群岛的旅途才算安全了，并具备了确切的起航时间。如今，设得兰群岛周围的暴风雨情况仍然很严重，但是即使航行延误，通常也只是延误几小时，而不是和过去一样延误几天。

到了 19 世纪晚期，设得兰群岛上开始出现少量的游客，他们由几个不同的团体构成。其中有来岛上内陆湖里捕捞鲑鱼的渔民、画家、艺术家，还有科学家。其中大部分是地质学家。他们来岛上主要是探索岛上的地形地貌。除此之外，还有历史学家和考古学家，最后一类游客是那些充满好奇心的探险者。这些游客基本上都是男性，只有探险者中有极少数的女性。直到 19 世纪中叶，设得兰群岛上的游客构成在整体上才与苏格兰比较相似。19 世纪 20 年代以后，苏格兰大陆上的旅游业发生了很大变化，从那时起，便开始有大量受过教育的富有游客来苏格兰的景点参观。他们想要亲眼目睹一下沃尔特·司各特爵士书中所描述的美丽风光，在沃尔特·司各特爵士之后，也有很多诗人和画家描述过苏格兰的自然景色，其中诗人包括华兹华斯和骚塞等人，画家包括特纳和兰西尔等人（Butler，1985）。从19世纪50年代开始，在每年夏天，苏格兰皇室都会到巴尔莫勒尔堡（Balmoral Castle）度假，他们的做法为其他游客树立了榜样，并为苏格兰旅游业的转变起到了非常重要的作用（Butler，2008）。

在19世纪末，苏格兰越来越受游客的欢迎，游客开始游览苏格兰大陆以外的岛屿，他们先是到访西边的赫布里底群岛（Hebrides），之后又来到了奥克尼群岛和设得兰群岛。自那时开始，设得兰群岛上便出现了酒店，当地人心中也开始有了一些接待游客的理念。例如，为游客提供住宿、饮食、交通运输及导游服务。在整个20世纪期间，旅游业持续缓慢增长，从有限的信息当中可以得知游客的数量一直保持增多。20世纪中叶，野生动物资源变得越来越重要，尤其是鸟类，它们吸引了大量游客。设得兰群岛上有一些世界上最大的海鸟栖息地，栖息地里生活着塘鹅、贼鸥、燕鸥和海雀（海鹦）。与此同时，岛屿还横跨了一条最长的候鸟迁徙路线，每年春天和秋天，都有大量的鸟类经过岛屿，其中包括许多极其稀有的鸟类，而且数量之多，是其他地方无与伦比的。设得兰群岛很快就被作为一个鸟类观察中心而蜚声世界。19世纪60年代，在群岛最南端的费尔岛（Fair Isle）上还建立了一所享誉国际的鸟类观察站。

在整个20世纪期间，旅游业均应保持缓慢的持续增长，但是由于通往设得兰群岛的交通不便，加之路费昂贵、岛上设施的使用费用较高、食宿等服务不足、条件较差，这些因素导致游客数量的增长速度受到限制。1960—1963年的3年间，游客数量从1.7万人增加到2.3万人（Luckhurst，1964）。截至1990年，游客数量达到了3.8万人，平均每位游客在岛上要住7天（System Three，1991）。只有很少的旅店里面设有套间，而且大多只是短期开放；餐饮服务往往只提供给当地居民，基本没有租车这项服务，其他设施同样严重匮乏。因此，在设得兰群岛上度假几乎成了一种奢求，游客重复到访率更是低于苏格兰大陆上那些最偏远地区的到访率水平。就当时的形势看，旅游业很难成为设得兰群岛支持经济发展的支柱产业。当岛屿委员会制定石油发展计划时，可以看出当时旅游业并不受重视，委员会也并没有把旅游业视为需要保护的“传统经济活动之一”（Nelson & Butler，1993）。

颇具些许讽刺意味的是，原本发展石油业通常会对旅游业的发展带来负面影响，破坏岛屿的自然环境并威胁岛上的野生动物，而这些恰恰都是吸引游客到访的主要因素。然而，出人意料的是，岛屿周围的石油开发，使得设得兰群岛的旅游业得到了很大的发展。

石油开发之后设得兰群岛的旅游业发展

在其他文献中，关于石油开发对旅游业所产生的影响的介绍更为详细（Butler and

Fennell,1994),在这里只是大概总结一下情况。最直接的一个影响便是大量石油产业和相关公司的员工来到岛上,他们的主要任务是为更多的、即将到来的工人修建房屋和各种设施。一旦开始开采石油,并输送到设得兰群岛上进行加工、销售,便会有更多的工人来到岛上。这些人需要住宿、食物、交通以及其他服务。钱不是问题,速度高于一切。这些人中的大部分都去过很多地方,对住宿条件和其他服务水平有着很高的期盼和要求。因此,岛上对当时的住宿设施和其他旅游服务设施进行了大规模的修缮。人们不仅重新装修旅馆,有些人经常还会对其进行重新翻盖。套间变得很普遍,餐馆规模不断扩大,岛上成立了汽车租赁公司,交通条件得到了很大改善;岛上还建了一座新机场,重修道路,渡轮服务范围也比以前有所扩大,这些方面均得到很大的改善。对于设得兰群岛旅游业发展同样重要的是,这些人不仅仅只是夏天在岛上小住几周,而是在岛上长住一年之久。而且在接下来的几年里,他们以及替换他们的人还会不断地来到岛上。因此,岛上的旅店和其他服务场所不可能像以前那样只留一名最基本的留守人员,每年只营业8个月并且仅依靠从10月翌年到5月营业的当地酒吧和食品交易保证他们生存了,现在,他们必须保证全年营业。全年营业产生了许多影响。其中首要影响之一便是必须全年雇佣员工。以前也有一些旅店在非旅游季节雇佣员工,但是这样做的结果是旅店必须具有留住经验丰富的员工的能力,并且必须要支付给他们更高的工资。在当时,设得兰群岛上的所有行业都缺少劳动力。第二个影响是由于石油公司并没有做好准备迎接到设得兰群岛上工作的这些工人,所以,在当时他们没有能力为这些工人解决食宿问题。因此,他们需要大批量的预定旅店房间或者所有其他能够提供住宿的场所,订房期可能要提前几周甚至几个月,即使由于天气原因,工人没有去预定的房间住宿,公司也需要支付住宿和其他服务费用。每天,在某个特定时间之后,便可以预定住宿场所的房间,有时房间的预定率可以超过100%,当收取了房间的费用却没有客人入住时,住宿场所便会将这些房间重新租给那些突然出现并需要住宿的游客。总的来说,设得兰群岛上旅游业的住宿服务经历了将近10年的高速发展,从不用担心生意无人问津,经营总是处于满客状态,这就使得这些企业拥有充分的资金,可用于大力提高服务质量,以满足游客新的需求。

截至1980年,设得兰群岛所拥有的旅馆套间和高级住宿场所数量远超于苏格兰任何其他地方,并且服务质量无可匹敌。这些"石油游客"的价值可以通过设得兰群岛实际游客数量的增长情况体现出来,岛上游客数量从1982年的360万人增加到1991年的1 000万人,截至2006年,游客数量估计已经超过了1 640万人(SIC,2008)。

然而,石油开发所产生的影响并不全都有利于传统形式的旅游业发展,因为最"传统意义上的游客"很难到达设得兰群岛,而且就算他们到达这里,也很难找到住宿的地方。设得兰群岛的定期航班几乎全被来岛的商务"旅客"预定了,旅店床位和租车也是同样如此。很少有旅客愿意坐12小时的轮船前往设得兰群岛,而且更糟糕的是,来了以后还很可能没有地方住,因此,设得兰群岛上"愉悦"的旅游业10多年来都是在倒退发展。人们用了大量资金来改善岛上的设施,但却从没考虑过风风火火的石油开采结束之后，岛上的情况会变成什么样。人们很少将设得兰群岛作为旅游胜地进行宣传，就像一位酒店经营者所说的那样“我的酒店总是客满为患，为什么我还要打广告招揽更多的游客呢？我已经没有能力再接受更多的预定了”（调查对象，1989）。因此，设得兰群岛没有致力于吸引更多的潜在游客，这种做法在当时看来似乎很合理，但是，设得兰群岛上的那些旅游业经营者们还是忽略了他们传统意义上的游客市场。石油停止开发时，在一年的时间里，一些住宿场所的住宿率从100%下降到了20%。那些高级的住宿场所、饭店、租车公司、扩建后的机场、重修的道路以及渡轮服务都经营惨淡，与此同时，这些场所和机构所能提供的全职就业岗位数量也在急速下降。最近（2007年），设得兰群岛的旅店住宿率也低于同级别苏格兰高地和岛屿（Scottish Highlands and Islands）上其他旅店的住宿率，设得兰群岛的住宿率在一年中的前四个月基本与苏格兰高地和岛屿上的其他旅店相同，在夏季高峰季节比它们低10%～20%，在一年中的最后四个月，比它们大约低10%（SIC，2008）。如今，设得兰群岛上的各类食宿服务都出现严重的供过于求，即使是在夏季的高峰季节也是如此，在高峰季节，只有那些自助住宿场所的住宿率能超过50%。表11.1显示了设得兰群岛旅游组织（VisitShetland）里的会员旅店的床位数。从表中可以看出，在过去的20年里，床位数几乎没有增长，而且有限增长中的大部分情况也发生在群岛的行政交通中心勒威克。

表11.1　设得兰群岛旅游组织统计的床位（张）（来源：SIC，2008）

住宿类型	1976年	1981年	1986年	1991年	1996年	2005年	2006年	2007年
勒威克酒店	149	231	272	294	296	328	336	309
乡村[a]酒店	292	342	310	301	295	215	152	175
勒威克宾馆	–	–	29	31	75	137	127	140
乡村[a]宾馆	–	–	124	97	95	48	47	52
勒威克床位早餐	206	103	71	93	65	40	32	28
乡村[a]床位早餐	154	203	107	208	143	128	102	87
勒威克自住酒店	169[b]	271[b]	285[b]	23	38	101	114	125
乡村[a]自住酒店				515	383	364	549	496
勒威克招待所	76[b]	81[b]	146[b]	48	64	64	64	64
乡村[a]招待所				99	61	35	35	35
勒威克露营地	0	0	117	28	60	60	50	50
乡村[a]露营地	–	–	117	42	39	144	104	104
Böds[c]	0	0	0	0	63	76	76	76
共计	1 046	1 231	1 461	1 779	1 677	1 740	1 788	1 741

a. 表示除勒威克之外的设得兰群岛上的所有地区。

b. 表示勒威克以及设得兰群岛上其他所有地区的全部数量。

c. Böds是一家古老的渔民仓库（由茅屋和露营仓房组成）。

生意上突然出现的、令人感到有些意外并且不可预见的下跌，给设得兰群岛上的旅游业经营者带来了严重的经济问题。不仅以前那些富有的、固定的客人不再光顾，更糟糕的是，他们没有新的客户群体。他们必须要想办法把以前那些传统意义上旅游的游客重新吸引到设得兰群岛上来，但是在他们积极宣传的过程中，还需要面对许多媒体关于设得兰群岛周围石油开发的负面报道。非常值得庆幸的是，在 19 世纪 80 年代，设得兰群岛终于引入了可持续的概念，与此同时，生态旅游以及与自然相关的假日也流行起来。设得兰群岛在这两方面都很具有吸引力。

当地政府反对无节制地对石油天然气进行开采，这一举措受到了居民的广泛好评，并且由于保护得当，岛上的自然资源并没有遭到破坏，岛上的海鸟以及其他种类的野生动物，包括海洋哺乳动物，吸引了大量喜欢自然生态的游客（Butler & Nelson，1994a）。大量富有特色的文化财产、历史古迹以及长时间的夏日阳光（在夏季每天有 20 多个小时的光照）同样增加了岛屿对于游客的吸引力。一系列精心设计并富有当地特色的促销活动也产生了良好的效果，例如，宣传语“抛开所有的烦恼”以及设得兰群岛的宣传海报，海报的一半内容是午夜 11 点时设得兰群岛流光溢彩的景象，另一半内容是漆黑的午夜 11 时伦敦的景象。两年内，设得兰群岛上许多地方的住宿率都恢复到了石油开采前的水平。

尽管 1993 年 1 月发生了一起灾难性事件（Wills & Warner，1993），一艘超级油轮“布莱尔”号在设得兰群岛海域触礁沉没，10 万吨原油流入海中，污染了大片海域，但是岛上的旅游业仍在持续缓慢增长。摧毁“布莱尔”号的超级暴风雨同样也给设得兰群岛的旅游业带来了一定程度的轰动效果，在事故发生的两天之内，就有 500 多名媒体代表来到了岛上。当时岛上住宿资源极其缺乏，以至于一位来晚了的政府官员不得不睡在当地学校的地板上。泄露的原油被巨大的海风和海浪驱散，现在那些原油好像被埋在了设得兰群岛西南部海床下面的某处位置（设得兰群岛处理石油泄漏问题的生态管理集团，1994 年）。这次灾难并没有像想象中的那么糟糕，因为灾难发生在冬季，所以，上百万的海鸟并没有受到石油泄漏的影响（MPCU，1993）。这就避免了大量游客的流失，虽然游客数量也有所下降，但是下降数量较少并很快就恢复了。尽管设得兰群岛采取了一些世界上最安全的管理方法来防止油轮泄漏，但并不可能完全避免灾难的发生（Wills & Warner，1993）。

最具讽刺性的是，“布莱尔”号实际上并不是开往设得兰群岛的，而是在挪威油码头装完油之后返回北美的路上。

尽管石油码头以及相关产业在当今对设得兰群岛的经济发展仍有重大的意义，并且设得兰群岛仍在继续开发石油资源和不断建设新的油田（2005 年），但是，现在石油开采业对旅游业的直接影响已经很小了。然而，以前岛上石油业的发展对于今天岛屿的发展仍发挥着后续的作用，这不仅体现在有所改善的基础设施和其他与旅游业相关的设施，也体现在岛屿政府对于发展计划的管控方面，更重要的一点是对岛上居民态度的影响，如今,岛上居民认为如果设得兰群岛有能力应对大规模的石油公司,那么它一定也能够应对和控制岛上其他任何形式的发展,并且与此同时保护"设得兰群岛的生活方式"。这些后续的作用是岛屿的无形优势,它们帮助岛屿吸引了游客,并且使得设得兰群岛的旅游业(与其他形式的经济活动一样)实现了可持续性的发展,并且保证了岛上居民的资源与财产不遭受损失。尽管设得兰群岛上的旅游资源有限,这可能意味着岛上的旅游业很难大规模发展,但是岛屿的政策制定者们弥补了这一劣势,他们通过阻止一切过度的、不利于岛屿可持续性发展的发展计划,实现了今天岛屿的可持续性发展。岛屿的总体发展方针要遵循以下原则:《2001—2006 年设得兰群岛结构规划》(The Shetland Structure Plan 2001—2016)(SIC,2000 年)和《设得兰群岛当地发展计划》(Shetland Local Plan)(SIC,2004)两文中均提及这种发展原则,"为我们子孙后代的福祉,保护、保持并且加强岛上的自然资源和文化遗产,确保新的发展方式有利于当地的环境保护"。就发展旅游业而言,岛屿委员会的目标是"实现旅游业可持续、实现经济长期增长并且保护自然环境以及人造环境不受破坏"(SIC,2000,2004)。

现在,设得兰群岛上的旅游资源或者说"名胜"主要分为两类:一类是岛上的自然资源;另一类是岛上的人造景色。2005 年和 2006 年对设得兰群岛上的游客调查显示,77% 来到设得兰群岛上的游客均是为了"体验岛上的自然文化遗产,例如,岛上的野生动物、考古历史遗迹以及自然风光"(SICDC,2008)。设得兰群岛上陡峭的悬崖(包括一些在西欧地区最高的海崖)、壮丽的海岸景色、宜人的海滩、狭长的峡湾和海湾,以及岛上长时间的夏日阳光都吸引了大量游客的到来。除了这些,岛上还有各种野生动物和哺乳动物,例如,海豹、鲸鱼等,岛上巨大的海鸟栖息地和稀有鸟类迁徙更具吸引力,设得兰群岛有 3 个国家级自然保护区和 81 个极具科学价值的研究点,它们占全部面积的 13.5% 均属于法律保护区。文化景点包括城堡、史前圆形石塔(皮克特塔)、维京建筑以及史前地下村庄,设得兰群岛上现有 7 842 个考古地点(SIC,2008),从中世纪开始一直到第二次世界大战时期,包括"二战"时期的许多近代建筑,还有一座坐落在萨洛姆湾(Sullom Voe)的油码头。由于这些景点比较分散且有些地方交通不便,因此,设得兰群岛的游客需要在岛上停留较长的时间。

游客要在岛上停留较长时间,也许还因为从许多其他地方来设得兰群岛的游客均需要花费大量的时间和金钱。由于许多景点分布分散,所以大部分游客一到设得兰群岛就需要租车,要么在萨姆堡机场或者勒威克租车,要么在城镇的渡轮码头租车。良好的道路网络以及车辆渡轮系统使游客可以随意到达设得兰群岛"大陆"的任何地方以及许多周边的岛屿。远一点的岛屿,像富拉岛(Foula)和费尔岛,则没有经常往返的车辆和渡轮服务(一周只有一两次),只有一趟从勒威克附近廷沃尔机场起飞的航班。

游客的主要住宿地点都在勒威克,包括最大的酒店、岛上大部分的床位和早餐服务以及一些自主住宿场所,斯卡洛韦(Scalloway)也有少量的住宿场所(见表 11.1)。岛上一些小的地方也有一些只提供住宿服务的旅店、提供床位和早餐的住宿场所、一系列自助住宿场所以及招待所，例如，萨姆堡、布雷、巴斯塔桑德和巴斯达（Sumburgh, Brae, Balstasound & Busta）。勒威克现有一所青年旅馆，费尔岛上还有一所最近（2010 年）重建的鸟类观察站。在一些较远的外岛上，例如，富拉岛和外斯凯里斯群岛（Out Skerries），住宿场所几乎全是私人的家庭旅店。私人家庭旅店给许多当地社群带来了丰厚的直接收入，因为这些旅店几乎均为当地居民所有，他们自己经营，跟大酒店一样，这些小旅店也给当地居民提供了在旅游业中就业的机会。在发达的旅游中心以外的其他地方，特别是勒威克，可供游客使用的设施很少。大部分具有营业执照并可提供餐饮服务的地方都在酒店里，像电影院和剧院那种设施经常都是移动的，它们会定期被移动到那几个有限的中心。只有勒威克和布雷设有游泳池。现有的有限运动设施、体育馆通常均建在校园里，只有一处是建在设得兰群岛中心的建筑工人营地里，距萨洛姆湾较近。

设得兰群岛吸引游客的最主要之处就是它美丽的自然环境，除了优越的地理位置，其宜人的气候也是吸引游客的最重要原因。近几十年来，设得兰群岛跟许多其他的苏格兰群岛一样，越来越受到人们的欢迎，开通了许多游轮航线。通往设得兰群岛的游轮数量增长的速度惊人，从 1986 年开始就翻倍增长，与此同时游轮规模也越来越大，这使得游客数量同期增长了 5 倍多（表 11.2）。也有一些小船通往设得兰群岛外围的小岛，特别是费尔岛，这就导致这些人口稀少的小岛（费尔岛只有 60 人）多少会承受一定的压力（Personal communication，1999）。在旅游淡季，最受瞩目的景点就是一年一度的音乐节和维京火祭节。维京火祭节是一个人们重新恢复庆祝的"维京人"节日，每年 1 月庆祝这个节日。在节日期间，要举行大约 1 000 人的火把游行，游行者穿过勒威克的大街小巷，最后来到海港，把一艘专门为节日修建的帆船烧毁。岛上有限的景点及设施无疑使得设得兰群岛的旅游业发展速度缓慢，游客数量增长有限，这种情况就可能使人感觉岛上的旅游业发展是可持续的。除了维京火祭节和音乐节，其他任何的旅游景点都很少有拥挤的情况出现，只有在两个节日期间，岛上才会有大量的食宿需求，而通常情况下，现有的航空、航海交通设施足以满足前来旅游的游客们的需求。

表 11.2 设得兰群岛勒威克港的游轮数量和游客数量（来源：SIC，2008）

年份	1981	1986	1991	1996	2001	2005	2006	2007
游轮数量（艘）	20	21	35	42	48	48	43	42
游客数量（人）	3 564	6 279	5 240	12 852	11 601	17 352	25 966	18 462

需要注意的是，尽管这些交通服务设施得到了各级政府，尤其是北方联合船运公司（North Link Ferry Company）的资助，但是它们并不受岛屿委员会的管辖。这些交通服务设施确实都是岛屿的生命线，它们不仅为旅游业服务，而且还为岛屿运送物资，几乎为岛上所有居民服务。未能掌握交通服务的控制权对于岛上居民来说是一个严重的问题，并且居民们为此感到很困扰，因为岛上居民以及岛上的旅游业极易受到市场波动、石油价

格、这些交通服务和提供这些交通服务公司的盈利情况的影响。与许多其他遥远的冷水区岛屿社群一样(Baldacchino,2006),设得兰群岛主要关心的问题是岛屿的自身保护与维护,而不是现在与将来的过度发展。

未来

从多方面来看,设得兰群岛的旅游业前景都比较乐观,《设得兰群岛结构规划》(SIC,2000)和《设得兰群岛当地发展计划》(SIC,2004)两文中也提到"设得兰群岛现在的经济越来越依靠服务行业,在服务行业中,旅游业是最具发展潜力的"。如今,旅游业的总体收入已经快要追赶上捕鱼业和石油业的收入,几乎与农业差不多(只比农业少3%)。旅游业大约可以提供1 200个就业岗位,设得兰群岛上一共只有1.2万多个就业岗位,这个数量高于捕鱼业所提供的数量,与农业所提供的数量一样,比石油业所能提供数量的一半还要多。如果现在人们对与自然资源相关的旅游业的需求持续明显增长,那么设得兰群岛便很容易从这种趋势中获利。此外,设得兰群岛独特的文化资源使其在未来有很大的潜力来吸引游客。即使设得兰群岛能够大规模发展旅游业,但由于岛上的政治观点高度重视岛上居民的生活质量,保护岛上的传统活动和特殊的生活方式,因此,设得兰群岛不可能轻率地大规模发展旅游业。

设得兰群岛的地理条件、相对恶劣的气候条件、有限的交通条件以及岛上相对较高的度假消费均不会使岛上旅游业过度发展,也就可以保证发展的可持续性。

然而,并不是所有的事情都是一成不变的。19世纪70年代的石油发现与开采为岛屿带来了第一次经济爆发。我们已经讨论过了,在这次经济爆发中,设得兰群岛的旅游业受益良多,而且许多旅游业经营者通过大量投资来提高他们的服务设施水平,在岛上石油业发展盈利以前,他们根本没有经济能力这么做。在当今的经济环境下,他们也不能达到这样的收入水平,那时设得兰群岛的经济水平至少要领先苏格兰大部分地区20年,然而,如今情况已经发生了变化。苏格兰的其他地区一直在大力提高他们的旅游设施质量,设得兰群岛已经不能继续保持领先地位了,因为现在岛屿的住宿率已经恢复了常态,而且岛屿还急需进行市场营销来保证游客数量。但是,与40年前相比,现在岛屿委员会更加支持旅游业的发展,在40年前,委员会根本不把旅游业当作"传统意义上"的经济活动,当时岛上只有两个文件曾经提到过旅游业,《合作计划》(Corporate Plan)和《中间点更新》(Halfway Point Update)(SIC,2009)。第一次提及的时候,政府制定了4个旅游计划,其中之一是"推广设得兰群岛",该计划在当时就得到了批准,其中的第二个计划是打算成立一个旅游业发展小组,但是这个计划直到现在才开始实施。现在看来,岛屿过度开发是不可能的,岛屿现面临的主要问题是如何维护用20年的时间发展起来的旅游市场。成功与否取决于许多因素,例如,可靠的、充足的、价格合理的交通服务,对自然和文化资源的持续保护，以及保护设得兰群岛特色的政治欲望。对于设得兰群岛来说，幸运的是其已经具备了这 3 个因素，可保证未来岛屿的可持续发展。

参考文献

1. Baldacchino, G. (2006) Advances in Tourism Research, Extreme Tourism: Lessons from the World's Cold Water Islands. McMillan, London.
2. Butler, R. W. (1985) The evolution of tourism in the Scottish Highlands in the l8th and 19th centuries. Annals of Tourism Research 12, 371 – 391.
3. Butler, R. W. (1996) Problems and possibilities of sustainable tourism: the case of the Shetland Islands. In: Briguglio, L., Butler, R., Harrison, D. and Filho, W. (eds) Sustainable Tourism in Islands and Small States: Case Studies. Cassell, London, pp. 11 – 31.
4. Butler, R. W. (1997) Tourism in the northern isles: Orkney and Shetland. In Lockart, D. and Drakakis – Smith, D. (eds) Island Tourism: Trends and Prospects. Cassell, London, pp. 59 – 80.
5. Butler R. W. (2006) Contrasting coldwater and warmwater island tourist destinations. In: Baldacchino, G. (ed.) Advances in Tourism Research, Extreme Tourism: Lessons from the World's Cold Water Islands. Macmillan, London.
6. Butler, R. W. (2008) The history and development of royal tourism in Scotland: Balmoral, the ultimate holiday home? In: Long, P. and Palmer, N. J. (eds) Royal Tourism: Excursions Around Monarchy. Channel View Publications: Clevedon UK, pp. 51 – 61.
7. Butler, R. W and Fennell, D. A. (1994) The effects of North Sea oil development on the development of tourism. Tourism Management 15, 347 – 357.
8. Butler, R. W. and Nelson, J. G. (1994a) Evaluating environmental planning and management: the case of the Shetland Islands. Geoforum 25, 57 – 72.
9. Butler, R. W. and Nelson, J. G. (1994b) The importance of local controls: the case of oil related development in the Shetland Islands. People and Physical Environment Research 45, 9 – 20.
10. Ecological Steering Group on the Oil Spill in Shetland (1994) The Environmental Impact of the Wreck oJ the Braer. Scottish Office, Edinburgh.
11. Fennell, D. A. (1994) An activities based analysis of the space – time characteristics of tourist travel: the lions of Shetland, Scotland. PhD thesis, University of Western Ontario, London, Ontario.
12. Irvine, J. W. (1985) Lerwick: the Birth and Growth of an Island Town. Lerwick Community Council, Lerwick, Scotland.
13. Luckhurst, C. R. P. (1964) Tourism in Shetland. Zetland County Council, Lerwick.
14. MPCU (Marine Pollution Control Unit) (1993) The Braer Incident, Shetland Islands, January 1993. Department of Transport, Southampton, UK.
15. Nelson, J. G. and Butler, R. W. (1993) Assessing, planning, and management of North Sea Oil effects in the Shetland Islands. Environmental impact Assessment Review 13. 201 – 227.
16. SIC (Shetland Islands Council) (1978) Shetland's Oil Era. Shetland Islands Council, Lerwick.

17. SIC(2000)The Shetland Structure Plan 2001 – 2016. Shetland Islands Council. Lerwick. Available at:http://www. shetland. gov,uk/splan/splan,pdf(accessed 9 September 2010).

18. SIC(2004)Shetland Local Plan. Shetland Islands Council,Lerwick. Available at:www. shetland. gov. uk/developmentplans/documents/AdoptedLPpolicies. pdf(accessed 21 September 2010).

19. SIC (2008) Shetland in Statistics 2008. Shetland Islands Council, Lerwick. Available at: http://www. shetland. gov. uk/council/shetinstat. asp (accessed 9 September 2010).

20. SIC(2009) Corporate Plan – Halfway Point Update. Report CE – 57 – F, Shetland Islands Council, Lerwick. Available at:http://www. shetland. gov. uk/coins/viewSelectedDoc. asp? c = e%97%9Db%951%82%8E(accessed 21 September 2010).

21. SICDC(2008)Heritage Tourism Investment Programme. Report DV048 – F,Shetland Islands Council Development Committee,Lerwick.

22. System Three(1991)1991 Shetland Visitor Survey. Edinburgh

23. UK Parliament (1974)Zetland County Council Act 1974. Her Majesty's Stationery Office,London.

24. Wills,J. (1991)A Place in the Sun:Shetland and Oil Myths and Realities. Institute of Social and Economic Research,St John's,Newfoundland.

25. Wills,J. and Warner,K. (1993)Innocent Passage:The Wreck of the Tanker Braer. Mainstream Publishing:Edinburgh.

第三部分　海岛旅游的经济可持续前景

12　振兴天堂乐园:改变旅游产品、旅游市场和旅游者行为——毛里求斯岛

吉里什·普拉亚格
法国尼斯大学商科联盟国际商学院

概述

根据联合国世界旅游组织(UNWTO)常务副秘书长戴维·德·威勒斯博士(Dr David de Villiers)在2005年联合国小岛屿发展问题会议上所述:“旅游业已经成为许多小岛屿的主要经济活动,而且是小岛屿发展战略中首要考虑的因素,它们的经济增长均从旅游业发展中受益匪浅。”(Croes,2006)毛里求斯岛坐落于非洲东海岸,旅游业同样是其最重要的经济活动。毛里求斯由多民族构成。2007年,岛上人口估计已经达到120万人(CSO,2008)。毛里求斯人的血统来自印度、欧洲、中国和非洲移民。毛里求斯岛目前的经济发展空前成功,农业(甘蔗产业)、制造业(纺织业)和新兴的服务业(旅游业、信息技术业和金融业)发展迅速。旅游业总产值约占国内生产总值(GDP)的25.4%(250万美元),旅游业雇佣人员达到全国正式劳动力的27.2%(WT-TC,2008)。

旅游业的正式发展可以追溯到19世纪50年代,人们认为:阳光、沙滩和海洋可以使毛里求斯岛有潜力成为新的旅游胜地,而且当时岛上过度依靠第一产业,人们也想通过发展旅游业来实现岛上经济形式的多样化。旅游业同样也可以作为主要经济模式来创造就业机会。到了19世纪80年代,旅游业发展已实现常规化,出现了许多大酒店,如爱舟度假酒店(La Pirogue)和圣热兰唯一酒店(Le Saint Geran)。旅游业发展侧重限制游客数量、空中交通及游客参与的度假活动种类,这样做的目的是为了限制发展旅游业而对特定区域产生负面影响。然而,与此同时,这些限制也严重地影响了旅游业与当地社群关系的发展(Kokkranikal et al. ,2003)。

这种旅游发展方式持续了将近20年(1980—2000年),在旅游业发展的同时,酒店数量也明显地从1980年的43家增加到2008年的102家,2008年的平均入住率达到70%(CSO,2008)。保护岛屿“阳光、沙滩和海洋”的特色,在限制游客数量的同时保证旅游业的发展并创造出更多的就业机会,是当地政府旅游发展政策的主要目标。因此,

经济可持续发展曾经是,并始终是岛上旅游业发展的首要任务(就业与旅游部,1988)。

虽然这种方法一直比较成功,但在2000—2005年间,原来每年都会增长的游客数量突然降到10年内的最低水平(表12.1,表12.2)。这种情况迫使当地政府不得不重新审视对旅游业发展战略的制定。因此,本章节回顾了毛里求斯岛旅游业发展的历程,在旅游业发展初期,岛上以市场为中心,注重经济发展的可持续性;在旅游业发展后期,岛上通过实现市场多样化来保证经济发展的可持续性,与此同时,岛上也开始重视环境的可持续性问题。

针对此类案例的研究,主要采取综合研究方法,数据主要源于第一手资料,但也会参考第二手资料。第二手资料的来源包括一个综述文献,文献的内容是关于岛屿旅游业发展相关问题、收集到的贸易信息,例如,毛里求斯旅游发展局(MTPA)的政府报告和政府简报,以及政策性文件,例如,国家旅游发展计划(NTDP)。最主要的数据来源于2007年与103位游客的谈话,通过谈话了解到他们对毛里求斯岛的看法。游客回答的主要问题是他们喜欢毛里求斯岛的哪些方面,不喜欢哪些方面。为了提高研究结果的可靠性,收集的主要数据还参考了官方的统计数据和政策文件,对两者进行相互对照和补充。

在接下来的部分,将会引入旅游地生命周期(TALC)概念,并作为理解旅游业发展的基础。包括对旅游地游客数量以及旅游业收入状况变化的描述,根据官方统计数据,变化情况可以分为三个时期,这三个时期说明了什么是旅游地的生命周期。

毛里求斯岛旅游地的生命周期

尽管有多种模式可用来帮助理解旅游地的发展,但是,人们最关注的是巴特勒(1980)提出的旅游地生命周期模式。该模式提供了一个分析框架,通过这个框架,在不脱离当地复杂经济、社会和文化环境的前提下,研究旅游地的变化情况(Cooper & Jackson,1989)。根据该模式所述,旅游地发展需要经过7个阶段(探索、参与、发展、巩固、停滞、衰退和振兴),随着时间的流逝,每一个阶段都有自身的特点。关于该模式在不同旅游地的应用情况,人们已进行了大量研究(Cooper & Jackson,1989;Rodriguez,2008),但是这些研究似乎都更侧重于发展成熟的旅游地,人们更倾向于研究旅游地发展的停滞阶段以及当地人应对这种局面所采取的调整振兴战略(Rodriguez,2008),对毛里求斯岛的研究亦是如此。

同许多其他的研究模式一样,旅游地生命周期模式受人们质疑最多的问题是它的静态性。因此,巴特勒(Butler,2010)重新修改了这个模式,增加了一些内容,例如,发展推动力、旅游地的交通承受能力以及避免发展倒退的长期计划;此后,该模式也进行过多次修订(e.g,Butler,2006a,2010b)以适应时代的发展,使该模式一直具有参考价值。

第一个时期(1980—1989 年)

毛里求斯岛旅游地发展的探索阶段发生在 20 世纪 50 年代初期。在 1952 年,比奇科默创办了第一家酒店。这个阶段持续的时间很短,因为截至 1974 年,岛上酒店的数量就上升到了 30 家,1974—1979 年间,游客数量平均每年增加 12.3%,这也就意味着岛上的旅游业发展已经进入了参与阶段。到 20 世纪 80 年代初期,岛上的旅游业发展便很自然地过渡到发展阶段。如表 12.1 所示,在 1980—1989 年之间,游客的数量有所下降,尤其是在 1980 年代初期,游客数量大幅下降。但是,从 1984 年开始,岛上游客数量成倍增长的情况就变得司空见惯。这 10 年间的旅游业收入也同比持续增长(表 12.1)。服务业进一步持续、快速地发展,岛上建起了越来越多的高级度假村。政府通过《1974 年酒店发展刺激法规》(*Hotel Development Incentive Act of* 1974)来鼓励酒店开发商进行发展,法规内容包括固定设备进口关税豁免、企业税收优惠、利润和股息可自由汇出、所得税减免以及可以从毛里求斯发展银行(Mauritius Development Bank)获得低利率贷款(Brown,1997)。到 80 年代中期,酒店入住率已达到 80%,虽然在 1988 年酒店入住率曾经下降到 66%(Brown,1997),但从整体上看,酒店入住率情况还是比较不错的。

表 12.1 毛里求斯 1980—1989 年间,旅游业数据统计(来源:CSO,2010)

年份	酒店数量	游客数量(TA)	同比增长(TA%)	旅游业收入(TR)(Rs)[a]	同比增长(TR%)
1980	43	115,080	-10.3	325	25.0
1981	51	121,620	5.7	433	33.2
1982	51	118,360	-2.7	450	3.9
1983	55	123,820	4.6	503	11.8
1984	54	139,670	12.8	630	25.3
1985	55	148,860	6.6	845	34.1
1986	56	165,310	11.1	1190	40.8
1987	60	207,570	25.5	1786	50.1
1988	64	239,300	15.3	2381	33.3
1989	67	262,790	9.8	2796	17.4

a. Rs,毛里求斯卢比。

第二个时期(1990—1999 年)

在 20 世纪 90 年代,旅游地的发展进入了巩固阶段,此时酒店扩张率开始下降。到

1992 年，酒店房间开始供过于求，政府由此下令冻结酒店发展计划（Carlsen & Jaufeerally，2003）。表 12.2 显示酒店数量从 1995 年的 95 家下降到 1999 年的 92 家。岛上游客数量的同比增长率也很不稳定，从 1990 年开始的 10.9% 变成了 1999 年的 3.6%。这符合巴特勒（Butler，1980）所说的旅游地生命周期巩固阶段所遇见的困难问题。表 12.2 显示，尽管旅游业收入的同比增长率比较乐观，但是与表 12.1 的数据相比，增长率仍有所下降。卡尔森（Carlsen）和兆菲莱利（Jaufeerally）（2003）发现游客真正意义上的消费在 1990—1997 年之间一直呈下降趋势。在这个时期，诸如雅高国际酒店集团和岛上已经存在的大型酒店，例如，比奇科默这种规模的国际酒店，都巩固了它们在毛里求斯岛的地位。岛上四星级和五星级酒店的数量也有所增加。

表 12.2　毛里求斯 1980—1989 年间，旅游业数据统计（来源：旅游、娱乐与外部通信部，2008a）

年份	酒店数量	游客数量（TA）	同比增长（TA%）	旅游业收入（TR）（Rs）	同比增长（TR%）
1990	75	291 550	10.9	3 630	29.8
1991	80	300 670	3.1	3 940	8.5
1992	84	335 400	11.6	4 655	18.2
1993	85	374 630	11.7	5 362	15.2
1994	90	400 526	6.9	6 415	19.7
1995	95	422 463	5.5	7 472	16.5
1996	90	486 867	15.3	9 048	21.1
1997	87	536 125	10.1	10 068	11.3
1998	90	558 195	4.1	11 890	18.1
1999	92	578 085	3.6	13 668	15.0

第三个时期（2000—2008 年）

在新千年伊始，毛里求斯岛进入了旅游地生命周期中划分的停滞阶段。停滞阶段有几个显著的特点，包括各种经济、社会和环境问题、床位供过于求、严重依赖旅客重复到访，以及岛屿形象不再具有吸引力等（Butler，1980）。毛里求斯的旅游业发展遭遇了以上所述的大部分问题，只有一点不同，那就是毛里求斯岛没有足够的床位。

在长达 6 年的时间里（2001—2006 年），毛里求斯的平均游客增长率低于 4%（表 12.3）。与之前的两个时期相比，旅游业的发展正在逼近倒退阶段。岛屿现有的旅游资源和旅游产品不能继续满足游客的需求，并保证不了游客数量的增长和旅游业的收入。从表 12.3 可以得知，旅游业的年收入一直在增长，但是增长率却大不相同。

表 12.3 毛里求斯 2000—2008 年间,旅游业数据统计(来源:旅游、娱乐与外部通信部,2008a)

年份	酒店数量	游客数量(TA)	同比增长(TA%)	旅游业收入(TR)(Rs)	同比增长(TR%)
2000	95	656 453	13. 6	14 234	4. 1
2001	95	660 318	0. 6	18 166	27. 6
2002	95	681 648	3. 2	18 328	0. 9
2003	97	702 018	3. 0	19 415	5. 9
2004	103	718 861	2. 4	23 448	20. 8
2005	99	761 063	5. 9	25 704	9. 6
2006	98	788 276	3. 6	31 942	24. 3
2007	97	906 971	15. 1	40 687	27. 4
2008	102	930 456	2. 6	41 213	1. 3

由于游客数量和旅游业收入的增长率很不稳定,当地政府不得不重新审视旅游地的发展情况。因此,在 2000 年,欧共体(European Community)资助一家咨询公司德勤(Deloitte & Touche),让该公司为毛里求斯岛制定一个全国旅游业发展计划(Deloitte,2002)。该公司提出的建议之一就是丰富原有的"阳光、沙滩、海洋"旅游产品,使其重拾活力。同其他岛屿旅游地所采取的方法相似,为了重振小岛的旅游业,毛里求斯岛所采取的方法包括重新定位旅游景点、改善旅游景点周围的环境,以及重新布置旅游景点(Agarwal,2002)。岛上现有酒店大规模地升级设施,并且把更多的目光投放到高端市场,通过新建酒店提高岛上的整体游客容纳能力(2003—2004 年间新建了 6 家酒店),并进一步向高端市场进军。毛里求斯岛同样提高了自己在传统市场和非传统市场中的知名度以及交通服务水平,在采取以上措施以后,2007 年岛上的游客数量大规模增长。所采取的这些措施与旅游地生命周期中所提倡的复兴策略相一致(Agarwal,2002;Butler,2006b)。

经济可持续性是重中之重

根据国家旅游发展计划所述,可以通过实现旅游产品多样化和进一步向高端消费者市场进军来保持旅游业的可持续性发展。

从本质上来说,需要通过市场集中化和市场多样化的发展战略来实现经济可持续性发展。市场集中化是指注重现存市场的合力营销、提高游客的消费水平、重复到访以及停留时间等。市场多样化是指发展新兴旅游产品,吸引更多的游客。一个市场集中化的例子就是当地发起了一个叫做"无护照旅游"的行动。在 2008 年,为了增加游客数量,毛里求斯岛允许法国人和意大利人可以不持护照来岛。在 2008 年 1—10 月间,来自法国市场的游客数量增加了 10. 5%,而来自意大利市场的游客数量却没什么变化(旅游、娱乐与外部通信部,2008c)。

旅游产品的多样化

毛里求斯岛采取的多样化方法并不新奇。洛克哈特(Luckhart,1997a)认为岛屿旅游地需要摆脱"阳光、沙滩、海洋"这种典型的大众旅游模式,而转变成具有特色活动的度假地和商务旅游地,把重点放在高端消费游客身上并开发小众市场。然而,同其他许多岛屿旅游地不同,例如,马耳他岛(Luckhart,1997b)和曼岛(Cooper & Jackson,1989),毛里求斯岛从一开始就不认为大众旅游模式适合其旅游业发展。毛里求斯政府认为,虽然游客数量的增长很重要,但更好的发展战略是,控制旅游业所产生的负面影响,并通过高端消费者来提高岛屿的旅游业收入(Deloitte & Touche,2002)。人们认为这种形式的经济可持续性发展比传统意义上的"阳光、沙滩、海洋"旅游业发展方式更为有益。这几年来,对于高端市场的重点开发,使越来越多的人了解到毛里求斯岛核心旅游产品和高档度假村的卓越品质,增加了岛屿旅游业实现更加多样化的机会。2008 年,酒店发展战略(Hotel Development Strategy)(HDS;旅游、娱乐与外部通信部,2008b)建议酒店发展应该把重心全部放在建设四星级和五星级酒店上。

当地政府同样就岛上地产的国外所有权问题重新审视了其旅游业发展政策。2002 年,政府制定了综合度假村方案(Hotel Development Strategy)(IRS),允许购买豪华别墅的外商来建设游船码头和高尔夫球场。外商如果想要购买地产,则其总投资额必须不得低于 50 万美元。这一方案有助于增加旅游业收入并且为当地创造更多的就业机会,然而,游客数量的增加很可能会影响旅游地的环境社会的可持续发展。在其他岛屿旅游地上,例如,夏威夷岛和马略卡岛,"二套房"形式的旅游业给当地环境和社会带来了许多负面影响(Essex,2004;Sheldon,2005)。

该旅游方案同样也促进了其他小众旅游市场的开发,例如,"文化旅游市场"、"高尔夫旅游市场"、"探险旅游市场"、"养生旅游市场"、"医疗旅游市场",以及"会议会展旅游市场"。这些不同的新兴市场的开拓表明政府和私人部门已经兑现了实现旅游产品多样化的承诺,摆脱了传统意义上"阳光、沙滩、海洋"的大众旅游模式,正朝着开发新的小众市场方向前进。

只要大家能够理解旅游业负荷能力的概念,那么这种发展形势就更有利于小岛屿的旅游业可持续发展(Lockhart,1997b;Bull & weed,1999)。然而,毛里求斯岛所采取的一些方法,如综合度假村方案,能够保证社会环境的可持续性,但可能会影响经济的可持续性。

市场开发的多样化

从传统意义上说，毛里求斯岛旅游业的成功主要依靠欧洲市场。毛里求斯岛成功地吸引了大量欧洲游客，但是增加亚洲游客数量的努力却收效甚微（Brown，1997）。毛里求斯岛在旅游地生命周期的参与和发展阶段，主要依靠欧洲市场，而亚洲、大洋洲和美洲市场对毛里求斯岛来说并不重要。来自法国、德国、英国和意大利的游客数量成两倍、成三倍甚至成四倍增长的情况并不罕见。当毛里求斯岛的旅游业发展进入到巩固阶段时，游客数量仍然以类似的形式增长了10年之久（1990—1999年）（表12.4）。然而，此时非传统意义上的欧洲市场，例如，奥地利、比利时和荷兰，以及亚洲市场，例如，印度，正在成为越来越重要的有待开发的市场。

表12.4　1990—1999年间市场开发与游客增长情况（来源：CSO，2010）

市场开发	1990年	1991年	1992年	1993年	1994年	1995年	1996年	1997年	1998年	1999年	增长率（1990—1999年）
欧洲	126 750	132 170	161 810	190 690	225 001	237 745	273 456	314 380	339 659	364 823	187.8
非洲	130 330	135 110	137 730	145 000	134 113	139 208	157 931	158 493	156 864	150 366	15.4
亚洲	17 800	19 050	17 740	20 050	21 142	21 608	24 926	25 679	23 528	24 145	35.6
大洋洲	3 520	3 230	5 520	4 950	4 448	5 902	8 144	9 896	9 349	8 503	141.6
美洲	3 180	2 660	2 650	3 130	3 111	3 250	3 849	4 541	4 742	4 851	52.5
所有国家	281 580	292 220	325 450	363 820	387 815	407 713	468 306	512 989	534 142	552 142	49.1

当毛里求斯岛处于旅游地生命周期停滞阶段时，来自传统欧洲市场的游客数量增长率低于来自亚洲和大洋洲游客数量的增长率，亚洲和大洋洲的游客主要来自于印度、中国和澳大利亚等国。多年以来，毛里求斯岛与中国、印度等国越来越良好的经贸合作自然而然地增加了毛里求斯岛的经济收入，并且收入增长不仅体现在旅游业。通过实施更加开放的政策，毛里求斯岛加强了与其他亚洲国家的联系。毛里求斯旅游发展局加大了对广告和促销的投入，以此来提高毛里求斯岛旅游地在国际市场中的知名度。

未来的路

尽管以市场为中心、旅游产品和旅游市场多样化为原则的发展战略确保了自2005年以来游客数量的不断上涨（表12.5），但不断增加的游客数量同时也带来了一些破坏性影响。一份对境外游客的调查(旅游、娱乐与外部通信部,2006 年)显示就毛里求斯岛旅游地而言,游客主要对三个方面表示不满,分别是基础设施(例如,道路情况、公共交通情况和交通拥堵情况)、酒店(例如,食物质量、价格和服务水平)和自然环境(沙滩的清洁情况和岛屿的污染情况)。在与游客进行深入会谈的时候,游客也提及到这些问题。例如,一位法国游客就这么说道:

沙滩上的小贩真的很讨厌,他们总是强迫你去买你根本不想要的东西。他们的要价高得惊人。他们丝毫没有做生意的诚意。

表 12.5 2000—2007 年间市场开发与游客增长情况(来源:CSO,2010)

市场开发	2000 年	2001 年	2002 年	2003 年	2004 年	2005 年	2006 年	2007 年	增长率(1990—1999 年)
欧洲	425 053	420 829	432 464	444 470	453 889	475 113	477 276	557 694	31.2
非洲	157 150	161 977	166 637	166 021	168 682	178 740	182 466	204 132	29.9
亚洲	39 036	31 338	34 555	37 600	38 617	42 142	50 817	58 948	103.0
大洋洲	9 460	9 441	9 030	9 754	12 068	14 424	17 704	20 656	118.4
美洲	5 516	5 768	5 958	6 350	6 646	7 009	7 518	8 041	45.8
所有国家	626 215	629 215	648 644	664 375	679 902	717 428	735 781	849 471	26.3

就同样的商品而言,对游客的要价不能高于对当地人的要价。很显然,这些小贩想不费力气就做成买卖,但是我相信这并不是所有毛里求斯人的心态。而且,这里的环境已经被污染,应该把垃圾清理干净。垃圾实在是太多了。当地应该妥善处理这些垃圾。酒店外面的卫生情况也应该改善。

一位英国游客如此说道:

植物园的那个工作人员非常不友好,在植物园入口处,他根本就没好好招待我,而且植物园的情况也需要改善,我的意思是说,他们怎么能保护好这个地方,这个地方到处都很脏,池塘里满是瓶子和塑料袋。有的时候天气也不是很好,风很大还总下雨。路标设置情况也不好,我们并不想参观所有的旅游景点,有时,我们还找不到我们想去的地方。

如今,毛里求斯岛旅游发展方法的缺点是过分追求游客数量的增长,而忽略了从游客身上可以获得的回报。例如,2002 年岛屿的游客负荷量估计为 40 万人,之后被调整为每年 100 万人(Apostolopoulos,2002),最近旅游部又提出,截至 2020 年要使年游客数量达到 200 万人(Watt,2007)。除了我们在下文中将要讨论的“毛里求斯岛发展战略(Mauritius Strategy)”可以算是实现可持续发展的指导方针外,岛上没有任何其他国家级的文件来支持帮助实现可持续发展。7 年前制定的国家旅游发展计划早就过时了,其所包括的旅游业发展政策已经不适用于当今旅游地出现的其他问题了,如环境管理方面的问题(Watt,2007)。旅游业发展政策里并没有说明如何评估以当地社群为基础的旅游业发展所产生的影响。尽管如此，当地人仍采取了一些办法来实现岛屿环境社会的可持续性，在下文中我们将会讨论这方面的问题。

环境质量

联合国教科文组织（UNESCO）提倡的关于小岛屿发展中国家可持续性发展（SIDS）问题的文件（现被称为“毛里求斯岛发展战略”）说道：“如果旅游业不能持续发展，那么首先，对游客具有吸引力的自然环境就会遭到破坏甚至会遭到毁灭。小岛屿应时刻注意旅游业发展所带来的影响，确保旅游业发展与社会环境发展在所有方面均彼此支持。”（UNESCO，2010）为了响应联合国教科文组织的号召，毛里求斯岛在2008年发起了“永远的毛里求斯”政府计划来促进可持续发展。此计划包括两个主要目的：

- 保护当地自然资源的财政计划，该计划致力于实现自然资源可持续发展及适应气候变迁；
- 加强环境保护的财政项目和计划，这些项目和计划致力于实现废物回收利用、能源高效利用以及增加可再生能源的应用情况。

现在对这个计划的有效性进行讨论还为时尚早，然而，当地政府正在起草一份新的关于全国环境问题的文件（环境部、国家发展单位，2007），文件的目的是为了实现环境可持续性与经济社会发展的一致性，以回应现在人们所关心的环境问题。麦克尔罗伊（McElroy，2003）发现虽然印度洋群岛（Indian Ocean Islands）上的娱乐设施不多、游客停留时间不长、基础设施也有限，但是当地的旅游业发展还是对环境造成了负面的影响。由于旅游业的发展、无计划的城市扩张、大量的采砂工程、对岛上红树林的破坏以及海岸污染，毛里求斯岛和塞舌尔群岛上的当地植物物种均濒临灭绝，并且由于海平面的不断上升，岛上的许多海滩度假村也受到了威胁。从制定的综合度假村方案中也可看出政府对环境问题的关心，该方案中说道“要保护我们海洋景色的自然性、细腻和纯净，要严格遵守关于沿海开发问题的《规划政策指南》（PPG）（Planning Policy Guidance）”。从私人企业所采取的方法中，也可以看出环境问题同样受到了酒店经营者更多的重视，例如，莫里西斯王子饭店（The Hotel Le Prince Maurice）被授予了一个绿色地球奖杯，国际标准化组织（ISO）给其他酒店一共颁发了14 000个荣誉证书。

社会可持续性

除了环境可持续性，社会可持续性对岛屿旅游业发展也是至关重要的。社会可持续性的核心在于当地居民能够参与到旅游业发展的过程中，并且从中获利。直到最近，毛里求斯岛才开始在发展旅游业的过程中重视社会的可持续性。2006年颁布了《旅游基金法规》(Tourism Fund Act)(毛里求斯议会,2006),此法规的目的是让酒店开发者资助旅游项目施工地的基础设施建设和其他有利于施工地居民生活的服务建设。减少能够直接从旅游业中获益的人们和并不能经常享受到旅游业所带来的福利的当地居民之间的不平等性,是很有必要的。2002 年,政府又颁布了《旅游业员工福利基金法规》(Tourism Employees Welfare Fund Act),以保证旅游业企业员工以及其家人的福利(毛里求斯议会,2002)。私人企业也采取了一些措施来履行企业的社会责任,例如,娜雅酒店集团,该集团为生活在酒店周围村庄里的经济条件较差的孩子建了一所莱斯·帕未林斯音乐学校(Les Pavilions School of Music)。

社会可持续性同样也是小岛屿发展中国家所重视的问题,毛里求斯岛发展战略 5 中说道:"实现旅游业与其他行业的适当联系是一个特别的挑战,必须管理好当地服务提供商,确保资源不外流,尤其要发展好旅游业与农业之间的协作关系,完善岛屿饮食供应链、乡村酒店以及农业旅游项目。此外,应制定并实施以当地社群为基础的可持续旅游业方案。"(MIDF,2010)

因此,鼓励当地社群参与到旅游业发展当中的初级方案对经济、社会可持续性来说均是很有必要的,尽管实施这种方案需要得到私人企业的支持。

改变游客的行为

很显然,游客行为的改变会使旅游产品和旅游市场发生本质上的改变,游客对旅游地的选择以及旅游吸引要素的改变都会影响到旅游业的发展路线。过去传统意义上那种追逐阳光的游客被认为是享乐主义者,他们追求享受与快乐的旅游经历,而如今,越来越多追逐阳光与沙滩的游客开始对当地的环境和居民感兴趣。例如,对于境外游客的调查显示(旅游、娱乐与外部通信部,2006),游客选择旅游地的主要考虑因素是"岛屿形象"和"岛上居民"。通过进行深入会谈得到的调查结果也是一样的。例如,一位来自于法国的游客说:

> 我喜欢来到这里时深受人们欢迎的感觉,宜人的气候、当地人的热情、美丽的景色、鱼类丰富的大海,我们爱这里的一切。这里有高山、湖泊,所有的景色都紧密相连,各具特色,甚至每处水的颜色都是不一样的。我们在潜水的时候看见了许多鱼和珊瑚,它们与我们在其他地方看见的鱼和珊瑚不一样。

通过以上游客的叙述,可以得知"阳光、沙滩、海洋"仍然是吸引游客的因素,但是环境的完整性以及当地人们的热情好客对于现在的游客来说也同等重要。因此,如果环境遭到破坏,那么旅游地最主要的吸引力将会消失。同样,如果当地的社群未能更大程度地参与到旅游业发展当中,并且当地的文化特性没有受到保护,那么一直令岛屿引以为傲的当地人的热情好客很可能会不复存在。

启示和结论

旅游地生命周期显示毛里求斯岛从探索阶段发展到停滞阶段大约用了50年(1950—2000年)的时间。从旅游产品、旅游市场以及游客行为方面的变化,都可以看出岛屿为了重振其旅游业所做出的努力。然而,旅游地重新发展到停滞阶段到底还需要多长时间呢?可以肯定的是,现有的岛屿负荷力问题以及对旅游业发展给当地社群所带来的影响的管理问题都将会被纳入未来旅游业的总体发展规划中。现在,关于当地社群接受改变的能力,并没有明显的指示。对岛屿旅游地来说,当地社群接受改变的能力,是实现可持续性所要考虑的首要问题。如果没有这方面的指示,那么平衡经济、社会和环境之间的关系就会变得相当困难。

如今,政府和私人企业已经意识到了环境与社会保护的重要性,然而,经济上的困难却经常限制旅游业的发展选择。因此,旅游业的发展政策在衡量和控制旅游业影响时仍不是十分有效。

美国国税局(IRS)制定的一个方案就是一个很好的例子,此方案实现了经济的可持续性却以牺牲环境与社会的可持续性为代价。这对岛屿的长期发展是非常不利的。旅游业的发展需要以提高人们的生活质量为目标。对于当地社群来说,可持续的旅游业形式应该以小规模、本地化、自下而上、基层的发展方法为特色(Sharpley,2003)。多兹(Dodds,2007)推荐实施具有参与性和开发性的工作方法、总体地分析岛屿和当地环境以及制定岛屿发展的具体行动方针、工作方案和工作方法。但是,通常情况下,由于缺少权益关系人的参与、缺少国家政策的支持、缺少对政客的问责,以及缺少私人企业的合作,各种政策很难实施,以至于想要实现环境和社会可持续性也变得异常困难。毛里求斯岛的情况似乎也是如此,经济发展仍然会处于首位,除非政府决定通过统一规划、管理、立法和保护来实现三方面(经济、环境和社会)的可持续发展。

总体来说,毛里求斯岛的经济发展取得了空前的成功,但同其他岛屿一样,在如今的经济形势下,旅游业的经济增长速度开始下降。似乎全球范围内都在实施各种战略来重振岛屿的旅游业。然而,只重视经济的可持续性,忽视对环境和社会可持续性政策的支持和关心很可能会破坏旅游产品,并影响旅游业的发展。因此,有必要重新审视旅游地的发展规划和旅游业政策,并有必要把发展旅游业同提高当地人们的生活质量结合起来,确保岛屿旅游业的可持续发展。

参考文献

1. Agarwal,S. (2002) Restructuring seaside tourism:the resort lifecycle. Annals of Tourism Research 29,25 – 55.
2. Apostolopouios,Y. and Gayle,J. D. (eds) (2002) Island Tourism and Sustainable Development:Caribbean,Pacif-

ic, and Mediterranean. Praeger, Westport, Connecticut/London.

3. Brown, G. P. (1997) Tourism in the Indian Ocean – a case study of Mauritius. In: Lockhart, D. G. and Smith, D. D. (eds) Island Tourism: Trends and Prospects. Pinter, London, pp. 229 – 248.

4. Bull, C., and Weed, M. (1999) Niche markets and small island tourism: the development of sports tourism in Malta. Managing Leisure 4, 142 – 155.

5. Butler, R. W. (1980) The concept of a tourist area cycle of evolution: implications for management of resources. Canadian Geographer 24, 5 – 12.

6. Butler, R. W. (2000) The resort cycle two decades on. In: Faulkner, B., Laws, E. and Moscardo, G. (eds) Reflections on Experience. Cassell, London, pp. 284 – 298.

7. Butler, R. W. (2006a) The Tourism Area Life Cycle Model, Vol. 1: Applications and Modifications. Channel View Publications, Clevedon, UK.

8. Butler, R. W. (2006b) The Tourism Area Life Cycle Model, Vol. 2: Conceptual and Theoretical Issues. Channel View Publications. Clevedon. UK.

9. Carlsen, J. and Jaufeerally, K. (2003) An analysis of tourism trends in Mauritius 1979 to 1998. Current Issues in Tourism 6, 235 – 248.

10. Cooper, C. and Jackson, S. (1989) Destination life cycle: the Isle of Man case study. Annals of Tourism Research 16, 377 – 398.

11. Croes, R. R. (2006) A paradigm shift to a new strategy for small island economies: embracing demand side economies for value enhancement and long term economic stability. Tourism Management 27, 453 – 465.

12. CSO (Central Statistics Office) (2008) Digest of International Travel and Tourism Statistics – 2008. Ministry of Finance and Economic Development, Pork Louis, Mauritius. Available at: http://www.gov.mu/portal/goc/cso/report/natacc/tourism08/toc.htm (accessed 13 September 2010).

13. CSO (Central Statistics Office) (2010) Historical Series – Tourism. Ministry of Finance and Economic Development, Port Louis, Mauritius. Available at: http://www.gov.mu/portal/site/cso/menuitem.dee225f644ffe2aa338852f8a0208a0c/? content id = a93de924d448a010VgnVCM1000000a04a8c0RCRD (accessed 13 September 2010).

14. Deloitte & Touche (2002) National Tourism Development Plan for Mauritius and Rodrigues. Report by Deloitte & Touche Consulting.

15. Dodds, R. (2007) Sustainable tourism and policy implementation: lessons from the case of Calvia, Spain. Current Issues in Tourism 10, 296 – 322.

16. Essex, S. (2004) Tourism development inMallorca: is water supply a constraint? Journal of Sustainable Tourism 12, 4 – 28.

17. Kokkranikal, J., McLellan, R. and Baum, T. (2003) Island tourism and sustainability: a case study of the Lakshadweep Islands. Journal of Sustainable Tourism 11, 426 – 447.

18. Lockhart, D. G. (1997a) Islands and tourism: an overview. In: Lockhart, D. G. and Drakalds – Smith, D. (eds) Island Tourism: Trends and Prospects. Pinter, London, pp. 3 – 20.

19. Lockhart, D. G. (1997b) Tourism to Malta and Cyprus. In: Lockhart, D. G. and Drakakis – Smith, D. (eds) Island Tourism: Trendsand Prospects. Pinter, London, pp. 152 – 178.

20. McEroy, J. L. (2003) Tourism development in small islands across the world. Geografiska Annaler 85B, 231 –

242.

21. MIDF(2010) About Us. Maurice lie Durable Fund, Port Louis, Mauritius. Available at: http://www. gov. mu/portal/sites/midf/aboutus. htm (accessed 13 September 2010).
22. Ministry for Employment and Tourism(1988) White Paper on Tourism. Ministry for Employment and Tourism, Port Louis, Mauritius.
23. Ministry of Environment/National Development Unit(NDU) (2007) Draft White Paper on New National Environment policy. Port Louis, Mauritius.
24. Ministry of Tourism, Leisure and External Communications (2006) Survey of Outgoing Tourists. Report by Ministry of Tourism, Leisure and External Communications. Port Louis, Mauritius.
25. Ministry of Tourism, Leisure and External Communications (2008a) Handbook of Statistical Data on Tourism 2008 (Vol. 28). Available at: www. gov. mu/portal/goc/tourist/file/touristsurv08. pdf (accessed 13 September 2010).
26. Ministry of Tourism, Leisure and External Communications (2008b) Hotel Development Strategy. Port Louis, Mauritius.
27. Ministry of Tourism, Leisure and External Communications (2008c) Monthly Bulletin of Tourist Arrivals (October 2008). Port Louis, Mauritius.
28. Parliament of Mauritius (2002) Tourism Welfare Employees Fund Act 2002, Act No. 15. Port Louis, Mauritius.
29. Parliament of Mauritius(2006) Tourism Fund Act 2006, Government Notice No. 22, Section 24 of the Finance and Audit Act. Port Louis, Mauritius.
30. Rodriguez, J. R. O. , Parra – Lopez, E. and Yanes – Estevez, V. (2008) The sustainability of island destinations: tourism area life cycle and teleological perspectives: the case of Tenerife. Tourism Management 29, 53 – 65.
31. Sharpley, R. (2003) Tourism, modernization and development on the island of Cyprus: challenges and policy responses. Journal of Sustainable Tourism 11, 246 – 265.
32. Sheldon, P. J. (2005) The Challenges to Sustainability in Island Tourism. Occasional Paper No. 2005 – 01, School of Travel Industry Management, University of Hawaii, Manoa, Hawaii.
33. UNESCO(2010) Tourism Resources: Extract from the Mauritius Strategy, Chapter VIII, Paras 50 – 52. Available at: http://portal. unesco. org/en/ev. php – URL_ID = 43070&URL DO = DO_TOPIC&URL_SECTION = 201. html(accessed 13 September 2010).
34. Watt, I. (2007) Sustaining beauty in Mauritius. BBC News, Tuesday 25 September 2007. Available at: http://news. bbc. co. uk/1/hi/world/africa/7010212. stm(accessed 10 September 2010).
35. WTTC(World Travel and Tourism Council) (2008) Mauritius Travel and Tourism Report, London.

13 岛屿旅游业的可持续发展——冲绳岛

嘉数藤原浩
日本冲绳名樱大学

旅游业在小岛屿经济中的作用

伯特伦(Bertram)和沃特斯(Watters)(1985)引用的MIRAB(移民、汇款、援助和官僚主义)是小岛屿经济发展的典型特征,但是,随着旅游业的发展,这种特征必须要改进,以适应正在飞速发展的服务业。对许多太平洋和加勒比地区的岛屿来说,旅游业正在成为最重要的外汇收入来源(表13.1)。这些岛屿大约一半的经济收入是依靠旅游业,旅游业的收入已经高于出口收入。在一些岛屿,如帕劳群岛(Palau)、巴哈马群岛(Bahamas)、安提瓜岛(Antigua)、巴布达岛(Barbuda)和圣卢西亚岛(St Lucia),旅游业的收入占国内生产总值(GDP)的30%以上。夏威夷岛是太平洋岛屿中旅游业收入最高的岛屿,其旅游业收入相当于其出口收入的3倍。在旅游业的未来发展中,巴布亚新几内亚岛(Papua New Guinea)、所罗门群岛(Solomon Islands)和海地岛(Haiti)是很有潜力的,因为,这些岛屿的自然旅游资源非常丰富,并且到目前为止,还很少被人们开发过。

表13.1 2003年岛屿国家旅游业发展情况(来源:梅村修订,2006)

项目	GDP[a](百万美元)	贸易差额(百万美元)	旅游业收入(百万美元)	出口/GDP(%)	旅游业收入/GDP(%)	旅游业收入>出口收入[b]
南太平洋岛屿						+
夏威夷	46 386	-21 643	10 054	8.2	21.7	
冲绳岛	28 222	-8 921	3 475	15.0	12.3	
巴布亚新几内亚岛	3 182	877	60	59.4	1.9	
斐济岛	2 036	-464	431	31.5	20.3	
瓦努阿图岛	283	-78	71	10.3	26.8	+
萨摩亚岛	268	-122	53	6.0	18.1	+
所罗门群岛	253	8	9	24.0	3.6	
密克罗尼西亚岛	243	-65	17	6.6	7.0	+
汤加岛	163	-75	15	7.8	6.0	
帕劳群岛	126	-129	59	11.7	48.0	+

续表

项目	GDP[a]（美元，百万）	贸易差额（美元，百万）	旅游业收入（美元；百万）	出口/GDP %	旅游业收入/GDP%	旅游业收入>出口收入[b]
马绍尔群岛	106	-46	4	9.8	3.9	
基里巴斯岛	55	-37	3	11.7	5.8	
加勒比群岛						
多米尼加共和国	16 541	-2 444	3 110	27.2	14.5	
牙买加	8 147	-2 435	1 621	14.8	18.9	+
巴哈马群岛	5 260	-892	1 795	13.7	35.6	+
海地岛	2 921	-841	93	8.7	3.1	
巴巴多斯	2 627	-923	767	9.2	28.0	+
伯利兹城	989	-347	156	19.7	14.6	
安提瓜岛和巴布达岛	757	-275	301	5.1	40.1	+
圭亚那	742	-60	39	68.7	7.8	
圣卢西亚岛	693	-300	282	6.3	37.8	+
格林纳达岛	439	-198	104	13.0	22.4	+
圣文森特和格林纳丁斯	371	-162	85	11.6	22.8	+
圣基茨和尼维斯	346	-207	61	9.6	17.2	+
多米尼加岛	259	-87	51	16.9	18.3	+

a. GDP，国内生产总值。

b. +表示旅游业收入高于出口收入。

小岛屿经济更易依赖于旅游业，这主要是因为小岛屿缺少自然资源、国内市场以及工业技术来进行出口贸易。游客消费可以作为劳务收入来对外平衡结账统计，游客消费不仅体现在为游客提供服务上，并在出售非本地游客商品上都起到了出口贸易的作用。从概念上讲，出口收入和旅游业收入的唯一区别在于商品和服务是在哪里实现交易和消费的。旅游业收入与商品和服务出口所产生的经济效应是相同的（Kakazu，1996）。与制造业产品和农业产品不同的是，“旅游产品”的相对优势在很大程度上既取决于经济因素，又取决于非经济因素。例如，地理位置、文化、历史，甚至是很难用合理的经济术语解释的“好客精神”。当然，旅游业或多或少也要面临同样的竞争，与制造业有着相似的特征。

夏威夷岛、塞班岛（Saipan）和关岛（Guam）（两者都属于西太平洋地区的马里亚纳群岛（Marianas Archipelago））以及冲绳岛4个岛屿一直在争夺不断扩大的日本市场，尤其是冲绳岛。在此之前，冲绳岛在竞争力上不敌其他海岸旅游地，主要原因在于日元的快速升值。塞班岛在劳动力成本上也比冲绳岛更具优势，因为塞班岛可以引进其他国家的廉价劳动力，这些劳动力主要来自于菲律宾（Kakazu，1994）。

旅游业是一项综合产业，不单单是服务业。例如，在冲绳岛，除了传统意义上的旅游要素，如酒店、旅行社、交通服务、纪念品销售以及导游服务，旅游业更深入和广泛地受到当地文化、生产行业、信息通信技术(ICT)、丰富多彩的文体娱乐、市场营销和推广活动、风俗传统以及自然和文化财产保护情况的影响。从这层意义上来看，旅游业和制造业可以相互补充，没有必要像许多经济学家在其发展理论中宣称的那样，二者必须要相互竞争(嘉数，1998)。这表明旅游业可以作为小岛屿经济发展的有力引擎，促进岛屿的产业多样化，由于小岛屿人口较少且市场分散，所以小岛屿的内部市场极其有限。

小岛屿经济需要尽可能地减少旅游消费的流失，来提高旅游业对当地经济所产生的作用，例如，在冲绳岛，旅游业收入占到全部经济收入的40%。政策制定者和行业领导者为了促进旅游业增长所采取的措施包括，生产更多出售给游客的本地商品、提供具有当地特色的文化娱乐活动以及改善交通和信息系统。同样需要注意的是，成功的岛屿旅游地周围都是比较富裕的国家，像美国和日本，而且这些岛屿的交通网络发达、政治局势稳定并且对待游客特别热情。

冲绳岛的旅游业发展

冲绳岛是日本最西边的一个县，位于太平洋的西北边缘地带，紧邻中国东海岸，日本西南角。冲绳岛东西长1 000千米(622英里)，南北宽400千米(248英里)。冲绳岛由三个主要岛群构成：冲绳群岛、宫古群岛以及八重山群岛(图13.1)。

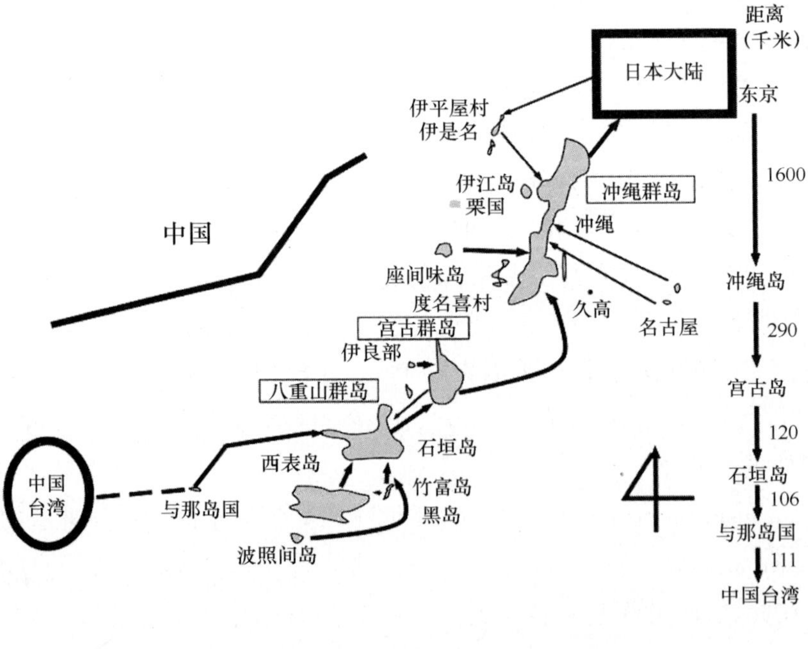

图13.1　冲绳岛主要岛屿的移民迁徙网络(箭头表示岛屿间移民迁徙方向)

冲绳岛是日本唯一一个完全处于亚热带海洋气候区的县。年平均气温22.4℃，年降水量2 037毫米。除了夏季偶尔有台风,近年来岛上并没有发生过自然灾害。琉球群岛、冲绳岛是近代汉语的叫法,其具有丰富的动植物群,包括一些世界闻名的物种,如西表山猫、普赖尔的啄木鸟、冲绳秧鸡以及许多其他物种,冲绳岛因此享有“东方加拉帕戈斯群岛”的盛名。

美国于1972年将冲绳岛的行政管理权归还于日本,距现在已约有40年。尽管自冲绳岛回归后亚太地区的国际政治经济环境已经发生了巨大改变,但是,冲绳岛作为“太平洋地区基石”的地理战略位置并没有发生改变。驻日本75%的美国军事力量专用军事基地设施仍设在冲绳县,尽管冲绳县的人口和地理面积分别仅占日本总人口和总面积的1%和0.6%。2000年冲绳岛成功地举办了世界八国领导人峰会,使其闻名于世界,世人也由此了解到冲绳岛是一个具有丰富文化内涵的、健康的、国际化的旅游胜地。

同其他许多小岛屿地区的经济情况一样,冲绳岛也具有威胁岛屿经济发展的一般特性。这些特性包括:①经济活动单调,不丰富;②国内市场小;③依赖有限的初级产品,通过旅游业来赚取外汇收入,与此同时,过度依赖进口消费品和资本品;④贸易长期赤字;⑤就规模而言,很不经济;⑥运输成本高;⑦耕地面积小,人口增长速度快带来的压力;⑧很多活动严重依赖政府资助和政府支持,并将其作为主要经济收入来源和就业帮助(Kakazu,2003)。

尤其是自1972年以来,日本收回冲绳岛的行政管理权。旅游业在冲绳岛的经济发展中发挥的作用日益增加,游客数量大规模上涨,从1970年仅有的1.7万人上涨到近年来的600万人左右,这些游客大部分都来自于日本大陆(见图13.2)。

根据日本旅游局的调查(Japan Travel Bureau)(JTB,2008)显示,冲绳岛是最受日本游客欢迎的岛屿,其游客数量可能会在几年内赶超夏威夷岛的游客数量。

调查同样显示了冲绳岛最吸引游客的地方包括原始海滩、多样化岛屿链、亚热带气候、动植物群丰富、文化丰富、饮食健康、热情好客的人们以及较低的犯罪率。尤其是对于日本大陆游客来说,别具亚洲风情的冲绳岛旅游价格低廉、路途近且安全。冲绳岛游客人均消费水平较低的主要原因在于,游客多是国内旅游,停留时间较短,故游客人均消费仅约为夏威夷岛游客人均消费的一半(见图13.2)。

在冲绳岛所有的游客消费当中,住宿消费占34%,其次是纪念品消费占26%、饮食消费占18%、交通消费占11%、娱乐消费占8%、其他形式消费占3%。近年来,冲绳岛旅游业收入分别占全县毛收入的12%,全部对外收入的15%,并且提供了全县12%的就业岗位。以单位计算的旅游消费大约可以产生1.5个单位的毛收入。这种倍数效应要比位于日本中心地带的青森县和静冈县高出很多。与日本“本土”不同,冲绳岛创造了巨大的贸易顺差。

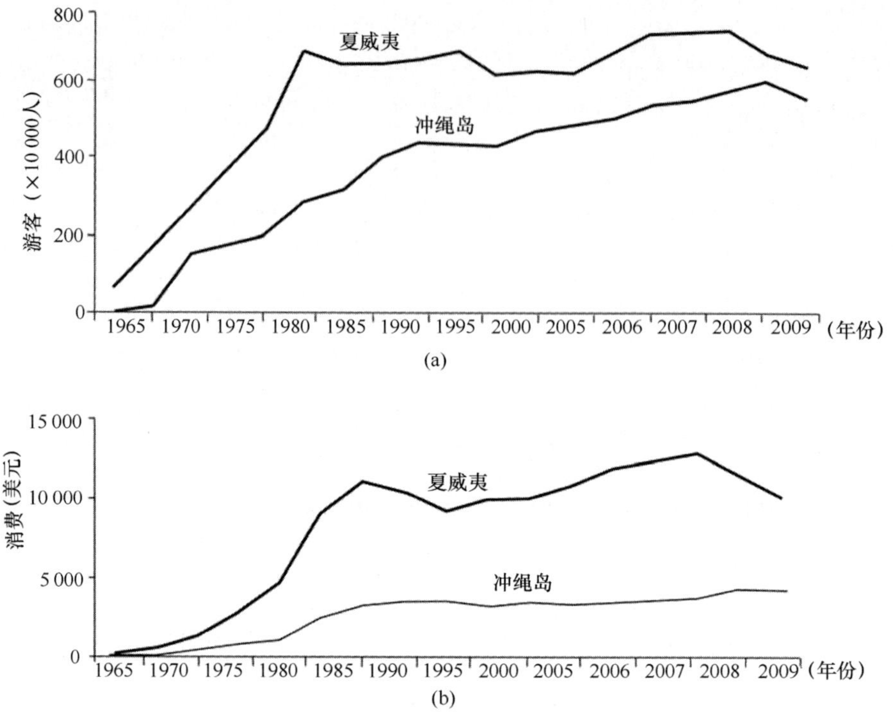

图 13.2　夏威夷岛和冲绳岛游客数量(a)与游客消费情况(b)(1965—2009 年)

作者参考了冲绳县政府(Okinawa Prefectural Government)以及夏威夷商务部(Hawaii Department of Business)、经济发展和旅游部的数据(Economic Development & Tourism),2009 年全年数据是通过对 2009 年 1—6 月数据估算得出

冲绳岛旅游业可持续发展所面临的挑战

正如之前所说,旅游业是推动冲绳岛自 19 世纪 70 年代以后经济发展的主要动力。在未来,旅游业仍然会是推动经济发展的最有力引擎,因为冲绳岛具有岛屿潜在的比较优势。然而,如今岛屿的旅游业正面临着急需解决的问题。

第一,尽管在过去 10 年中,游客数量大规模增长,但游客数量增长并没有带动旅游消费的增长。实际上,虽近年来游客数量一直在增加,但是旅游业收入却在下降。旅游业收入的下降是由于人均旅游消费大规模下降造成的。深化旅游结构是缓解人均旅游消费下降趋势的最有效办法。从整体旅游业收入上来看,人均旅游消费下降 100 美元就意味着损失 45 万位游客。这很清楚地表明,依靠消耗当地资源发展的旅游业不仅仅只是一个数字游戏。冲绳岛如今面临的问题就是如何升级岛上旅游业。最近“低价、短途、短期”的旅游口号成为了冲绳岛吸引日本大陆游客的新方法。此举一出,使得岛上酒店入住率大幅度上升,可是每间房的收入回报却大幅度下降。这种通过降价手段进行的过度竞争最终很可能会损害到冲绳岛的旅游业发展，冲绳岛现在的旅游业发展方式正面临着转型，它需要从注重量的旅游业发展方式转变成注重质的旅游业发展方式。

第二，旅游业对于冲绳岛周围的附属岛屿来说也变得更加重要，这些附属岛屿的相对优势在于它们与生俱来的独特魅力，包括海洋资源、当地文化以及当地人的热情好客。然而，我们也应该知道诸如收入增加、就业率增长这种从旅游业中获得的经济利益，在岛与岛之间也存在很大的差异性。例如，同更受游客欢迎的石垣岛（Ishigaki Island）和宫古岛相比，久米岛（Kumejima Island）的游客数量近年来一直都停滞不前。想要在各个岛屿和地区之间传播旅游业所带来的利益是一项艰难的任务，并且提高旅游业质量以实现人均旅游消费的增加同样是任重道远。

第三，冲绳岛的旅游业发展过于迎合日本大陆市场的需求，95%的游客都来自日本大陆，他们主要来自日本大都市，例如，东京（Tokyo）、关西（大阪和京都）（Kansai（Osaka & Kyoto））以及福冈（Fukuoka）。冲绳岛需要从宫崎县（Miyazaki Prefecture）的痛苦经历中吸取教训，宫崎县的旅游业曾经蓬勃发展，可没过多久便破产了。尽管冲绳岛在可预见的未来里仍可能是日本最受欢迎的旅游地，但是这种可能性在很大程度上都要取决于岛屿在环境质量、丰富的文化遗产以及当地人的热情好客方面的比较优势，这些比较优势支持着岛屿旅游业的发展。尽管冲绳岛一直在努力丰富自身的旅游市场来减少旅游业发展的不稳定因素并争夺新兴的东亚市场，但一直都没有取得成功。多样化发展过程中遇到的最主要瓶颈就是缺少交通网络、酒店网络以及在其他亚洲国家进行冲绳岛的推广活动。

第四，尽管岛上居民对游客持欢迎态度，但是岛屿本地人的内心深处却十分担心他们脆弱的环境和丰富的文化会被大量持续涌入的外来人腐蚀、破坏。关于岛屿的经济方面，也是抱怨连连，岛屿上主要的旅游行业，包括酒店行业、航空行业，都是由日本大陆人控制的，所以岛上大部分旅游业收入都回到了日本大陆。这种情况在八重山群岛（Yaeyama）以及座间味岛上（Zamami Islands）更为显著，这两个岛通过大量引进日本大陆劳动力来过度发展它们的旅游业，造成了各种各样的社会经济问题，给岛上居民的生活带来了许多不确定性，岛上水资源短缺、垃圾遍野、食品不安全、输入型通货膨胀情况严重、各种家庭问题滋生。对于依赖旅游业的岛屿经济来说，要实现经济的可持续发展，就迫切地需要了解自身的"吸收能力"。

第五，冲绳岛酒店入住率的季节模式明显，其他与旅游业相关的服务设施使用情况也是如此，这就直接说明了岛上游客数量受季节变化的影响。正如所料，夏季（7月到9月）和3月是冲绳岛的旅游高峰季，日本人喜欢在这个时候度假，剩下的月份日本人就比较喜欢宅在家里。季节性本身就是任何小岛屿旅游业发展需要面对的重大管理问题。在冲绳岛，尤其是在宫古岛和八重山群岛，旅游季节总会偶尔遭遇几次台风，由于台风会完全打乱来岛游客的旅游日程和目的，从而影响了岛上的游客数量，这种情况很容易理解，因为游客最关心的始终都是他们的自身便利与安全。恐怖活动、SARS（严重急性呼吸系统综合症)、禽流感、猪流感的爆发以及海啸和台风都会影响岛上的游客数量。因此,实现旅游业可持续发展的底线就是保证旅游地的安全和稳定。岛屿旅游业尤其易受这种不可预见事故的影响,在这种情况下,岛屿旅游业的政策制定者们必须学习如何评估地理政治问题和旅游业所带来的意想不到的风险。尽管购买保险是降低风险的一种办法,但是保险通常不包括意料之外的社会政治风险。

第六,拥有高技能灵活的劳动力资源对于发展旅游业而言是至关重要的。冲绳岛的劳动力市场发展越来越不协调,这是由于快速的经济结构转型和滞后的人力资源发展造成的。岛上的失业率不断上升,失业率高不仅说明劳动力资源没有被充分利用,而且还能带来多重的社会影响,例如,人与人之间的社会排挤、人们缺少自立和自信,以及各种心理和生理的健康问题。但尽管失业率不断上升,许多旅游地的酒店都很难找到合格的工人和管理人员。要想缓解劳动力市场发展的不协调,必须要加强以旅游业为中心的经济活动的人力资源发展。

最后,由于冲绳岛的负荷能力有限,未来的旅游业发展将会受到限制,关于这点将会在下文中进行更详细的论述。限制岛上旅游业发展的两个因素是水资源短缺和环境质量的不断下降。尽管冲绳县政府(OPG)(Okinawa Prefectural Government)计划到2007年每年接待700万名游客,到2017年每年接待1 000万名游客,但是并没有有力数据来证明这个计划的可实施性,这是因为政府制定的目标与冲绳岛有限的旅游资源根本不相符。

冲绳岛旅游业可持续发展的困难

根据联合国世界旅游组织(United Nations World Tourism Organization)(UNWTO, 1998)所述,可持续性旅游业(STD)符合当今游客与旅游地的需求,可保护旅游地未来的发展,同时也为其提供了更多的机会。设想中的可持续旅游业是指对所有资源的综合管理,即在满足经济、社会和审美需求的同时保证文化的完整性、保护生态系统、保持生物多样性并且维持生命保障系统的正常运作。我们必须还要加上一点,那就是可持续性旅游业必须能够满足旅游地当地社群的需求,提高他们的生活水平和生活质量(QOL)。可持续性旅游业的概念同样需要满足游客和旅游业发展的需求,只有这样,才能不断吸引游客前来旅游,满足上述的当地社群需求并保护当地的旅游业环境基础。可持续性旅游业实际上就是指负责任的旅游业,这种形式的旅游业发展不仅对当地环境和文化的影响较小,也有利于增加当地收入,促进当地就业并保护当地的生态系统(Harris et al., 2002)。

由于在旅游业发展的过程中,人口数量也迅速增长,这致使冲绳岛近年来在实现发展可持续性旅游业的道路上也是困难重重。公共设施,尤其是水资源供应量和质量问题已经成为了冲绳岛和其附属小岛屿所面临的严重问题。在过去的30年里,为了满足不断高涨的用水需求,水资源供应的来源发生了巨大的变化,河流供水从55%下降至21%、地下供水从31%下降至8%、水坝供水从15%上升至68%。然而,在任何一个岛屿上修建一座新的水坝都是极其困难的。调查显示,游客人均淡水使用量相当于当地居民人均淡水使用量的3倍多(Kameya,2007)。

由于宫古岛的地形平坦,所以宫古岛有时会由于缺水而发生旱灾(Miwa et al.,1988)。由于岛上没有河流,所以地下水就成了岛上5万名居民的生命线。虽然岛上耗巨资建设了地下水坝,但是由于大量不断涌入的游客,宫古岛的水平衡(指只能满足最低的用水需求)情况每年都在恶化(图13.3)。岛上现有的供水能力是否能够满足未来的需求仍是个未知数。

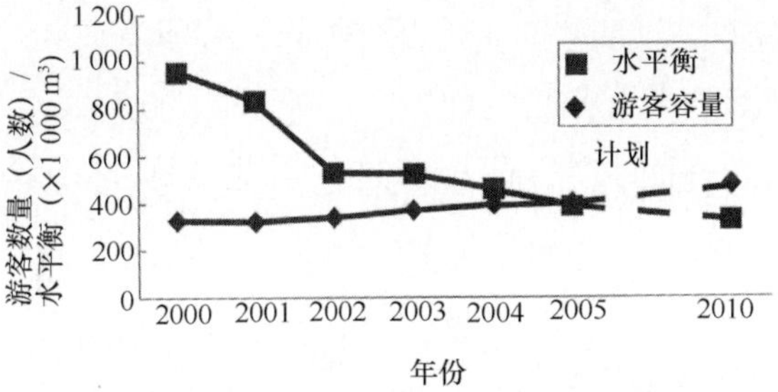

图13.3　2000—2010年宫古岛游客数量和水平衡(指只能满足最低的用水需求)情况

作者参考了美代子水业局(Miyoko Water Enterprise Bureau)的水资源情况统计数据

除了人口和游客数量不断增长所造成的水资源以及能源短缺问题,经济的负荷能力和环境破坏问题将成为阻碍未来发展的严重障碍。已经有足够的证据显示,由于全球变暖和对棘冠星鱼(长棘海星)的大量捕食,冲绳岛上世界闻名的珊瑚礁已经濒临灭绝(Tsuchiya,2004)。最近研究显示,随着大量珊瑚白化,冲绳岛上近1/3的珊瑚已经消失了,而且预计到2030年,岛上60%的珊瑚都将会消失(UNEP－WCMC,2006)。

随着游客以及租车客数量的不断增加,冲绳岛上的空气污染和垃圾处理问题也是阻碍岛屿未来旅游业可持续发展的绊脚石。由于汽车数量的不断增加,冲绳岛上的二氧化碳排放量自1990年起至今已经增加了40%以上,严重污染了当地的空气。冲绳岛人均二氧化碳排放量相当于日本大陆的两倍。日益加重的空气污染不但会限制冲绳岛旅游业的可持续发展,而且还会损害岛屿的形象,冲绳岛给人们提供清新干净的空气和健康生活方式的印象深入人心。

我们需要对类似于冲绳岛这类环境十分脆弱的小岛屿进行评估,是否能够依靠岛屿极其有限的可再生和不可再生资源供养越来越多的人口(居民和游客),满足人们对岛上基础设施的人均需求,岛上的基础设施包括供水设施、下水管道设施、供电设施、供气设施、固体垃圾处理设施和控制二氧化碳排放的设施等。

近年来,条件评估法(CVM)被广泛用于评估旅游资源的经济价值,旅游资源包括当地的景色、珊瑚礁、动植物群以及娱乐设施等,很难通过市场交易来评估其价值。条件评估法包括直接询问人们其愿意花(WTP)多少钱来购买特定的环境服务,或者直接询问人们如果让其放弃特定的环境服务,他们需要收取(WTA)多少钱。因此,这种方法得到的结果会受到具体的假设情境和所问问题的影响。当然,在应用这种方法的时候,同样也会遇到许多局限性和假设性。

图 13.4 是一个示意图,该示意图展示了条件评估法的基本概念。纵轴线表示消费者为了改善环境质量(EQ)愿意花多少钱,横轴线表示环境质量,S_1 和 S_2 表示消费者满意度或者也可叫做"效用函数",S_2 的满意度要高于 S_1 的满意度,同一条曲线上的任何一个点都可以准确地表明满意度情况一致,这种情况被称作"无差异满意度曲线"。

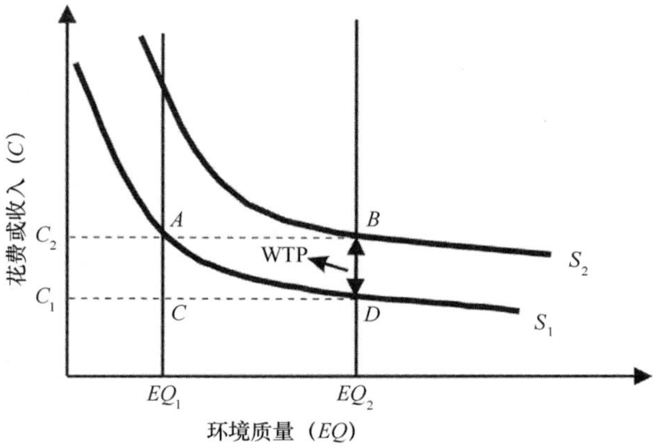

图 13.4　条件评估法的基本概念

C 表示花费或收入(C_1、C_2);EQ 表示环境质量(EQ_1、EQ_2);S 表示满意度(S_1、S_2);WTP 表示愿意购买(来源:嘉数,2009)

WTP 可以用来解释 S_2 和 S_1 之间的区别($S_2 - S_1$),因为尽管消费者需要承担($C_2 - C_1$)用来改善环境质量的费用(从 EQ_1 到 EQ_2),但是消费者的满意度却没有从 A 变成 D。因此,图中的($C_2 - C_1$)或者 BD 可以被当作是"剩余补偿",也就是人们为了实现 EQ_2 级别的环境质量所愿意支付的最大金额。

由于游客的大量涌入,如今,座间味岛的水资源严重短缺并且环境破坏情况严重,依此基于通过条件评估法研究得出的结果(Sukpil,2003),该岛决定征收入境税来保护当地的环境。研究结果显示,座间味岛游客愿意为每次旅行支付大约 100 美元用于保护当地的沙滩和环境。座间味岛政府将其和冲绳岛那霸港之间的渡船票价增加了 5% 的税费。增加的税率远低于条件评估法研究结果得出的人均游客愿意为他或她来岛旅行所支付的费用。从理论上来说,图 13.4 中的 *BD* 表示最佳收税率。与条件评估法研究结果所表明的一样,岛上的游客数量并没有因为额外增加的税费而减少。这种结果表明,这些岛屿上脆弱的游客资源情况被人们低估了。座间味岛这类旅游岛屿的情况更是如此,它们的原始海滩以及海洋娱乐活动吸引了大量的游客多次到访。条件评估法研究结果还表明,环境的价值在不同情况里可能有很大的不同,环境的价值不仅仅会受到采访地点、受访者收入情况、自身情况、年龄、性别情况的影响,甚至还有可能会受到调查方式的影响。因此,还需要对条件评估法进行多方面的修订和改善,这样才能更好地将其应用到特定项目和岛屿的研究中。

联合国环境规划署(UNEP)(United Nations Environmental Programme)同样通过使用条件评估法对冲绳岛上珊瑚礁的价值进行了估算。估算结果显示,珊瑚礁的总价值在 10 万 ~90 万美元/(平方千米 · 年)之间(UNEP - WCMC,2006)。珊瑚礁的价值主要取决于海岸地区开发所获得的收入。

作者同样对冲绳岛的旅游业社会负荷能力(SCC)进行了初步的研究(Kakazu,2009)。可将旅游地的社会负荷能力定义为当地社群所能容忍的、由当地社会所决定的最多游客数量,这个问题通常需要从当地居民和游客两方面的观点进行分析。马泽蒂(Marzetti)和莫塞蒂(Mosetti)(2005)所进行的最新研究表明,当地居民的社会负荷能力要低于游客的社会负荷能力,旅游地的社会负荷能力是这两方面社会负荷能力的综合结果。他们使用了两种方法来衡量旅游地的社会负荷能力:一种是基于个人偏好最大化的传统成本 - 效益分析法(CBA);另一种是让当地居民通过民众投票的方法决定其所能接受的最大游客数量。

图 13.5 显示了作者对于冲绳岛旅游业社会承受能力的调查结果。图中上方的纵轴线和横轴线分别代表成本和效益(或者称为游客消费)和从 1995—2015 年相应的预计游客数量。

较低的纵轴线表示由游客消费直接或间接产生的就业岗位数量。以上数据不包括接待游客所需的私人和社会成本。旅游业全部净收益(*TNB*)的计算方法如下:

$$TNB(N) = PNB(N) - Cs(N) - Ce(N)$$

PNB 表示私人净收益,*N* 表示日游客数量,*Cs* 表示社会成本,例如,拥挤造成的噪声、污染和压力,*Ce* 表示环境的价值损失。当地社群所能容忍的最大游客数量可通过参照下面的效用最大化原则得出:

净边际收益 = 社会和环境边际成本

以上等式为图 13.5 中社会成本(*SC*)曲线(SC, SC_2)和 *PNB* 曲线的相交点。

净边际收益是指额外游客数量所带来的额外净收益。社会边缘成本是指每一位额外游客来到冲绳岛所需要花费的成本。若我们假定冲绳岛的效用(满意度)曲线随着游客数量的增加而上升,随着拥堵和环境破坏程度的上升而下降,那么我们就能够

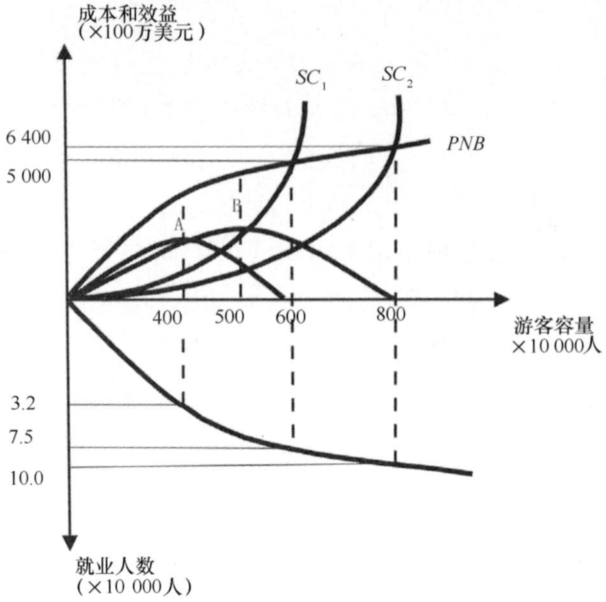

图 13.5　2008 年冲绳岛旅游业社会负荷能力

A 表示函数 *A*；B 表示函数 *B*；*PNB* 表示私人净收益；*SC* 表示社会成本（SC_1，SC_2）（来源：Kakazu，2009）

根据容忍程度在图 13.5 上画出效用函数 *A* 和 *B*。很明显，与函数 *A* 相比，函数 *B* 说明当地人更欢迎游客的到来。若函数 *A* 是真正的效用曲线或是容忍度曲线，则冲绳岛最大的社会负荷能力就是 SC_1 和 *PNB* 的交点，也就是 600 万名游客，游客消费为 50 亿美元，提供 7.5 万个就业机会，这是冲绳岛可以从旅游业中获得的最大社会净收益。如果冲绳岛上的游客数量超过 600 万人，则岛上的社会净收益就会受到损失。但是如果容忍度曲线更接近函数 *B*，则冲绳岛最大的社会负荷能力就是 SC_2 和 *PNB* 在图 13.5 上的交点，也就是 800 万名游客。最大社会负荷能力取决于许多因素，包括地理、社会经济、生态、文化、行政以及政治方面，因此想得到准确而可靠的数据是比较困难的。尽管如此，条件评估法（或者叫投票法）还是可以帮助人们衡量出最大社会负荷能力。冲绳岛周围有许多受游客欢迎的附属岛屿，例如，座间味岛、渡名喜岛、石垣岛、竹富岛和西表岛，这些岛上的游客数量是当地居民人口数量的 10 倍以上，也许可以参考这些岛屿的研究情况来得出旅游地所能容纳的最大游客数量。

结语：冲绳岛的可持续旅游业

在亚太地区，冲绳岛的旅游业发展仍会以世界上最快的发展速度持续增长。旅游业将成为正在发展中的冲绳岛的主导产业，并且还能通过创造就业机会、增加收入以及加强人与人之间的交流方式来实现当地的可持续发展，从而维护当地的稳定与和平。旅游业已经成为太平洋诸岛间最具竞争性的产业，冲绳岛也不例外，其国内与国际市场竞争同样异常激烈。

冲绳岛由 40 个有人居住的小岛组成，岛上的人力资源与非人力资源不仅非常有限而且较为脆弱。这就需要考虑经济、社会以及环境和可持续因素来进行平衡发展，尤其要着重保护岛上的珊瑚礁、海洋生态系统、地下水资源、海岸内陆森林资源、农业土地以及基础设施，确保它们的可持续使用。我们必须意识到这些岛屿的陆地淡水资源以及海洋生态系统都是紧密相连的，而且我们必须努力保护地下水资源的数量和质量，保护这些岛屿不受到污染，并通过利用岛上的淡水资源以及海洋生物的多样性实现当地的可持续发展。

尽管从 19 世纪 80 年代初至今，冲绳岛的旅游业发展迎来 13 倍的增长，但是通过出售国内的商品和服务，岛上经济只能从全部游客消费中获得 40% 的利益。

其余部分都流向了进口贸易。首先需要重点研究的问题就是如何通过扩大生产国内商品和服务来使高涨的游客消费内部化。实现高价值的旅游业和社会经济的可持续性将会是迫切需要解决的重要问题。

有多种方法来缩小游客消费和经济满足需求能力之间的差距。多项调查均显示游客在餐馆和旅游纪念品上的消费分别仅占其总消费的 8.1% 和 5.9%，游客在这方面的消费仍有很大的提升空间，因为冲绳岛向来以居民的长寿和健康饮食而闻名。实际上，健康的饮食产品在日本的主要市场中发展很快，正是创建“冲绳岛食品品牌”的好时机。其次需要解决的关键问题是如何从游客以及从事旅游业相关行业的利益相关者这两方面来丰富冲绳岛的旅游产品。旅游业过度竞争的同时也导致岛上居民的收入差距不断扩大，这一结论通过基尼指数测算得出（Kakazu，2009）。

由于发展速度太快，冲绳岛的旅游业面临着许多严峻的考验，由于人口和游客数量的不断增长，冲绳岛不可避免地要面对环境质量下降、水资源以及能源需求扩大等问题。公共设施的供应已显示出问题，例如，水电资源的需求增长率已经超过了冲绳岛经济的增长率。近年来，冲绳岛周围的一些附属岛屿出现了严重的水资源短缺问题，这说明水资源的短缺给岛屿的旅游业发展带来了潜在的风险，而且对于这些孤立的岛屿来说，旅游业是它们最重要的生命线。经济负荷能力和环境破坏问题将会成为未来旅游业发展所需面临的最严重问题。因此，第三个关键问题就是如何在人口不断增长的情况下，对冲绳岛的旅游业社会负荷能力进行评估。

参考文献

1. Bertram, I. G. anti Watters. R. (1985) The MIRAB economy in South Pacific microstates. Pacific Viewpoint 26, 497 – 519.

2. Harris, R., Griffin, T. and Williams, P. (eds) (2002) Sustainable Tourism: A Global Perspective. Butterworth

Heinemann, Oxford.

3. JTB(2008) Travel Intention Survey. Japan Travel Bureau, Tokyo.

4. Kakazu, H. (1994) Sustainable Development of Small Island Economies. Westview Press, Boulder, Colorado.

5. Kakazu, H. (1996) Effects of tourism growth on development in the Asia – Pacific Region: the case of small islands. Paper presented at: UNESCO Conference on Culture, Tourism, and Development: Crucial Issues for the XXI Century, 26 – 27 June 1996, Paris, France.

6. Kakazu, H. (1998) Sustainable tourism development: the case of small islands. Paper presented at: Inter island Cooperation in Asia: Tourism Policy in Island Area, 24 July 1998, Busena Resort, Okinawa, Japan.

7. Kakazu, H. (2003) The challenge for Okinawa: thriving locally in a globalized economy. In: Hsin – Huang M. H., Chao – Han, L. And Huei – Min, T. (eds) Sustainable Development for Island Societies: Taiwan and the World. Asia – Pacific Research Program (APARP), Academia Sinica/Southeast Asia Regional Committee for START(SARCS), National Central University, Taipei, Taiwan, pp. 201 – 232.

8. Kakazu, H. (2008) Island Sustainability: Challenges and Opportunities for Okinawa and Other Pacific Islands in a Globalized World. Trafford Publishing, Bloomington, Indiana.

9. Kakazu, H. (2009) Island Sustainability: Challenges and Opportunities for Okinawa and Other Pacific Islands in a Globalized World. Trafford Publishing, Victoria, Canada.

10. Kameya, D. (2007) A study on water shortages in Okinawa's small islands. Paper presented at: Annual Meeting of the Japan Society of Island Studies, 16 September 2007, Yonaguni, Okinawa, Japan.

11. Marzetti, S. and Mosetti R. (2005) Social Carrying Capacity of Mass Tourist Sites: Theoretical and Practical Issues about its Measurement. FEEM Working Paper No. 144. 05, Fondazione Eni Enrico Mattei, Milan, Venice, Viggiano, Italy/Brussels, Belgium. Available at: http: ssrn. com/abstract = S56024 (accessed 12 December 2005).

12. Miwa, N., Yamauchi, H. and Morita, D. (1988) Water and Survival in an Island Environment: Challenge of Okinawa. University of Hawaii, Honolulu, Hawaii.

13. Sukpil, O. (2003) A Study on Coastal Conservation and Utilization: Valuations on Coral Reefs and Ecosystem of the Kerama Islands. Research Institute of Subtropics, Naha, Okinawa, Japan.

14. Tsuchiya, M. (2004) Ecosystem function and carrying capacity of coral reefs. Paper presented at Experts Meeting on Projects Designing for Pacific Islands: Environment, Health and Human Resources Development, 3 – 5 March 2004, Naha, Okinawa, Japan.

15. Umemura, T. (2006) An empirical analysis on international tourism and economic growth in small island developing states. The Journal of Island Sciences No. 1 (December 2006), p. 51 [in Japanese]. Copy available at: http://www. geocities. jp/umemurat2001/ (accessed 10 September 2010).

16. UNEP – WCMC (United Nations Environment Programme – World Conservation Monitoring Centre) (2006) In the Front Line: Shoreline Protection and Other Ecosystem Services from Mangroves and Coral Reefs. UNEP – WCMC, Cambridge.

17. UNWTO (1998) Guide for Local Authorities on Developing Sustainable Tourism. United Nations World Tourisrn Organization, Madrid.

14 地中海岛屿的旅游业发展:比较分析

乔瓦尼·鲁杰里
意大利巴勒莫大学 欧盟群岛的旅游业调查

概述

从古代开始,地中海盆地就是连接不同国家人民的纽带,促进了不同国家之间的商务、文化交流。地中海盆地的大、小岛屿一直充当着运输枢纽,是各种运货船舶的临时经停地,作为货物和信息的集散中心,它们一直促进着贸易的发展。如今,尽管这些岛屿在大小、人口以及经济文化活动方面各不相同,但是它们仍然是新型交流活动的核心,而在这些交流活动中,旅游业脱颖而出(CPRM,2002)。

地中海盆地里有100多个岛屿,这些岛屿属于6个欧盟国家(EU)。然而,暂且不说这些岛屿各自的多样性与独特性,由于它们的岛国性质,这些岛屿具有相同的、永久的不利条件(Briguglio & Kisanga,2004)。由于对相关地区的竞争力进行额外约束,欧盟认为这种永久性的不利条件是由地理文化因素造成的(CESE,2002,2005),这些地区特定的政策也主要是针对这种不利条件而制定的。人们开始意识到这种永久性的不利条件可以追溯到20世纪末,近年,这种意识又得到了进一步的加深,这些孤立的地区被认定是“遭受严重或永久性自然和人口缺陷的地区”,并有必要采取具体的措施来“缩小这些地区中发达地区和落后地区之间的差异”(CESE,2002)。地中海地区孤立岛屿的不利条件主要包括以下几点。

- 由于孤立、面积有限、距离大陆较远以及居住密度所造成的结构性缺点;
- 资源有限,特别是水资源和能源;
- 脆弱的生态系统;
- 与国家的其他地方相比发展较为滞后;
- 当地企业投资成本升高;
- 孤立于大市场;
- 人口素质下降;
- 单一的经济活动,例如,旅游业,造成的经济能力减弱。

与这些不利条件形成鲜明对比的是,这些地中海岛屿的游客量很大,这就确保了高额的旅游业消费，对当地的就业和生产带来了积极的影响。对这些岛屿而言，旅游业不仅是当地经济的核心，也是导致当地经济、环境和社会不平衡的首要因素（Costa & Manente，2000；Candela & Figini，2005）。

然而，这些岛屿的旅游业发展情况并不相同（Butler，1980），因为在地中海地区，各个旅游目的地的成熟程度有着很大的区别。因此，很难制定出适用于所有岛屿并对所有岛屿均有效的一种可持续发展的战略方针（Baldacchino，2006；Fairbairn，2007）。由此，有必要对这些岛屿的旅游业发展情况进行比较和分析（CESE，2002；Gomel & Roccas，2002），为这些相关地区制定出最合适的旅游业发展政策。

地中海岛屿的旅游业

欧盟已认定了280多个由岛屿组成的孤立地区，这些岛屿必须满足以下要求。

- 面积超过1平方千米；
- 距大陆至少1千米以上；
- 与大陆没有永久性的联系；
- 至少拥有50名常驻居民。

正如上文所述，地中海有100多个属于欧盟6个国家的岛屿，这6个国家分别是塞浦路斯、希腊、意大利、马耳他、法国和西班牙。通过对这些欧盟地中海岛屿旅游业的情况进行比较和分析，官方最终认定了18个国际性孤立地区（OTIE，2008）。根据这些地区总面积的大小，可以按面积将这些岛屿分为四组（OTIE，2008）：

- 1平方千米 < 微型岛屿面积 < 1 000平方千米；
- 1 001平方千米 < 小型岛屿 < 5 000平方千米；
- 5 001平方千米 < 中型岛屿 < 10,000平方千米
- 大型岛屿面积 > 10 001平方千米

根据这种分类方法，欧盟地中海岛屿的分类情况如下（见表14.1）。

- 微型岛屿：斯波拉得岛、马耳他群岛、阿洛哥萨罗尼克斯群岛、托斯卡纳群岛、坎帕尼亚群岛、庞廷群岛和特雷米蒂群岛（Sporades，Malta archipelago，Argosaronicos Islands，Tuscan Islands，Flegree Islands，Pontine Islands and Tremiti Islands）；
- 小型岛屿：巴利阿里群岛、东北爱琴群岛、埃维亚岛、爱奥尼亚群岛、多德卡尼斯群岛和基克拉迪群岛（Balearic Islands，North - eastern Aegean Islands，Evia，Ionian Islands，Dodekanisa and Cyclades）；
- 中型岛屿：塞浦路斯岛、科西嘉岛和克里特岛（Cyprus，Corsica and Crete）；
- 大型岛屿：西西里岛和撒丁岛（Sicily and Sardinia）。

这些岛屿的总面积为97 308平方千米，总人口超过1 100万人（表14.1）。人口与

面积的比率说明微型岛屿上的人口居住密度较高，人口密度最集中的两个微型岛屿是坎帕尼亚群岛和马耳他群岛。

与人口分布情况一样，各个岛屿的旅游业发展情况也不尽相同。在 2008 年，地中海岛屿一共吸引了 32 798 552 名游客，这些游客一共在岛上度过了 222 392 408 个夜晚，平均每位游客在岛上度过 6.8 个夜晚。在地中海群岛中，巴利阿里群岛的游客数量最多，占地中海群岛所有游客数量的 1/3，地中海群岛上有一半的游客会选择在巴利阿里群岛上过夜（INESTUR，2007）。

表 14.1　2008 年欧洲地中海岛屿地理人口情况（来源：OTIE，2008）

国家	分类	岛/群岛	面积（平方千米）	人口/平方千米
意大利	大型	西西里岛和其附属小岛	25 703	196
意大利	大型	撒丁岛和其附属小岛	24 090	69
塞浦路斯	中型	塞浦路斯岛	9 251	86
法国	中型	科西嘉岛	8 680	34
希腊	中型	克里特岛	8 261	74
西班牙	小型	巴利阿里群岛	4 968	216
希腊	小型	东北爱琴群岛	4 260	47
希腊	小型	埃维亚岛	3 662	56
希腊	小型	爱奥尼亚群岛	2 443	95
希腊	小型	多德卡尼斯群岛	2 393	49
希腊	小型	基克拉迪群岛	2 267	82
希腊	微型	斯波拉得岛	417	37
马耳他	微型	马耳他群岛	316	1309
希腊	微型	阿洛哥萨罗尼克斯群岛	261	202
意大利	微型	托斯卡纳群岛	261	122
意大利	微型	坎帕尼亚群岛	61	1 418
意大利	微型	庞廷群岛	11	356
意大利	微型	特雷米蒂群岛	3	159
所有欧洲地中海岛屿			97 308	113

其他岛屿分享剩余的游客数量，这些岛屿的游客数量差异很大，但总体而言，中型岛屿的游客数量更多（见表 14.2）。如果从岛屿的地理位置上来看（不包括巴利阿里群岛），地中海东部岛屿的游客数量最多，东部的岛屿包括所有的希腊岛屿以及塞浦路斯岛。

就岛与岛之间游客平均停留时间长短差异而言，可将岛屿分为两类：度假岛屿，游客在此类岛屿上平均停留时间超过一个星期；对于另一种岛屿，短期逗留岛屿而言，游客平均停留时间则少于 4 晚。这说明，岛屿的大小与游客平均停留时间之间并没有联系。岛与岛之间游客停留时间的长短主要取决于岛屿的吸引力和岛屿所提供的旅游服务类型。

表 14.2　2008 年欧洲地中海岛屿的游客情况(来源:OTIE,2008)

国家	分类	岛/群岛	游客数量(人)	过夜数量(人)	停留时间(天)
意大利	大型	西西里岛以及它的附属小岛	4 174 276	13 609 672	3.3
意大利	大型	撒丁岛以及它的附属小岛	2 363 496	12 290 514	5.2
希腊	中型	克里特岛	2 287 742	15 729 316	6.9
塞浦路斯	中型	塞浦路斯岛	2 403 744	14 380 375	6.0
法国	中型	科西嘉岛	1 966 121	6 240 956	3.2
西班牙	小型	巴利阿里群岛	13 103 901	116 436 211	8.9
希腊	小型	多德卡尼斯群岛	1 666 972	12 750 703	7.6
希腊	小型	爱奥尼亚群岛	1 091 790	7 414 829	6.8
希腊	小型	东北爱琴群岛	423 706	2 314 209	5.5
希腊	小型	基克拉迪群岛	502 734	1 795 440	3.6
希腊	小型	埃维亚岛	212 018	861 533	4.1
马耳他	微型	马耳他群岛、戈佐岛和科米诺岛	1 290 856	11 262 026	8.7
意大利	微型	坎帕尼亚群岛	648 477	3 551 444	5.5
意大利	微型	托斯卡纳群岛	443 541	2 771 310	6.2
希腊	微型	斯波拉得岛	107 748	604 734	5.6
希腊	微型	阿洛哥萨罗尼克斯群岛	65 751	193 716	2.9
意大利	微型	庞廷群岛	27 469	98 820	3.6
意大利	微型	特雷米蒂群岛	18 210	86 600	4.8
地中海岛屿			32 798 552	222 392 408	6.8

通过对比游客数量和住宿供应量,可以得知大部分岛屿的住宿率都很低,一年当中的住宿率都不会超过50%(过夜数/床位数×365)。

唯一的两个例外就是马耳他群岛和巴利阿里群岛,这两个群岛的住宿率都高于75%(表14.3)。

表 14.3　2008 年欧洲地中海岛屿的床位数量以及住宿率情况(来源:OTIE,2008)

国家	分类	岛/群岛	床位数量(张)	住宿率[a](%)
意大利	大型	撒丁岛以及它的附属小岛	198 072	17
意大利	大型	西西里岛以及它的附属小岛	190 583	20
希腊	中型	克里特岛	154 492	28
法国	中型	科西嘉岛	139 000	12
塞浦路斯	中型	塞浦路斯岛	90 398	44
西班牙	小型	巴利阿里群岛	425 097	75
希腊	小型	多德卡尼斯群岛	123 183	28
希腊	小型	爱奥尼亚群岛	92 370	22
希腊	小型	基克拉迪群岛	51 799	9

续表

国家	分类	岛/群岛	床位数量(张)	住宿率[a](%)
希腊	小型	东北爱琴群岛	21 077	30
希腊	小型	埃维亚岛	17 345	14
马耳他	微型	马耳他群岛、戈佐岛和科米诺岛	39 167	79
意大利	微型	托斯卡纳群岛	37 204	20
意大利	微型	坎帕尼亚群岛	27 886	35
希腊	微型	斯波拉得岛	10 742	15
希腊	微型	阿洛哥萨罗尼克斯群岛	8037	7
意大利	微型	特雷米蒂群岛	1435	17
意大利	微型	庞廷群岛	1229	22
地中海岛屿			1 629 116	37

a. 住宿率 = 过夜数/床位×365

大量吸引游客的岛屿,都能够最充分地利用岛上的住宿设施,因此它们的住宿率也较高。住宿率在一年当中也有所不同,其会受到游客数量和季节性变化的影响,这些岛屿的旅游高峰季节是在5月和10月之间。但是在游客数量较多的岛屿上(马耳他群岛和巴利阿里群岛),一年当中的游客数量分布会更均匀一些,而在那些游客数量较少、游客过夜较少的岛屿上,游客数量就会有明显的季节性。

岛屿旅游业的比较分析

地中海岛屿的旅游产品所处发展阶段各不相同,一些岛屿已经达到了发展的成熟阶段。

可持续意味着要对可使用的资源附加一些限制条件,这是事实,尤其是对于游客数量众多、土地开发过度以及环境影响严重的地区。通过对比这些因素,可以对岛屿进行分类,然后制定相应的旅游业发展政策来提高岛屿发展的可持续性。

通过土地开发指数可计算得出地中海岛屿当地居民以及游客使用土地的情况,计算方法:(游客数量/土地面积+人口数量/土地面积)/100。通过这种方法,可以按照岛屿的土地使用情况对岛屿进行分类。在18个被研究的岛屿当中,只有6个岛屿或群岛的土地开发指数较高(见表14.4)。因此,可以把岛屿分成两组进行对比和比较:①特雷米蒂群岛、庞廷群岛以及托斯卡纳群岛,这些岛屿的开发和发展情况与旅游业的发展紧密相连;②西西里岛以及阿洛哥萨罗尼克斯群岛,这些岛屿的开发情况主要受当地居民传统经济活动的影响。

表 14.4　2008 年欧洲地中海岛屿旅游业的各项指数(来源:OTIE,2008)

岛/群岛	土地开发指数	岛/群岛	旅游业压力指数	岛/群岛	影响力指数
坎帕尼亚群岛	120.8	坎帕尼亚群岛	59.8	特雷米蒂群岛	477.4
特雷米蒂群岛	59.8	马耳他群岛、戈佐岛和科米诺岛	37.0	巴利阿里群岛	297.3
马耳他群岛、戈佐岛和科米诺岛	54.0	特雷米蒂群岛	29.0	托斯卡纳群岛	237.5
巴利阿里群岛	28.5	巴利阿里群岛	23.7	多德卡尼斯群岛	178.2
庞廷群岛	27.7	托斯卡纳群岛	10.7	坎帕尼亚群岛	112.8
托斯卡纳群岛	18.2	庞廷群岛	9.0	斯波拉得岛	106.0
多德卡尼斯群岛	7.8	多德卡尼斯群岛	5.4	爱奥尼亚群岛	87.7
爱奥尼亚群岛	5.4	爱奥尼亚群岛	3.1	马耳他群岛、戈佐岛和科米诺岛	74.6
阿洛哥萨罗尼克斯群岛	4.5	克里特岛	2.0	克里特岛	70.8
西西里岛以及它的附属小岛	3.6	塞浦路斯岛	1.6	庞廷群岛	66.8
克里特岛	3.5	斯波拉得岛	1.5	科西嘉岛	58.5
塞浦路斯岛	3.5	阿洛哥萨罗尼克斯群岛	0.9	塞浦路斯岛	49.4
斯波拉得岛	3.0	基克拉迪群岛	0.8	基克拉迪群岛	44.2
基克拉迪群岛	2.7	科西嘉岛	0.8	东北爱琴群岛	31.7
科西嘉岛	2.6	西西里岛以及它的附属小岛	0.7	撒丁岛以及它的附属小岛	20.2
撒丁岛以及它的附属小岛	1.7	东北爱琴群岛	0.6	埃维亚岛	11.4
东北爱琴群岛	1.5	撒丁岛以及它的附属小岛	0.6	阿洛哥萨罗尼克斯群岛	10.1
埃维亚岛	1.1	埃维亚岛	0.3	西西里岛以及它的附属小岛	7.4

通过旅游业压力指数 -(过夜数 + 人口数量)/面积,计算得出有 5 个孤立地区的旅游业发展和人口压力较大。坎帕尼亚群岛、马耳他群岛、特雷米蒂群岛、巴利阿里群岛以及托斯卡纳群岛的旅游业压力指数要明显高于平均指数。

然而,在一些岛屿上,发展旅游业所产生的影响在岛上特定的有限区域内更为明显一些。例如,在那些旅游业设施比较集中的地区。在这些地区,由于旅游业压力较大,游客活动经常会对环境造成更明显的影响。影响力指数 -(过夜数/人口数量 ×365)×1 000,表示每 1 000 个当地永久居民所对应的游客数量。在希腊的一些群岛上,这一指数较高，说明这些群岛上的游客特别集中。这一指数越高，便表明发展旅游业对当地居民的传统活动和文化造成的社会文化影响就越大。

可持续旅游业的发展战略

许多岛屿上的床位都很充足并且很容易找到，但是，只有少量岛屿充分利用了这一优势。在大部分岛屿上，床位最多只被利用了一部分，有时一年中也就只有几个月的时间床位的利用情况会稍微好一些。尤其是在岛屿环境下，在制定增长发展政策和综合战略时，必须要考虑这些孤立地区的负荷能力(Bosetti,2004)。

这些地区通常都很脆弱，并且极易受到游客活动的影响，而且发展也比较滞后，所以在制定发展战略与方式时必须考虑到每一个岛屿的独特性。前文已对旅游业压力情况与住宿率之间的联系进行了讨论，可通过参照它们之间的联系制定出更加明确、合适的行动战略(Figueroa,2004)。

可根据由这些指数计算得出的数值制定出四种发展战略，具体信息如表 14.5 所示。

表 14.5　2008 年欧洲地中海岛屿的旅游业发展战略(来源:OTIE,2008)

住宿率	旅游业压力		
	高	低	
高	战略 A(稳定维持游客数量)	战略 C(提高住宿供应能力)	
	巴利阿里群岛	没有岛屿	
	马耳他群岛、戈佐岛和科米诺岛		
低	战略 B(制定增长战略)	战略 D(制定目标地位发展战略)	
	坎帕尼亚群岛	阿洛哥萨罗尼克斯群岛	东北爱琴群岛
	特雷米蒂群岛	塞浦路斯岛	庞廷群岛
		基克拉迪群岛	撒丁岛
		科西嘉岛	西西里岛
		克里特岛	斯波拉得岛
		多德卡尼斯群岛	托斯卡纳群岛
		埃维亚岛	爱奥尼亚群岛

巴利阿里群岛和马耳他群岛(表 14.5 中的战略 A)的旅游业压力很大，住宿率也相对较高。在这种情况下，则不建议继续增加床位，而是保持现有的游客数量。如果在这种情况下，还继续增加额外的床位来提高游客数量，那么如此巨大的游客数量压力就会加速旅游地的衰落，并对当地环境以及社群造成负面影响，因此，需要采取其他的替代方法。对这些岛屿而言，可以实施的战略有：

- 稳定并保持已经实现的平衡；

• 在不增加当地旅游业压力的前提下，逐渐提高旅游业供应能力；

• 通过不断调整旅游产品的供应质量和价格逐渐转向高端消费者市场(Knowels & Curtis ,1999;Kotler et al. ,2006)。

相比之下，一些规模较小的群岛(微型岛屿)，例如，坎帕尼亚群岛和特雷米蒂群岛(表14.5中的战略B)，它们的旅游业压力也很大，但是住宿率却很低。这表明在这些岛屿上，床位没有被充分利用，但是尽管如此，发展旅游业对这些较小群岛所产生的影响也较大。

在这种情况下，实现旅游业可持续政策的核心就是缓解旅游高峰季节的旅游压力、限制游客数量、升级品质但并不增加旅游产品和服务。

现在，没有一个地中海岛屿的旅游业压力较小且住宿率在中等以上(表14.5中的战略C)。这就表明现在所有地中海岛屿均不适合在不破坏环境的前提下新建旅游设施。

大部分地中海岛屿都面临着旅游业压力较小且住宿率较低的状况(表14.5中的战略D)。无论从近期来看，还是从长期来看，最后一组岛屿实现旅游业增长的潜力都是最大的。在选择发展战略上，这些岛屿同样具有很大空间(例如，所有部分的多样化发展：高-中-低)。对于这些岛屿而言，一定要准确分析限制其发展的因素，分析这些因素对防止出现由于增加床位而导致住宿率低的情况是至关重要的。这种分析适用于塞浦路斯岛、所有的希腊岛屿、两个较大的意大利岛(撒丁岛和西西里岛)、庞廷群岛和托斯卡纳群岛，这些岛屿的特征都非常相似。

通过分析可以得知，从总体上来说，小型和中型岛屿都各自增加了床位供应量，例如，若岛屿上新建酒店，则会增加当地的旅游业压力。然而，尽管在过去的几十年里，几乎所有的地中海岛屿旅游业都在增长，但是增长情况却越来越集中在每年的几段时间里，而且情况越来越明显。造成这种结果的原因，既是因为这些岛屿主要依赖于本地或者国内旅游市场，也是因为它们所提供的旅游产品过于单一，这些岛屿上的旅游产品基本上都是与海洋和运动相关的度假项目。对于那些住宿率低的岛屿来说，最好的办法是加快旅游业的发展，可以通过制定政策把沙滩度假和文化旅游结合起来并发展国际市场，而不是单单依靠现有的国内市场等方法来加快当地旅游业的发展。

对于大型岛屿来说，例如，撒丁岛和西西里岛，旅游业显得没有其他经济行业那么重要，因此，尽管这些岛屿的可持续发展问题也很重要，但似乎并不十分急迫。在这些大型的岛屿上，旅游业的发展战略通常需要政策的支持，区分各种旅游产品，把旅游产品和文化活动以及自然资源结合起来。把现有的旅游产品和新开发的、与文化活动相关的且不同于以往形式的旅游产品相结合，将会是旅游业发展的主要指导方针。

最后，巴利阿里群岛和马耳他群岛一直以来都在选择寻求只基于旅游业的发展政策。因此，现在这些岛屿必须时刻监视它们的旅游业发展情况并及时察觉旅游业开始衰落的迹象，只有这样，它们才能够“重塑”旅游业并且有可能改变现有的旅游业发展模式。

地中海岛屿制定旅游业政策时需要考虑的因素

所有的地中海岛屿,尽管它们的特点各不相同,然而,它们不但具有同样的发展限制因素和局限性,还具有相同的地貌、历史、传统、考古学和艺术。这些岛屿的旅游业仍然具有很大的发展潜力,但是为了实现经济的可持续增长,岛屿对内对外的旅游业发展计划必须是系统的而非片面的(Figueroa,2004;Gómez et al. ,2004)。因此,有必要进行两种方式的合作:第一种是指当地旅游业发展实施者之间的合作;第二种是指地中海地区各岛屿之间的合作。

在旅游市场竞争愈演愈烈的情况下,岛屿之间的合作将会是促进经济和社会发展的恰当手段,通过这种合作可以提供综合性的旅游产品并能够促进岛屿之间关于旅游业的相互交流。欧盟也非常鼓励岛屿之间的合作,其制定的结合政策旨在促进岛屿之间的合作,从而提高落后地区的竞争力,因为大部分地中海地区的岛屿发展都比较滞后。

如今,任何一个岛屿都需要面对国际市场中日益激烈的竞争,在这种形势下,建立合作和伙伴关系是特别合理的发展战略,通过合作就能把诸多孤立的小岛屿变成一个“地中海孤立地区”。从而,不但确保了这些岛屿的独特定位,而且还加强了地中海地区孤岛的吸引力和独特魅力(Cook,2003)。

参考文献

1. Baldacchino,G. (2006) Serving sustainable islands tourism:hot or cold? Insula 15(2),15 – 22.
2. Bosetti,V. ,Cassinelli, M. and Lanza, A. (2004) Measuring efficiency in sustainable tourism management. In: AA. VV. I Conference on Tourism Economics,University of Balearic Islands,Palma de Mallorca,Spain,28 – 29 May 2004. Economía del Turismo,AECIT(Asociación Española de Expertos Científicos en Turismo),Castellón, Spain,pp. 399 – 415.
3. Briguglio,L. and Kisanga,E. J. (2004) Economic Vulnerability and Resilience of Small States. Formatek,Malta.
4. Butler,R. W. (1980) The concept of a tourist area cycle of evolution: implications for management of resources. Canadian Geographer 24,5 – 12.
5. Candela,G. and Figini,P. (2005) Economia dei Sistemi Turistici. McGraw – Hill,Milan.
6. CESE(2002) Parere del Comitato delle Regioni sul Tema 'La Problematica delle Regioni Insulari dell'Unione Europea e le Prospettive in Vista dell'Allargamento',12 agosto 2002. Comitato Economico e Sociale Europeo/European Economic and Social Committee,Brussels.
7. CESE(2005) Parere di Iniziativa sul Tema 'Verso una Maggiore Integmzione delle Regioni Gravate da Svantaggi Naturali e Strutturali Permanenti,10 febbraio 2005. Comitato Econornico e Sociale Europeo/European Economic and Social Committee,Brussels.
8. Cook,S. (2003) Guido Pratico al Benchmark. Come Create un Vantaggio Competitivo. FrancoAngeli,Milan.

9. Costa, P. and Manente, M. (2000) Economia del Turismo. Modelli di Analisi e Misura delle Dimensioni Economiche del Turismo. Touring Club Italiano, Milan.

10. CPRM (Conference of Peripheral Maritime Regions) (2002) Off the Coast of Europe. Calligraphy – Print, Chateaubourg, Flance.

11. Fairbairn, T. L. J. (2007) Economic vulnerability and resilience of small islands states. Islands Studies Journal 2, 133 – 140.

12. Figueroa B., E. (2004) The economics of sustainable tourism: making green and cultural viable. In: AA. VV. I Conference on Tourism Economics, University of Balearic Islands, Palma de Mallorca, Spain, 28 – 29 May 2004. Economía del Turismo, AECIT (Asociación Española de Expertos Científicos en Turismo), Castellón, Spain, pp. 417 – 431.

13. Gomel, G. and Roccas, M. (2002) Le Economie del Mediterraneo, Relazioni Conclusive del Progetto di Ricerco della Banca d'Italia 'Economie del Mediterraneo'. Banca d'Italia, Rome.

14. Gómez G., C. M., Lonzano, J. and Rey – M., J. (2004) A dynamicanalysis of environmental and tourism policies. In: AA. VV. I Conference on Tourism Economics, University of Balearic Islands, Palma de Mallorca, Spain, 28 29 May 2004. Economia del Turismo, AECIT (Asociación Española de Expertos Científicos en Turismo), Castellón, Spain, pp. 435 – 456.

15. INESTUR (Instituto de Estrategia Turística de las Islas Baleares) (2007) Estudio del Impacto Economico del Turismo sabre la Economia y Empleo en fas Balears. Palma, Majorca.

16. Knowles, T, and Curtis, S. (1999) The market viability of European mass tourism destinations: a post stagnation life cycle analysis. International Journal of Tourism Research 1, 87 – 96.

17. Kotler, P., Bowen, J. and Makens, J. (2006) Marketing del Turismo. McGraw – Hill, Milan.

18. OTIE (Observatory on Tourism in the European Islands) (2008) 1st Focus on Tourism in the European Islands. Logos, Palermo, Italy.

15 夏威夷岛可持续旅游业发展中的交通状况——整体分析

桂·洛曼[1] 大卫·阮玉[2]
1. 澳大利亚黄金海岸南十字星大学 2. 夏威夷马诺大学

概述

岛屿在大小、形状,以及与大陆距离的远近方面存在很大差异。尽管如此,所有岛屿对交通依赖的严重程度却是完全一样的,它们几乎无一例外地仅靠岛屿当地的交通来保持与外界的联系。众所周知,凡属岛国,或者是那些国家版图内的岛屿,距大陆的距离大多很远,它们必须依靠空中交通或海上交通来保持与其他地区的联系。小岛屿由于其自身地理面积较小、人口较少、容易受到自然灾害的影响,加之其生态系统脆弱、距离主要中心市场太远等特点,越发加重了小岛屿对交通体系的依赖(Abeyratne,1999)。由于小岛屿的资源基础和生产能力有限,致使小岛屿出口初级产品的能力非常低下,所以,他们所需的生产资料和消费品只能严重依靠进口(Kakazu,2007)。作为小岛屿本身,它们不得不必须面对上述不利条件,加之小岛屿在经济发展的形式方面具有很大的局限性,所以旅游业自然而然成了各岛屿最为喜爱的行业,有时甚至是必须发展的行业(Rao,2002)。

在夏威夷岛上,游客数量远远多于当地人口,游客数量与当地人口数量的比例大约是6:1。这个位于太平洋上的小岛,竟有750万之多的外来游客(DBEDT,2008)。在旅游类岛屿上,特别是在诸如夏威夷这样的岛屿上,必须建立供不同需求、不同规模的、专为旅游所用的交通体系。例如:

(1)将岛屿和岛屿之外的地区连接起来:自从空中旅客运输出现开始,原本在国际市场中发挥不了什么作用的岛屿,如今摇身一变竟成了旅游胜地,其原因是来自世界各地的游客对当地的异域风情非常感兴趣。旅游业的发展离不开航空运输业的发展,如果没有交通体系的创建,居住在岛屿外的外国游客根本无法到达岛上,是交通网络将这些旅游型岛屿和旅游市场连接到一起。与此同时,旅游业发展中出现的变化还会通过旅游市场需求的变化,直接影响到航空运输业。

与此对应,航空运输业的发展同样对游客数量的变化产生影响,航空运输业的变化表现在航班班次的变化和每个航班承载乘客能力的变化(Bieger & Wittmer, 2006)。除此之外,航空运输业还特别容易受到外部因素的影响。航空运输对外部因素的抑制能力非常有限,例如油价上涨等外部因素,都将直接影响到航空运输的成本。

(2)将群岛间的各个岛屿连接起来:由于许多岛屿是隶属于某个群岛的,群岛内部必须通过经常性航班彼此连接。在群岛中,人口最多的岛屿往往起着国际航班和岛内航班门户和枢纽的作用。其他周边岛屿通常只开通了岛内航班,他们通过岛内航班与航空中心枢纽连接。2008 年,由于夏威夷群岛内部市场竞争激烈,阿罗哈航空公司(Aloha Airlines)的所有航班不得不停止飞行。在夏威夷岛,阿罗哈航空公司是提供岛内航班服务历史位居第二的航空公司。在某些情况下,周边岛屿也有开通直飞其他地区航班的情况,这种直飞不再需要经过航空运输枢纽,周边岛屿的直飞业务打破了原来固有的交通网络。在夏威夷岛,也存在原有交通网络被打破的类似情况。夏威夷岛的大部分国际航班集中在火奴鲁鲁(欧胡岛)(Oahu),越来越多的机场纷纷开通了直飞美国大陆的国内航班,例如利互也(可爱岛)、卡胡卢伊(毛伊岛)和科纳(夏威夷岛)(Lihue(Kauai Island),Kahului(Maui) and Kona(Hawaii Island))(图 15.1)等。除了航空运输之外,最近,夏威夷还引进了双体快速轮渡,用以连接欧胡岛和毛伊岛。双体快速轮渡开通后,游客们可以将自己的车子从一个岛上直接运送到另一个岛上。但是,由于一场涉及环境问题的官司,夏威夷的超级渡轮被迫停止运营,该公司于 2009 年 5 月申请破产(Depledge, 2009)。

(3)将岛屿内的各地区连接起来:由于车辆保有量的增加,道路变得不再畅通,加之岛屿地区的地理特征,在高山与大海之间,仅有一些小块陆地,所以欧胡岛市区交通拥堵相当严重。为了减轻欧胡岛上交通拥堵的严重程度,作为尝试缓解拥堵的措施,人们计划向当地引入铁路交通系统(交通服务部,1991)。2008 年,夏威夷当地居民投票表决,支持修改原来的引进铁路计划,赞成创建火奴鲁鲁大容量运输走廊项目。该项目的主要目的意在方便当地居民出行,不过,因为铁路车站计划建在主要区域附近,例如建在机场附近,或建在旅游景点及购物中心附近,于是到此旅游的游客自然而然地成了项目的受益者。

本章节旨在通过整体分析的方法研究岛屿游客所用交通方式的可持续性。夏威夷是一个很有意思的研究对象,该岛是世界各岛屿中最孤立的岛屿之一。为了向游客提供不同形式的交通方式,夏威夷岛进行了很多有趣的尝试,尝试的内容包括邮轮、航班、双体快速轮渡和铁路等。

岛屿旅游交通系统的可持续性

群岛通常是由一组大的岛屿或许多分散的小岛屿构成的。这些岛屿有的隶属于一个陆地国家，有的是作为一个独立岛国存在的。对于群岛来说，由于领土分散，必须面对的问题很多。在群岛内部，各岛屿之间的关系大多表现为既有合作，又有竞争。针对岛屿间竞争与合作的问题，我们将在本章节列举一些实例，意在对独立地区旅游交通体系的可持续性加以说明。

加那利群岛（Canary Islands）对旅游业的依赖相当严重，在登岛的游客中，有90%的登岛者是通过旅行社特许经营的不定期航班抵达的。游客到达海岛后，再通过群岛上各岛屿间的岛内航班穿梭游玩于各岛屿之间。随着当地旅游经济的不断增长，岛上原本从事第一产业的居民开始从事第三产业，于是更增加了各岛屿之间的流动。但是，每个岛屿对交通服务的需求是不平衡的。在各群岛中，只有特纳利夫岛（Tenerife）和加拿大格兰岛（Gran Canada）这类较大的岛屿能够提供足够完善的服务，其服务领域涵盖行政、教育、健康、交通服务。一般情况下，周边岛屿上的此类服务仍处于尚不充分和匮乏的状态（Hernandez Luis，2004）。

在太平洋各岛屿中，距离和与世隔绝是影响各岛屿地理、经济和社会形态发展的主要因素。与40年前相比，或者与更早些时期相比，目前太平洋各岛屿之间交通系统的发展存在差异，而且彼此之间的差异更大了。40年前，航空交通处于萌芽阶段，绝大多数岛屿是依靠海上交通与外界保持联系的。如今，小岛屿仍大多处于交通设施不足的状态，在那里依然没有定期大型航班通达。波利尼西亚航空公司（Polynesian Airlines）的大规模扩张为人们提供了一个很好的例子：正由于该公司的过度扩张，使萨摩亚群岛（Samoa）的当地收入流失了7 000万美元之多，因此当地政府不得不将所有部门预算缩减10%，用以弥补当地资金流失造成的损失（沃德，1998）。2005年10月，波利尼西亚蓝天航空公司成立（Polynesian Blue）。波利尼西亚蓝天航空公司是萨摩亚群岛政府和澳大利亚低成本航空公司维珍蓝航空公司（Virgin Blue）共同出资联合创办的（《波利尼西亚航空公司》，2010年），波利尼西亚航空公司受此项政策的影响，其经营规模随之缩小。

航空交通在规模上不够经济，这同样会影响到岛上居民对时间和距离的感受。例如沃德（1998）曾经描述过19世纪90年代中期汤加岛航空交通的情况。当时，人们感觉奥克兰（Auckland）和南迪（Nadi）距离汤加塔布岛（Tongatapu）相对近一些，而在帕果－帕果（Pago Pago）和汤加岛岛内各地，人们觉得当地距离汤加塔布岛要远很多。导致这一现象的原因是由于当地空中航线缺乏必要的可用经费，更由于旅客的需求量少，使通向这些地方的航班不仅速度慢，规模小，而且多为不定期通航，从而使机票收入大大减少。汤加政府认为，航空交通对于汤加岛的经济发展至关重要，但航空交通基础设施的维护成本太高，发展航空交通所需资金的大部分不得不依靠海外援助。

通常情况下，群岛各个岛屿间的航空交通系统都需要其他形式的交通系统作为本系统的补充。里加斯（Rigas，2009）研究了希腊岛屿间的空中交通模式和海上交通模式。他在研究中发现，由于市场侧重点不同，不同模式的交通系统是可以相互弥补的，而并非是相互替代的。例如，那些希望休闲省钱的游客会偏爱海上交通，而那些对时间敏感，尤其是长距离旅行的游客会更加钟爱空中交通。

除此之外，希望带着自己的汽车一道旅游的游客更喜欢海上交通。里加斯还提到，游客们在海上航行的过程其实也是旅行的一部分，所以，团体旅行的游客和那些很在乎旅游开销的年轻旅行爱好者们也会更多地选择海上交通。

交通成本形成的沉重负担，是影响小岛屿社会经济可持续的唯一、也是最重要的障碍。这不仅是因为运输成本较高（由于运营距离远、运输规模小而形成了较高的成本），还因为交通服务的提供不够规范，因此导致了周期性的交通服务短缺和服务价格不稳定（Kakazu，2007）。例如，在斐济和巴布亚新几内亚的主要交通中心，运营成本因燃油价格涨价而上涨了5%，有时甚至会高达10%（Weisser，2004）。

人们认为，铺天盖地的汽车是造成全球气候变暖的主要原因。目前，空中交通工具正在追赶汽车的脚步一路前行。如果保持现有的发展趋势不变，截至21世纪中叶，空中交通工具也可能同样成为导致全球气候变暖的要因。仅就人类活动造成的全球变暖而言，1992年，空中交通所占影响的比例大约为3.5%，这是1992年的统计结果。这一结果是通过辐射效应测量获得的（Akerman，2005）。与陆地运输和海洋运输不同的是，空中运输引起的气候变化不仅是因为尾气中二氧化碳的排放，还因为尾气中甲烷、氧化亚氮，及其他氮氧化合物的排放，这些气体除直接排放到空气中之外，还可以通过化学过程排放到空气中（Lee，2009）。众所周知，现实中许多岛屿是依靠自己的自然风光吸引游客的，因此，保持岛屿环境的可持续性，对于这类岛屿来说至关重要。希腊的伊兹拉岛（Hydra）禁止使用机动车，由于这条禁令，使该岛彻底摆脱了机动车辆；伊兹拉岛的管理者已经意识到，如果岛上继续让机动车辆存在，岛屿上最基本的吸引力终将会消失殆尽（Hoyer，2000）。

夏威夷可持续旅游交通面临的挑战

2008—2009年，夏威夷州经历了一系列失败，这些失败是由诸多不同形式的旅游交通模式引起的。失败中包括挪威邮轮（NCL）（Norwegian Cruise Line）公司取消了两艘长期运营中的游轮，夏威夷超级渡轮公司（Hawaii Superferry）及阿罗哈航空公司宣告破产。相比之下，是欧胡岛最终同意引入一条铁路线，这一抉择是经过长期的很极端的争论之后得出的。对于这个部分，将在下面进行详尽介绍。图15.1显示了一些我们将要介绍的不同交通模式的建造路线和使用地点。

阿罗哈航空公司的破产

2009年10月，共有4家航空公司在经营夏威夷岛屿之间的航线——“夏威夷航空

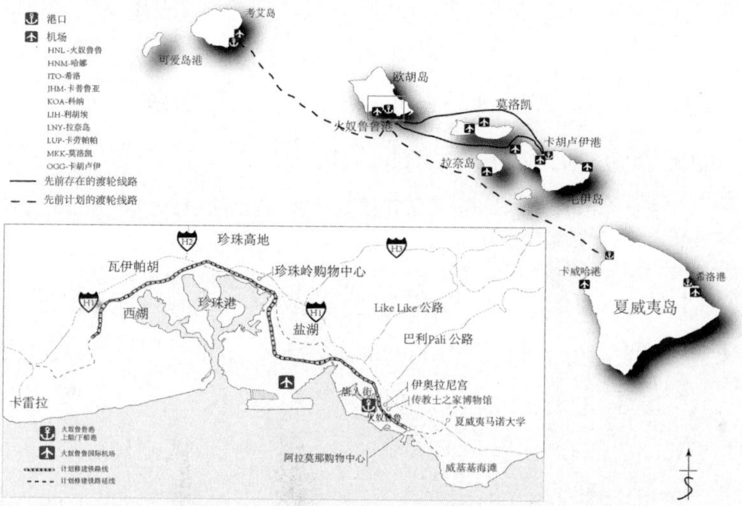

图 15.1　夏威夷过去、现在及未来旅游业交通发展规划

公司”、“岛屿航空公司”、“出发吧航空公司”，还有“谋库莱莱航空公司”（Hawaiian Airlines，Island Air，Go！Airlines，Mokulele Airlines）。最近，后两家航空公司已经合并成为一家航空公司。过去，除了上述 4 家航空公司之外，还有许多别的航空公司也曾试图在夏威夷岛屿内部航线的市场中分一杯羹，最后都以失败告终。失败退出的航空公司中，包括中太平洋航空公司、发现航空公司和马哈拉航空公司（Mid Pacific Air，Discovery Airways，Mahalo Airlines）等。

在所有失败的航空公司中，阿罗哈航空公司的失败教训最值得详细一述。阿罗哈航空公司曾是经营夏威夷岛内部航线各公司中的先驱者之一。该公司自 1946 年起，便开始经营夏威夷岛的内部航线。比阿罗哈航空公司更早进入该领域经营的是先驱者夏威夷航空公司。夏威夷航空公司是从 1929 年 11 月起开始经营的。阿罗哈航空公司宣告破产是在 2008 年 3 月 1 日，比联美航空公司（ATA Airlines）的破产早 3 天，联美航空公司主营项目是夏威夷到美国大陆的包机服务，经营上的失败使该公司同样选择了停止经营，并宣布公司破产。

2001 年 9 月 11 日世贸大厦遭受袭击之后，阿罗哈航空公司遭遇了严重的财政问题，“9 · 11”事件使整个航空业在 2001 年和 2002 年一直处于严重的财政低迷中。除此之外，能源价格持续上涨，也影响到航空业的经营成本。这些因素使夏威夷的游客数量不断减少，来这里的日本游客数量减少得最为明显。1997 年，到夏威夷旅游的日本游客数量达到最高峰，从此便一直持续下降，出现这一局面主要是因为航空公司的航班数量减少，燃油附加费大幅上涨（Schaefers，2008）。

除了阿罗哈航空公司无法控制的这些外部因素之外，航空公司内部的某些因素也起到了同样的助推作用，从而加速了公司的消亡。在阿罗哈航空公司经营的最后 5 年中，公司曾两次宣布破产。第一次发生在2004年12月,第二次发生在2008年3月。根据太平洋商业新闻报(Pacific Business News)的调查,有38%的受访者认为,管理不当是导致阿罗哈航空公司破产的主要原因;另38%受访者认为,阿罗哈航空公司之所以破产,问题出在出发吧航空公司,是他们发起的机票价格战导致了阿罗哈航空公司的破产。排在第三位的导致公司破产的原因,是高昂的燃油价格。其中有9%的受访者支持这个观点(太平洋商业新闻报,2008)。针对阿罗哈航空公司在管理上的失败,受访者列出了一些他们认为的公司破产原因:①阿罗哈航空公司取消了岛屿内航班的公务舱,使商务乘客不得不选择乘坐其他公司的航班(Brancatelli,2008);②罗恩·伯克尔后来成了阿罗哈航空公司的大股东,但是他缺乏经营航空业的经验,这位超市巨头罗恩·伯克尔很显然在管理上不到位(Mayes,2008);③阿罗哈航空公司一直在使用低效率飞机;④工会的要求不合理;⑤航空公司面对激烈的市场竞争,缺乏快速反应力,而且显示那么手无缚鸡之力(Petrello,2008)。

2006年6月,也就是阿罗哈航空公司从第一次破产中恢复过来大约三个月之后,出发吧航空公司开始进军夏威夷岛屿内部航线市场,他们降低了公司的机票价格,出发吧航空公司是亚利桑那州梅萨航空公司(Arizona - based Mesa Airlines)的子公司。在出发吧航空公司,某些线路的单程机票最低竟可低至9美元。出发吧航空公司发起了该公司与阿罗哈航空公司和夏威夷航空公司之间的价格战,阿罗哈航空公司和夏威夷航空公司通过调整价格、提供其他优惠政策,以期实现与出发吧航空公司的抗衡(Charlton,2007)。激烈的竞争,加之阿罗哈航空公司早已存在的各种问题,加剧了公司的财政危机,并最终导致了公司的破产(Blair,2009b)。

夏威夷超级渡轮公司的失败

夏威夷超级渡轮公司是夏威夷本土第一家从事岛屿间渡轮服务的公司,他们经营的渡轮既可以运送旅客,也可以运送汽车。夏威夷超级渡轮公司成立于2001年,从2007年8月开始经营火奴鲁鲁至毛伊岛卡胡卢伊港的航线。

在过去,位于火奴鲁鲁港的超级渡轮公司曾同样计划在卡胡卢伊港、可爱岛那威利威利港和夏威夷岛卡威哈港开辟新航线。但是,火奴鲁鲁至卡胡卢伊港的航线是超级渡轮公司唯一一条成功的航线(见图15.1)。

为了经营这些航线,超级渡轮公司与美国奥斯丁公司(Austal USA)以每艘渡轮8 000万美元的价格签订了订购合同,买下了"阿拉基"号(Alakai)和"华凯"号(Huakai)渡轮。这些渡轮均为铝制双体船,最多可以搭载866名乘客和282辆汽车。超级渡轮公司最后对外宣布报价是,单程船票39美元/人、57美元/车(太平洋商业新闻报,2009a)。为了满足超级渡轮公司的经营需求,夏威夷州耗资4 600万美元用以改善港口的各项设施。然而,就在“阿拉基”号第一次起航开往可爱岛时,却遭遇了那威利威利港居民的强烈抗议。抗议者提出许多问题——社会、环境、交通和法律方面的问题。

令居民忧心忡忡的社会问题主要包括两点:一是可能会有人通过渡轮从欧胡岛向外岛屿运输毒品;再一点是流浪者会因为岛屿间通航,而在各岛屿间流窜。而身处外岛屿的人们同样有其自己的担心,他们担心这种新型交通方式可能会使他们所在岛屿的游客数量增加,如果超出岛屿的负荷能力,不仅压力增加,而且还可能会因此影响到当地的生态系统。同样,人们还担心渡轮上装载的车辆有可能会对周围岛屿造成交通方面的负面影响。2007 年 8 月,毛伊岛的一位法官曾要求夏威夷交通部在卡胡卢伊港实施交通缓解方案,目的是解决渡轮可能造成的交通问题。后来,交通部对渡轮带来的有关车辆交通方面对当地的影响进行了调查。据此,交通部得出结论:渡轮运送来的车辆只会导致附近街道的车辆数量有少量增加(Wilson,2007)。

对比起车辆影响问题,表现在环境方面的问题略显突出。人们担心渡轮运过来的车辆有夹带来外来物种的可能性,例如大青蛙、火蚁。它们都有可能连同汽车一起,被一同运送到外岛屿上。尽管车辆在上船之前必须进行检查和冲洗,即便如此,外岛屿上的居民对这种防范方法的有效性尚存有质疑。岛屿之间渡轮的通航同样会给环境带来风险,因为,渡轮排放到海洋里的压舱水可能会带有很多细菌、抑或是附着有植物和其他一些生命体,这些都有可能对当地的生态系统造成极大破坏。此外,渡轮的许多计划航线会途经座头鲸的栖息地,90% 的座头鲸栖息在夏威夷的潜水区(NOAA,2009)。结果如图 15.1 所示,最终虽然只开辟了两条航线,但是人们照样担心快速行驶的渡轮会用其坚硬的外壳伤害到海里的鲸鱼。就像加那利群岛曾经发生过的事件一样,一头巨大的座头鲸被快速行驶的渡轮撞上致死(Johnson,2005)。

如以上所述的对环境问题的担忧,曾诱发了一系列法律问题,因此严重影响了超级渡轮公司的经营。2007 年 8 月,夏威夷最高法院(Hawaii Supreme Court)宣布,凡州政府出资修建完善的港口必须接受环境影响评估,此举推翻了毛伊岛巡回法院(Maui Circuit Court)于 2005 年做出的裁决。然而,在最高法院宣布之后,该渡轮仍然出发了,而且比法院宣布的允许出发时间还早地驶向了目的地那威利威利港。但是,发生在可爱岛的持续抗议,最终迫使通往那威利威利港的渡轮服务中止。

2007 年 10 月,毛伊岛巡回法院要求超级渡轮公司在环境影响评估结果出炉之前,不得重新营业。而州长和夏威夷州参议院经开会研究之后,允许超级渡轮公司在环境影响评估结果出来之前仍可正常营业(太平洋商业新闻报,2007)。2009 年 3 月,夏威夷最高法院裁定超级渡轮公司在环境影响评估结果出来之前依然营业的行为是违反宪法的(Blair,2009a)。正由于夏威夷最高法院这个公告,迫使超级渡轮公司解散了公司员工,并于当年 5 月宣布破产。

夏威夷的邮轮旅游业

在夏威夷岛屿的国内旅游市场中，邮轮经营同样面临重重困难。挪威邮轮公司拥有3艘邮轮，2008年初，该公司撤回了其中的两艘，仅留下“美国之傲”号（Pride of America）仍在夏威夷岛屿间运营航行。挪威邮轮公司之所以缩小其在夏威夷的经营规模，是因为夏威夷市场价格日趋下降带来的压力，以及航运公司低成本运营造成的竞争压力。在美国本土，一些低成本运营的航运公司使用带有外国标识的船只运营，说明了竞争压力的存在（Wu，2008）。带着外国航运公司的标识，邮轮航运公司可以不受美国沿海贸易法律的制约，可以在外国码头停靠，可以在外国码头进行运营，可以利用外国造船厂建造的船只，还可以雇佣外籍员工。与此同时，他们显然还可以逃脱针对美国标识船只进行的严格的环境法律制约，摆脱劳工法对他们的约束，由此一来，便大大降低了总体经营成本。作为挪威邮轮公司，他们仅能够提供欧胡岛、毛伊岛和夏威夷岛之间的7日航行服务，而那些使用了外国标识船只的其他游轮公司，例如公主邮轮公司（Princess）、荷美邮轮公司（Holland America），则可以提供美国大陆至夏威夷的为期两周的航行服务。根据沿海贸易法规定，后一种航行必须在诸如墨西哥恩塞纳达港（Ensenada）一类的外国港口中途停靠。

州政府和联邦政府均参与了挪威邮轮公司在夏威夷的经营。美国国会允许挪威邮轮公司3艘德国制造的船只登记为美国船只（“美国之傲”、“阿罗哈之傲”和“夏威夷之傲”），这样做的结果是可以不受针对美国造船厂所造船只的各种制约。采取这种办法之后，挪威邮轮公司也可以不需要在外国港口中途停留，同时也可以不再像过去那样，必须在基里巴斯（Kiribati）停靠，大家知道，基里巴斯是南太平洋的一个岛国（Camire，2008）。

在邮轮业的经营过程中，同样遭遇了过度环境保护带来的问题。人们认为，邮轮业的经营会对环境造成影响，会破坏夏威夷的生态系统。邮轮业面临的环境问题与渡轮业所面临的环境问题很相似，比如人们担心压舱水排放可能会将外部物种带到外围岛屿上，从而威胁到栖息在夏威夷潜水区座头鲸的生存，威胁或破坏了珊瑚礁等等。此外，以往所发生的邮轮带来的固体垃圾废弃物的随意丢弃、受污染船底的污水排放，以及其他有害废物等等，使人们再难相信邮轮业不会对夏威夷水域生态环境产生影响，或仅只产生较小的影响。与渡轮使用的双体船不同，邮轮通常都是靠柴油电动引擎提供动力的，毫无疑问柴油引擎会向空气中释放过多的污染物，例如二氧化硫、二氧化碳、一氧化碳和氮氧化物等。这些邮轮排放的废气量相当于12 000辆汽车在一天里排放的废气量的总和，因此人们对邮轮对于空气质量的影响甚是担忧（Gloor，2006）。

目前，夏威夷州制定的谅解备忘录（MoU）中提出了一整套环境标准和相关政策，允许邮轮公司自己报告它们的违规行为和事故。然而，这种自觉报告形式同样存在缺点，因为，邮轮公司仅仅通过自己行而不举、知而不报的行为，便可以逃脱因违规和事故可能带来的责任追究（Yamanouchi，2003）。

火奴鲁鲁交通系统间的长期竞争

最近，欧胡岛计划在2009年12月开建火奴鲁鲁高容量运输走廊项目，这个项目是欧胡岛区域交通计划2030（Oahu Regional Transportation Plan 2030）的一部分。高容量运输走廊项目包括建设一个高速的铁轨交通系统，利用现有公交服务体系，实现一个多模式的交通服务系统，用以缓解欧胡岛道路拥堵的现状。项目计划的主要目的是为岛上的当地居民提供交通服务，而那些要去机场、酒店和旅游景点的游客自然也可能从中受益，使人们更好地体验方便的旅游过程。

铁路一期工程计划包括21个车站，起点是火奴鲁鲁的阿拉莫那港（Ala Monana），终点是欧胡岛西部的卡珀雷（Kapolei），全程20千米，大约需要42分钟车程（火奴鲁鲁市政府，2008）。沿线主要车站将建有大型购物中心（珍珠岭购物中心和阿拉莫那购物中心）、珍珠港、火奴鲁鲁市中心商业区、唐人街及火奴鲁鲁国际机场。全线铁路建设将分五期进行，一期计划在2013年开始运营，新建铁路将连接卡珀雷和珍珠市的珍珠高地。从卡珀雷到阿拉莫那港，计划经全部五期工程方可完成，竣工时间预计在2019年。

当地还有一种打算，就是计划将铁路线延长，全线有可能从卡珀雷向西延长到卡雷拉（Kalaeloa），坎贝尔工业园区（Campbell Industrial Park）就坐落在卡雷拉；再延长到火奴鲁鲁西部的盐湖（Salt Lake）地区，这段线路将绕开火奴鲁鲁国际机场；还计划将铁路开通到夏威夷马诺大学、开通到威基基海滩（Waikiki），威基基海滩是最受人们欢迎的旅游地。然而，所有的线路延长计划都必须依靠未来的资金支持，所以这些延长计划很难在2019年以前开始实施。

根据火奴鲁鲁交通机构（Honolulu Transit Authority）所述，建设铁路项目的花销按通货膨胀调整后的形势计算，全部经费仍将会达到54亿美元（火奴鲁鲁市政府，2009）。为此，当地计划增收5%普通消费税，用以资助项目的建设。此外，联邦运输管理局（Federal Transit Administration）也会出资资助项目的建设。鉴于如此之高的财政预算，这条铁路项目的实施将成为最近10年美国建设中最为昂贵的铁路线路（Hao，2009b）。

在2008年火奴鲁鲁的投票中，市宪章修正案曾以53%的支持率批准了铁路项目的建设。尽管如此，有关该项目的建设仍存在严重争议，因为在此之前，火奴鲁鲁就曾计划在当地修建铁路，但是最终还是因为费用过高，而使项目一直搁置未能实施。

1981年，火奴鲁鲁市长曾中止了自己有关建设火奴鲁鲁区域快速交通系统的提议，他选择了通过完善、提高现存公交系统的方法来解决当地现存的交通问题。1986年，他的下任市长重新启动了铁路项目。但是,由于市议会于1992年的投票结果,即反对通过增加税收建造铁路,最终使重新启动未获成功(Pang,1998)。

显而易见,资金问题仍然是这个铁路项目建设时必须克服的困难。因为这个项目未能像美国最近的其他铁路项目一样,获得联邦政府的大力资助,所以假如项目上马,必将严重增加纳税人的负担。除此之外,居住在铁路线覆盖范围以外的居民,例如生活在欧胡岛迎风地区凯鲁瓦(Kailua)和卡内奥赫(Kaneohe)的居民,他们更是反对通过增加税收来建设这个项目,这些人认为,他们的社区不可能从这个项目中获益(Hao,2009b)。

同样,高速铁路还会引起人们对审美以及噪声方面的担忧,人们之所以如此担忧,是因为铁轨可能会对欧胡岛的自然景色造成负面影响。另一个担忧是,人们认为铁路支撑梁柱会减少现有道路的空间,最终导致车速减慢,从而导致交通拥堵。另外,计划修建的铁路还将穿过欧胡岛上一些人口密集的地区,所以,人们还担忧铁路线的建设会影响到当地的土地价格(Hao,2009a)。

与旅游业相关的担忧问题似乎也很多。在现有铁路线路计划中并不包括威基基海滩,威基基海滩是欧胡岛最受欢迎的旅游地,那里有许多酒店。曾有人提议,计划将铁路线延长到威基基海滩,但是在2019年之前,通往威基基海滩的线路是不可能建成的。换句话说,至少10年之内,通往威基基海滩的铁路线都不可能投建完成。正因为有许多受欢迎的景点是位于铁路沿线附近的,所以,还是会有越来越多的游客从铁路线的投建中获益。例如,铁路线上的唐人街站和市中心站,它们离景点阿罗哈塔、伊奥拉尼宫和传教士之家博物馆(Tower,Iolani Palace and Mission Houses Museum)都很近。珍珠港站是为那些对海军基地感兴趣的人们设立的,同时也可以吸引那些想要参观"亚利桑那"号纪念馆(USS Arizona Memorial)的游客。

解决可持续旅游业交通系统问题的可行方法

转变模式

由于很少会有哪种交通方式能够在速度上与空中交通媲美,所以,尽管空中运输完全依靠燃油,消耗了大量的能源,但要在经济上解决岛屿的能源消耗问题,也只能从改变交通模式方面入手。以往,在解决交通方法问题时,主要依靠对实体结构的投资,例如在道路上修建互通式立交桥等等。但从20世纪90年代中期开始,交通方面问题的解决越来越多地依靠对软模式的转变,例如大力发展可持续公共交通系统,减少私有车辆的使用等等(Lumsdon,2006)。

富山市(Toyama)是日本人口密集度最低的地级市,私有车的保有量高于国家平均水平,由于需要维护道路、发展交通基础设施,以保证道路上人员和物资的流通,富山市背负了巨大的财政负担。为了减少汽车尾气排放,富山市开始大力修建、推广公共交通系统,为此,富山市修建了轻轨交通系统和快速公交系统。自从这些公共交通系统建造投入使用后,空气污染程度开始减轻,交通拥堵状况也得以缓解,而且由于历史古迹因环境导致的负担,使历史古迹得到了保护(Fujimoto,2008)。

同样是在日本,冲绳岛同样可以作为另一个岛屿交通模式转变的极好例子。冲绳岛上的私有车保有量较高,公共交通系统发展水平低于国家平均水平,造成这种情况的部分原因缘自于1972年前。在1972年前,冲绳岛是完全受美国政府管辖的。由于交通拥堵严重,1981年冲绳岛计划修建一条轻轨线,这条轻轨线在2003年开始投入使用。在轻轨线开始运营的第一年内,有49%的公交乘客、17%的私家车乘客和16%的出租车乘客改乘轻轨。大约有38%的乘客乘坐轻轨是为了上班或上学,10%的乘客是为了上街购物,还有5%的乘客是为了旅游出行(Toma,2004)。

在夏威夷,有关在欧胡岛上修建一条铁路交通系统的提议,已经讨论了几十年了。光就修建铁路线事宜所进行争论也非常激烈,几乎每个人都持有自己的观点。是否要修建铁路线,甚至成了市长竞选争取公众支持的政治议题,为自己争取连任的现任市长支持修建铁路线,他的两位竞争者则反对修建铁路项目。像欧胡岛这样偏远的小岛,无论是车辆,还是燃油,都必须从2500英里以外的美国大陆运送过来。建造铁路公共交通系统,将是实现交通模式转变的最佳选择之一,唯有如此,才会让更多的人享受到公共交通提供的便捷。当然,游客们也会从铁路工程中受益,尽管一期铁路线路还到达不了威基基海滩。因为威基基海滩的停车位收费不断升高,游客为避免支付高额停车费,白天选择租车出行,游客们还可以选择从威基基海滩乘公交车抵达阿拉莫那港火车站。在阿拉莫那港火车站,游客们可以乘车去机场,去许多旅游景点和购物中心,于是,游客们便不必再去租车,或乘出租车了。

通常情况下,海洋运输的角色都只是空中运输的候补而已,绝对无法替代。不过在某些旅游线路,例如加那利群岛间的航线上,新型快速渡轮已经不再是空中运输的补充力量,他们正在与喷气式飞机进行着竞争。快速渡轮平均每个座位消耗的燃油比飞机要多,行驶在特纳利夫岛和大加那利岛之间的喷流水翼船每个座位平均消耗燃油为8.4公升,ATR－72型飞机每个座位平均消耗的燃油只需5.25公升(Hernandez Luis,2004)。空中运输的优势明显,空中运输的另一个优势,就是空中运输的频率高,可以更好地满足当地交通的需求。除此之外,建造一艘船所需的原材料和能源要比建造一架飞机所需的原材料和能源高很多。

对于超级渡轮来说,尽管目前人们还没有对它进行过环境影响研究(EIS),但是作为岛屿之间可供游客选择的另一种交通方式,渡轮的存在注定增加了当地的竞争,也丰富了游客们在夏威夷的旅游经历。

正是由于渡轮的出现,才使得那些到当地旅游的游客能够随行携带自己的汽车,充当他们在岛屿之间穿梭旅游的交通工具。还有许多商家,他们和游客一样,在欧胡岛和毛伊岛之间,通过渡轮实现物资的快速流通,并在这快速流通中使自己受益。在这种情况下,由于州政府的某些执政者明确表达了支持渡轮继续存在的态度,在当地引发了很严重的政治争端。与此同时,为了确保在实施轮渡对环境影响的评估期间,渡轮仍然能够正常经营,在夏威夷当地还引发了一场司法大战。夏威夷超级渡轮公司的经营失败了,他们的失败主要是由于该公司缺乏法律环境的支持,失败在没有法律支持的情况下便对交通项目进行了大额投资。发生在超级渡轮公司的情况必然会对未来向其他形式的交通模式快速转变以及岛屿间的其他海洋运输形式产生不良影响。

区域计划

通过对巴利阿里群岛和夏威夷群岛旅游业发展情况的对比,巴特利特(Bardolet)和谢尔顿(Sheldon)(2008)重点强调:实现旅游业可持续性的区域计划,要比仅针对一个岛屿的发展去做独立计划更为重要。在夏威夷,游客抱怨最多的就是交通拥堵和对岛屿的过度开发。巴利阿里群岛和夏威夷群岛上的自然景色对游客来说,十分具有吸引力。但是,由于过度开发,岛上的自然景色正在逐渐被破坏,尤其是海岸线,破坏情况尤为严重。此外,在这些岛屿上,已经出现了旅游业负担过重的征兆,当地居民不得不必须与游客争夺资源。在当地,由于游客过多地使用私家车辆,更由于游客过度使用租用车辆,使当地的交通拥堵情况日益严峻。在私人住宅所有权和公共资源的使用方面,岛上居民和游客之间同样表现出越来越多的竞争,岛上也变得越来越拥挤。对于旅游地以及整个旅游地所处岛屿而言,所谓可持续发展模式,其实也都还是一个复杂且不大明确的概念。但是,对于已经发展得比较成熟的旅游地和岛屿来说,可持续发展模式又是一个十分急需面对和解决的问题。过度依赖外来游客的入境旅游将会导致许多问题,例如:由于缺少多样性而导致传统型经济下滑、人们必须应对经济下滑、油价上涨、旅游市场将面对游客流失等情形,而这些都表现为可持续能力的下降。

区域计划往往比针对一个旅游地所做的独立计划更为有效。无论是巴利阿里群岛,还是夏威夷群岛,必须对未来的发展计划是否合适做出抉择,必须面对如何维持现在及未来所有利益相关者之间的利益平衡问题。两个岛屿同样面临着对旅游产品的重新定义,都需要与当地住民就岛屿发展计划进行协商,还需要探讨是否要赋予当地住民以更大的权力。巴特利特(Bardolet)和谢尔顿(Sheldon)(2008)提出的建议包括如下几条:①以岛屿为一个整体,进行全面区域规划,而不是针对各个小岛做独立计划;②简化制定政策的流程;③在实施开发之前,要制定出土地利用政策和土地规划划分;④旅游业发展计划中需列入岛屿间交通系统发展规划;⑤确保各个岛屿的利益相关者都能够从岛屿旅游业发展计划中受益;⑥使附属岛屿之间经济统计数据的收集标准化。回顾此前人们对超级渡轮的讨论,可以清楚地看到:夏威夷超级渡轮的失败,其原因应归咎于区域计划的缺失。

从夏威夷州长的角度看，当地政治家和商界领导者起的作用实在是太“可悲”了。因为，他们当中的许多人尽管很支持超级渡轮的经营，但是，他们所做的努力，与希望阻止超级渡轮经营的人们所做的努力相比，实在是太微不足道了（太平洋商业新闻报，2009b）。

航空交通系统技术革新

在未来的几十年中，当下的航空交通模式将会有更多种选择。现在，新型飞机的制造使用了更轻型的材料，例如波音 787 和空客 A380。通过使用高速双路式涡轮喷气发动机，使发动机效率大幅提高，乘客容量也有所增加。但是，对于使用涡扇发动机的传统飞机进行改造，其结果甚至满足不了降低燃油使用量这种最低级别的要求。对飞机进行改进的可选方法包括：彻底改变飞机结构。例如使用装有飞行翼的大型客机，或采用翼身一体的飞机。这种结构可在很大程度上减少空气阻力，降低燃油消耗，与现有的飞机相比，可以降低 65% 的油耗。风险更低的选择是发展高速螺旋桨推动型飞机，例如螺旋扇飞机。与传统形式的喷气式飞机相比，这种飞机的速度约低 20% ~25%，但优点是产生的尾气排量低得多（Akerman，2005）。其他方法还包括对影响环境的尾气排放收费。根据贝肯（Becken，2006）所述，这样做，对税收显然很有好处，但是对环境保护来说，不是很有效。与此同时，从环境角度来看，像在夏威夷这样孤立的小岛上，这种形式的旅游业发展还是不可持续的。

对夏威夷可持续旅游业交通系统做整体分析的必要性

2008—2009 年期间，夏威夷尝试了许多不同的旅游交通方式。暂且不说本章节讨论的四种交通方式成功与否，仅就这些旅游交通方式所面临的主要风险而言，是显而易见的。同样清楚的是，影响旅游业交通发展的主要因素是环境和经济因素，而政治因素和法律因素对旅游交通的发展，同样起着非常重要的作用。对于超级渡轮来说，还有其他两种因素影响了它的发展，第一种因素是社会因素，例如，人们对毒品可能会在各岛屿之间流通表现的担忧，对未来流浪人口可能增加表现的顾虑；第二种因素是交通拥堵因素，人们担心渡轮使岛上车辆增加，从而造成交通越发拥堵。从某种意义上说，交通问题，也可以被视做环境影响的一部分，而社会因素并不是超级渡轮失败的真正主因。因此，本章节将在最后部分着重介绍一下影响夏威夷可持续旅游交通系统发展的环境因素、经济因素、政治因素和法律因素。

这里将要采用整体分析的方法，对夏威夷可持续旅游交通系统发展情况作进一步的讨论。以下分析将从上面提到的四个方面来进行，图 15. 2 为其示意图。但是，图中所示的四方面因素有可能不完全适用于其他孤立岛屿的旅游交通系统，因此，对这类孤立岛屿的旅游交通系统，还需做进一步的研究。

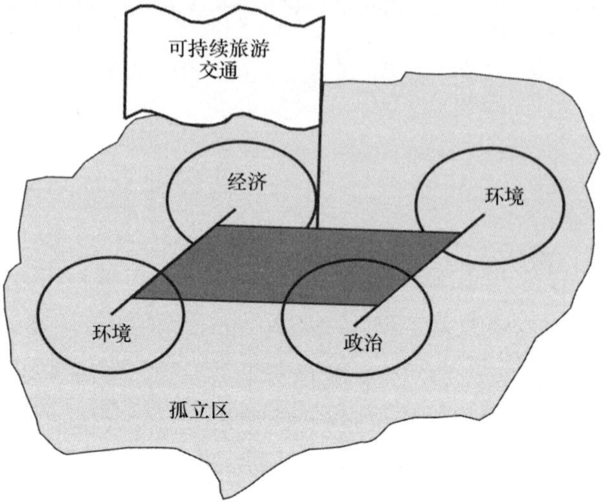

图 15.2　针对孤立小岛可持续旅游交通系统实施整体分析法

环境因素

针对超级渡轮经营中出现的法律方面的反对意见，主要是渡轮经营中可能会伤害到鲸鱼，理由是渡轮的行驶速度要远远快于其他各种船只。但是，其他一些反对理由，例如压舱水排放有可能带来外来物种等问题，则不仅仅是超级渡轮本身存在的问题。是否有必要进行环境影响评估，衍生为人们在政治上和法律上的一场争斗。新形式的渡轮经营必须服从于环境影响评估，然而事实上，几十年以来，绝大部分交通形式在其经营时，都从未参考过环境影响评价结论。假如我们从不同的视角看待这个问题，我们会发现，在当今的夏威夷航线经营中所依据的谅解备忘录中，有关政策的规定是相当宽松的。为什么人们会对海洋旅客运输产生的环境问题抱着完全不同的两种态度和解决方法呢？在财务方面，支持环保主义者开展反对渡轮经营活动的经济力量是什么？在超级渡轮公司与夏威夷群岛上一直经营着的传统模式航运公司的竞争中，环境问题果真是用来阻止这两者之间竞争的借口吗？

经济因素

在经济方面，影响阿罗哈航空公司破产和取消挪威游轮公司两艘游轮运营的两个主要因素是：上涨的油价。目前的油价已经从 2006 年末的 50 美元，上涨到 2008 年中期的

140 多美元；另一个因素是美国经济的衰退。岛屿上的交通严重依赖能源，在夏威夷岛上使用能源的间接成本更高，因为能源需要从很远的地方运送过来。建设大规模基础设施项目的资金一直是岛屿上需要尽快解决的问题。例如，在火奴鲁鲁修建铁路系统所面临的大额资金问题。由于 2008—2009 年间美国经济情况不佳，与近几年来美国大陆上修建的铁路类似项目相比，火奴鲁鲁铁路修建项目获得的联邦政府资金援助较少。所以，只有增加当地居民的赋税，才能够使火奴鲁鲁铁路项目的计划变成现实。

挪威游轮公司的两艘游轮被取消运营，标志着在孤立地区，需要对沿海贸易特权做重新讨论。《琼斯法案》（Jones Act）和《1920 年商船法案》（*Merchant Marine Act of* 1920）旨在保护和激励船运公司在他们的船上附上美国标识，从而赋予他们沿海贸易特权。但是，此举不足以对 3 艘行驶在夏威夷群岛之间的挪威游轮公司游轮提供保障。其他游轮公司，比如公主游轮公司和荷美游轮公司等，他们也附上了美国标识，通过附上美国标识获得由此带来的沿海贸易权。这些公司经营着夏威夷到加利福尼亚州之间的回程航线，因此可以在墨西哥的恩塞纳达港中途停留。在墨西哥停靠并未太多影响油轮的航行。现在，挪威游轮公司的 7 日航线占据了夏威夷达半数的游轮旅游市场，其中，从美国大陆返回夏威夷的航线占据 1/3 市场。个人自由行式的开口旅行，包括抵达某一地方，然后再决定下一个目的地的乘船旅行及环世界旅行，大约占据夏威夷游轮市场的 15%。

政治因素

从政治角度来看，巴特利特（Bardolet）和谢尔顿（Sheldon）（2008）已经对群岛所要面临的挑战进行了探讨。群岛所面临的挑战包括必须解决岛上管理层一些复杂的问题。在岛上制定政策，必须要经过层层协商，由于每个岛屿上的社群利益都不尽相同，所以，居住在岛屿上的利益相关者有可能会参与到每项旅游计划的制订。要解决这类问题，需要面对来自很多方面的挑战。群岛面临的最主要的问题，是维护岛上的交通网络。交通网络对于旅游业的发展至关重要，要做到这一点有一定困难，尤其是在群岛环境中，由于游客总需要从一个岛屿到达另一个岛屿，所以显得更为困难一些。在夏威夷，有两个关于交通系统的最好例子：一个是超级渡轮项目，州长公开表态支持这个项目；另一个是铁路交通系统项目，是否修建铁路系统竟成了 2008 年当地市长选举的主要议题。

法律因素

由于大规模交通项目的规划和审核缺少司法框架的支持，所以，就超级渡轮的经营问题发生了激烈争论，争论焦点围绕是否有必要进行环境影响评估。为什么要在新的交通模式引入之前进行环境影响评估呢？是不是可以尝试改变立法？这样的话，就可以在新的交通模式（例如渡轮）试行时进行环境评估了。在未立法之前进行环境影响评估，得出的结果能算准确吗？也许对环境的评估的方法并不适用于所有形式的交通项目，但是，试一下也无妨。总之，众说纷纭，莫衷一是。在新西兰，林克司库克海峡公司的（Lynx Cook Strait）双体快速轮渡停止了经营，当地海洋局要求该公司的渡轮必须以较低速度航行，因为，唯有降速，船身激起的波浪才不会破坏到当地的环境。林克司库克海峡公司一直在如此严苛的条件下经营，经济收益甚微，于是它不得不中止了快速渡轮的经营。从更广一点的视角来看，为什么法律不要求那些已经经营了很长时间的交通模式进行环境影响评估呢？比如飞机、远洋货轮等等。

通过对夏威夷岛屿最近发生的交通系统相关实例进行的研究，可以得知，如果不把环境、经济、法律和政治因素对交通系统的影响全部考虑进去，就不可能实现旅游交通系统的可持续发展。例如，环境问题可能会引发一场政治方面的争论，而争论最终可能必须到司法机关进行裁决。法律因素和经济因素同样紧密相连，例如关于沿海贸易权的例子正说明了这个问题。还有许多其他的相互关联，可以证明这一点。那么，从这些实例的分析中可以得出什么结论呢？那就是如下四个因素是相互关联的，即环境因素、经济因素、法律因素和政治因素。因此，要实现孤立岛屿旅游交通项目的可持续发展，必须采用整体性分析方法，必须全面考虑到这四个因素所起的作用。

参考文献

1. Abeyratne, R. I. R. (1999) Management of the environmental impact of tourism and air transport on small island developing states. Journal of Air Transport Management 5, 31 – 37.
2. Akerman, J. (2005) Sustainable air transport on track in 2050. Transportation Research Part D 10, 111 – 126.
3. Bardolet, E. and Sheldon, P. J. (2008) Tourism in archipelagos: Hawaii and the Balearics. Annals of tourism Research 35, 900 – 923.
4. Becken, S. (2006) Editorial. Tourism and transport: the sustainability dilemma. Journal of Sustainable Tourism 14, 2.
5. Bieger, T. and Wittmer, A. (2006) Air transport and tourism: perspectives and challenges for destinations, airlines and governments. Journal of Air Transport Management 1. 2, 40 – 46.
6. Blair, C. (2009a) Hawaii Supreme Court rules Superferry law unconstitutional, Pacific Business News (Honolulu), 16 March 2009.
7. Blair, C. (2009b) The sky's the limit for Aloha Air Cargo. Pacific Business News (Honolulu), 26 August 2009.
8. Brancatelli, J. (2008) Seat 2B: The big airlines smell blood... yours. News from Yellow Business Pages. Wired: Top Stories, 8 April 2008.
9. Camire, D. (2008) Outlook optimistic for Pride of America. Honolulu Advertiser, 25 February 2008.
10. Charlton, B. (2007) Airlines in Hawaii price war offer $9 inter – island flights. The Seattle Times, 30 May 2007.
11. City and County of Honolulu (2008) Honolulu High – Capacity Transit Corridor Project. Department of Transpor-

tation Services, Honolulu.

12. City and County of Honolulu(2009) Honolulu Rail Transit. Department of Transportation Services, Honolulu.

13. DBEDT(2008) 2007 Annual Visitor Research Report. Department of Business, Economic Development and Tourism, Honolulu.

14. Department of Transportation Services(1991) Honolulu Rapid Transit Development Project. Honolulu.

15. DePledge, D. (2009) Hawaii Superferry files for bankruptcy. Honolulu Advertiser, 31 May 2009.

16. Fujimoto, H. (2008) The modal shift to environmentally sustainable transport: prospects of urban transport systems: LRT, BRT and buses. Science and Technology Trends 29, 46 – 61.

17. Gloat, L. B. (2006) Riding tourism's new wave: evaluating the cruise industry's. Hohonu 4(1).

18. Hao, S. (2009a) Move sought for rail station: city's plan affects Kamehameha Schools' development project. Honolulu Advertiser, 3 May 2009.

18. Hao, S. (2009b) Honolulu's per – capita cost for rail: $4,000. Honolulu Advertiser, 1 August 2009.

19. Hernandez Luis, J. A. (2004) The role of inter – island air transport in the Canary Islands Journal of Transport Geography 12, 235 – 244.

20. Hoyer, K. G. (2000) Sustainable tourism or sustainable mobility? The Norwegian case. Journal of Sustainable Tourism 8, 147 – 160.

21. Johnson, G. (2005) Collision course – sperm whales and fast ferries in the Canary Islands. In: Voyage of the Odyssey, 12 March 2005. PBS(Public Broadcasting Service), Arlington, Virginia.

22. Kakazu, H. (2007) Island Sustainability: Challenges and Opportunities for Okinawa and Other Pacific Islands in a Globalized World. Trafford Publishing, Bloomington, Indiana.

23. Lee, D. S. (2009) Aviation and climate change: the science. In: Gössling, S. and Upham, P. (eds) Climate Change and Aviation: Issues, Challenges and Solutions. Earthscan, London, pp. 27 – 68.

24. Lumsdon, L., Downward, P. and Rhoden, S. (2006) Transport for tourism: can public transport encourage a modal shift in the day visitor market? Journal of Sustainable Tourism 14, 139 – 156.

25. Mayes, B. (2008) Many share blame for Aloha Airlines' death. Pacific Business News (Honolulu), 20 March 2008.

26. NOAA (National Oceanic and Atmospheric Administration) (2009) Humpback Whale National Marine Sanctuary. Honolulu.

27. Pacific Business News (2007) Lingle signs Superferry bill. Pacific Business News (Honolulu), 5 November 2007.

28. Pacific Business News(2008) Aloha couldn't be saved; go! has some explaining to do. Pacific Business News (honokllu), 7 April 2008.

29. Pacific Business News(2009a) Hawaii Superferry cuts fares. Pacific Business News (Honolulu), 27 February 2009.

30. Pacific Business News(2009b) Lingle: politicians' role in Superferry'pathetic'. Pacific Business News (honolulu), 16 March 2009.

31. Pang, G. Y. K. (1998) Will rail fly this time? City revisits the concept of an Oahu – wide light – rail mass transit system – this time with the public's input. Honolulu Star – Bulletin.

32. Petrello, R. (2008) PBN survey: Aloha bosses mostly to blame. Pacific Business News (Honolulu), 4 April

2008.

33. Polynesian Airlines(2010)Welcome to Polynesian Airlines, Available at: http://www. polynesianairlines. com/ (accessed 14 September 2010).

34. Rao, M. A. (2002) Challenges and issues for tourism in the South Pacific island states: the case of the Fiji Islands. Tourism Economics 8,401 - 429.

35. Rigas, K. (2009) Boat or airplane? Passengers' perceptions of transport services to islands. The example of the Greek domestic leisure market. Journal of Transport Geography 17,396 - 401.

36. Schaefers, A. (2008)20 - Year low in Japanese visitors seen. Honolulu Star - Bulletin, 1 April 2008.

37. Tome, K. (2004) The opening of Okinawa urban monorail and its expected developments. In: DOCEA (ed.) Construction, Naha, Okinawa. Available at: www3. pref. okinawa. jp/site/contents/attach/7864/The Opening of Okinawa Urban Monorail and its Expected. pdf(accessed 21 September 2010).

38. Ward, R. G. (1998) Remote runways: air transport and distance in Tonga. Australian Geographical Studies 36, 177 - 186.

39. Weisser, D. (2004) On the economics of electricity consumption in small island developing states: a role for renewable energy technologies? Energy Policy 32,127 - 140.

40. Wilson, C. (2007) Superferry still under Maui traffic order. Honolulu Advertiser Neighbor Island Edition (Wailuku), 20 September 2007.

41. Wu, N. (2008) Another cruise ship to leave: mainland competition drives Pride of Aloha off the islands. Honolulu Star - Bulletin, 12 February 2008.

42. Yamanouchi, K. (2003) Cruise lines admit pollution violations. Honolulu Advertiser, 12 December 2003.

16　为马尔代夫制定可持续岛屿旅游业发展规划

马瑞亚姆·祖尔法　杰克·卡尔森
西澳大利亚科廷大学

概述

麦克尔切尔(McKercher,1993)注意到,围绕可持续旅游业的争论经常出现两极化现象,对此,人们通常会持有两种完全不同的观点:一种观点是:环保人士和自然资源保护论者呼吁采取谨慎的方法来实现可持续发展,并要加强对生态系统的保护;另一种观点是:注重利益的旅游业拥护者希望采取以发展为导向的方法,以此实现旅游业的可持续发展。在此两者之间,有没有折中的办法呢?既符合旅游业的可持续发展原则,符合旅游业发展面临的实际情况,同时又能够合理地利用自然资源,促进经济发展呢?为了探寻这个问题的答案,本章节追溯了马尔代夫的历史,追溯了当地旅游业发展的形态。马尔代夫属于小岛屿型旅游地,在这里,自然资源的保护与国家经济的繁荣息息相关。游客们来到马尔代夫,是为了享受那里白色的沙滩和原始的海洋环境(Ghina,2003)。所以,无论哪种对自然环境的威胁,都将影响到经济的发展,影响到生态系统的可持续性。对岛屿自然环境的威胁可以以多种形式存在,不仅仅表现在气候的变化、海平面的上升,或气温的升高(Ghina,2003)方面。本章节将着重研究马尔代夫这个生态系统十分脆弱的岛屿,研究马尔代夫在旅游业发展中所面临的具体威胁。

为了避免旅游业相关活动对环境造成的影响,马尔代夫采取了一系列规划和政策机制(马尔代夫民主党,2008)。自 1983 年以来,马尔代夫的主要旅游业规划始终遵循着一条可持续发展的原则,环境规划也对保护环境所应采取的措施做出规定,作为开发者,则必须严格遵守政府的这些规定。除此之外,在马尔代夫全国发展规划(National Development Planning)实施步骤中,还进一步强调了可持续发展的重要性,规划中还规定,所有发展政策的推行实施,都必须遵循环境保护原则。马尔代夫的全国发展规划以 5 年为一个规划周期。

在本章节中,我们将就旅游业可持续发展的问题,重新回顾一下马尔代夫政府的规划和政策机制,与此同时,还介绍了与马尔代夫政府规划实施有关的法律法规和相关管理机构。这些管理机构在加快实现可持续发展中分别起到了各自的作用。在本章节中，更深入总结了可持续发展原则到底给马尔代夫的旅游业带来了哪些好处。下面,首先概略介绍一下马尔代夫的自然状况和马尔代夫旅游业的发展情况。

马尔代夫旅游业概述

马尔代夫是一个由 1 192 个珊瑚岛构成的群岛,1 192 个珊瑚岛自然环绕,形成了 26 个环状珊瑚岛。马尔代夫坐落于印度的西南部,位于印度洋中央(图 16.1)。在珊瑚岛

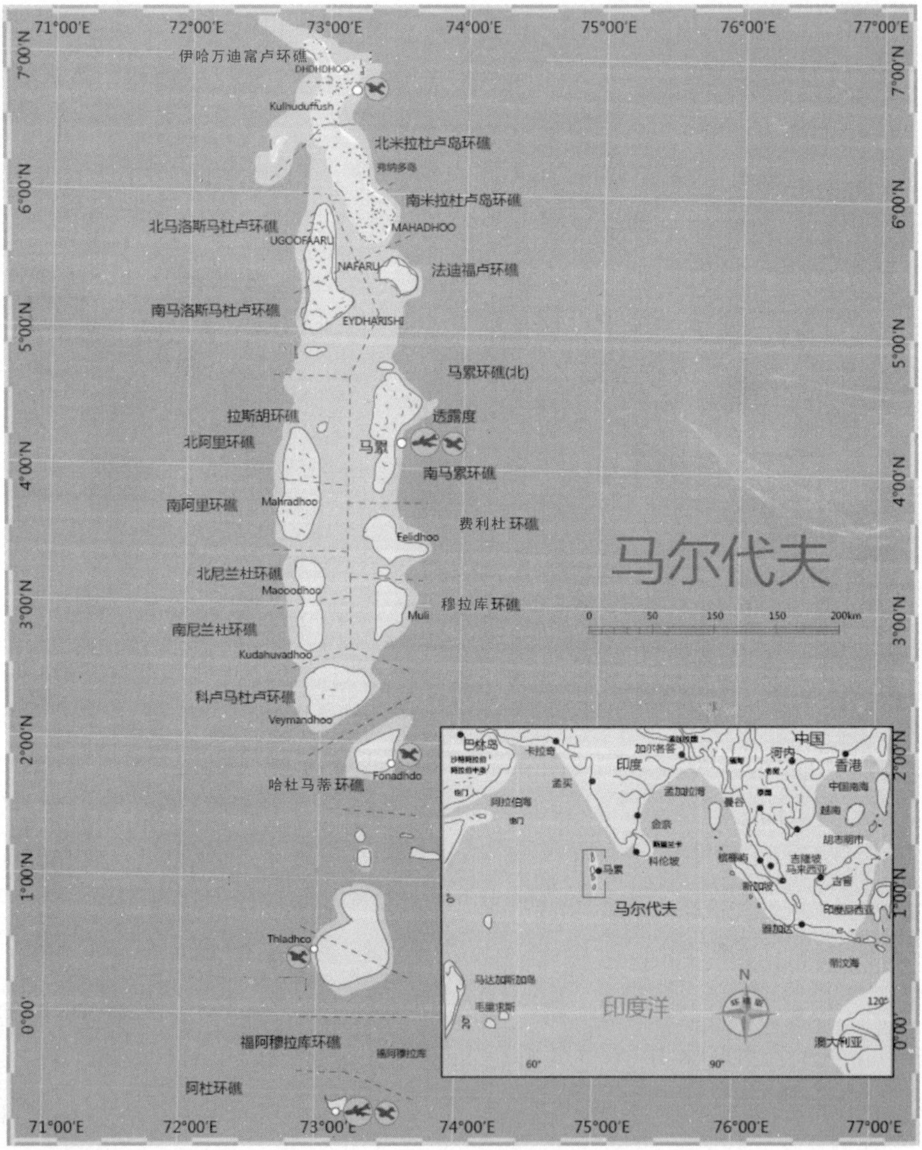

图 16.1　马尔代夫地图

(来源:环状珊瑚岛系列丛书,2004 年)

中,绝大部分岛屿的面积都很小(平均面积约为 0.7 平方千米),只有 9 个岛屿的面积稍稍大些,有 2 平方千米(Ghina,2003)。其中,80% 的岛屿海拔很低,平均海拔仅约为 1.5 米。马尔代夫属热带气候,年平均温度 28 ~32℃。

马尔代夫共有人口 298 968 人,有 34.7% 的人生活在首都马累(Male)。其余人口分布在 192 个有人居住的岛屿上,这 192 个岛屿隶属于 19 个行政环状珊瑚岛。旅游业的发展政策旨在通过发展旅游业创造更多的就业机会,以此直接提高各环状珊瑚岛上居民的经济收入。

在许多小岛屿国家,旅游业的收入通常会占其国内生产总值(GDP)相当大的部分,约占 20% ~60%,有的可能更高(UNWTO,1999)。马尔代夫也不例外,马尔代夫的旅游业收入占其国内生产总值的 30%(旅游部,2004)。此外,根据以往的数据得知,基于乘法效应,马尔代夫与旅游业相关的经济活动,例如建筑业、消费品分销业,其总体收入占旅游业总收入的 80%(MATI,1998)。马尔代夫货币总局(Maldives Monetary Authority)(MMA),即马尔代夫国家中央银行,在其年度报告中确认,来自于旅游业收入中的外汇收入占国际收支差额劳务收入的 90%(MMA,1999)。

马尔代夫的旅游业是由一位意大利旅游业经营者乔治·科尔宾(George Corbin)最先发起的。乔治·科尔宾(George Corbin)鼓励马尔代夫的企业家穆罕默德·乌玛尔·玛尼库、艾哈迈德·纳西姆和侯赛因·阿费夫(Mohamed Umar Maniku, Ahmed Naseem and Hussain Afeef),鼓励他们在马尔代夫发展旅游度假村,招待那些来自欧洲的游客。现在,玛尼库和阿费夫分别是马尔代夫两家最大旅游公司的一把手,这两家旅游公司一家是通用企业,另一家是王冠公司。1982 年,他们共同成立了马尔代夫旅游行业协会(Maldives Association of Tourism Industry),自协会成立起,一直担任着旅游协会的执行董事。在这两位前辈的带动下,马尔代夫的旅游业成了全国各行业的典范,他们的创举代表了马尔代夫的创新能力,代表了马尔代夫的企业精神(Reimer,2007)。

马尔代夫旅游业基础设施的建设速度一直在当地政府的掌控之下,那些与旅游业相关的行业的发展,也同样遵循着可持续原则(Nethconsult/Transtec & Bord Failte,1996)。在北马累环状珊瑚岛,建在福禄瑞岛(Hulhule Island)上的国际机场距首都岛屿马累很近,于是,马累国际机场和阿里环状珊瑚岛(北阿里环礁和南阿里环礁)附近那些原本无人居住的小岛自然被作为度假用地租给了游客。

这是因为这些无人居住的岛屿距离机场很近,乘坐国际航班的游客下了飞机以后,只需用很短的时间便可以乘船到达他们神往已久的度假岛屿。以前,马尔代夫政府采取政治手段禁止所有私人机构在马尔代夫群岛为他们的固定翼飞机或其他各种形式的飞机建造机场(引自本书作者于 2008 年 2 月 14 日同易卜拉欣·卡西姆的私人谈话)。此举使机场的发展受到限制。不过,由于游客数量不断增加,作为固定翼飞机的替代手段,水上飞机和直升机被先后引入马尔代夫,为马累国际机场的运输能力提供了补充。与此同时,大大加强了距马累国际机场较远岛屿的旅游业的发展。航空运输能力的提升,使那些乘船很难到达的岛屿变得不再那么遥不可及。乘坐国际航班登岛的游客下了飞机以后,便可以乘坐直升机或水上飞机,只需花很少的时间,便可以到达那些较远的岛屿。由于直升机和水上飞机交通的发展,即使再远一些的岛屿,也由于直升机和水上飞机通达,使那里渐渐变成新的旅游地。

早在2003年,马尔代夫政府便开始认识到发展全国范围旅游业的重要性,认识到在群岛所有环状珊瑚岛上分配旅游资源的必要性。为此,政府制定了相关政策,以帮助人们在每个环状珊瑚岛上建造旅游度假村。2009年底,在政府制定的政策下,有两个新岛屿被作为旅游地建设得很完善;2006年,已经有许多新岛屿以度假村的形式出租给游客。然而,旨在发展距机场较远岛屿旅游业的政策并没有得到政府政策的支持,政府也没有制定出相应的投资计划,在这些偏远环状珊瑚岛上建设发展所需的基础设施。尽管如此,现任政府已经开始支持私有机场建设,但是私有机场发展成功与否,还需要看市场对发展趋势的反应,看未来是否会有持续性的私人投资。

在马尔代夫,国际游客的数量从1980年的4.2万人增加到2003年的50万人;在过去的23年里,国际游客数量翻了10多倍。自1972年起到2007年底,总计有8 382 928名游客到访过马尔代夫。根据记录,马尔代夫2007年的游客数量为655 852人(旅游、艺术和文化部,2009年)。游客床位的总供应量从1980年的2 400个床位增加到2004年的19 600个床位,床位的增长率高达9%,远远高于全球平均值的5%(旅游部和民用航空部,2007年)。根据旅游部的数据,在1972—2005年间,马尔代夫的游客床位供应量年平均增长率为11.65%。2007年底,有92个旅游海岛开始对外营业。另外还有53个海岛着手计划发展旅游业,现在,这些海岛的大部分已开始对外出租(旅游部和民用航空部,2008年)。

由于每个海岛都需要建设完整的基础设施和相关的服务设施,所以发展每个海岛旅游业所需的投资为1 800万~2 000万美元。马尔代夫的旅游业发展遵循一个岛屿一个度假村的政策,每一个度假村平均拥有100个或数量更少的度假小屋。

《1996—2005年二期旅游主要计划》(Second Tourism Master Plan 1996—2005)里预计到2005年游客数量将会达到65万人,在该计划实施结束之后,岛上将能够为游客提供20 500张床位(Nethconsult/Transtec and Bord Failte,1996)。目前,这些目标都已经实现了。联合国旅游组织(UNWTO)在《2020年旅游事业》报告中预计,马尔代夫在2020年将会迎来141.4万名游客(UNWTO,2001)。从目前的游客增长速度来看,这个目标很有可能实现。

由于马尔代夫的旅游资源有限,所以它只能够把旅游产品对准高端市场,因此马尔代夫总是被贴上高消费旅游目的地的标签。到目前为止,马尔代夫一直采取经济可持续发展的模式,这种发展模式取得了很好的效果。但是,随着旅游业在所有环状珊瑚岛上的扩张,为了维持岛上的财政活力,马尔代夫很有必要制定新的战略,用以丰富自身的旅游产品,迎合高端市场以外的其他市场的需求。

国家发展规划进程

国家发展规划(National Development Planning)(NDP)进程包括一系列5年计划,国家发展规划主要用以指引马尔代夫经济、社会和环境的发展方向。如今,马尔代夫已经开始进行它的第7个国家发展规划了,这个规划的实施时间是2006—2010年(国家发展部,2007年)。第7个国家发展规划的核心指导原则是:

> 坚持贯彻21号议程的核心原则,第7个国家发展规划里的发展政策不可以损害下一代人的人均利益。因此,该规划要确保能够最大限度地利用可用自然资源,并为保护重要的自然资源做好准备,重要的自然资源包括珊瑚礁,还包括鱼类繁殖区域等。新的发展项目要考虑当地环境的负荷能力,评估重大的环境影响及确定适合当地情况的降低环境影响的措施(国家发展部,2007年)。

布朗等(2007)介绍了各种适合马尔代夫负荷能力的措施,这些措施针对的目标包括废弃物再生产与管理、游客对环境质量的看法、可用水资源情况(主要指淡水)及沙滩、海岸沿线的水质情况。旅游地产生的固体废弃物的数量要远远高于居民生活区产生的固体废弃物数量,平均每位游客每周要制造16.5千克的固体废弃物。而且,已经发生了往大海里倾倒固体垃圾的现象。这一现象的出现,似乎可以或多或少地解释为什么会出现沙滩污染,为什么必须每天早上对旅游地沙滩进行清扫。尽管游客对饮用水质量仍然有一些担忧,但是游客们还是很认可当地的水质和沙滩,他们认为那里真的很干净,很好,甚至有的游客认为非常好。必须引起大家注意的是,在过去,所有岛屿都有利用地下水资源和雨水的经历,然而目前岛屿越来越多地依靠瓶装水或经淡化过的海水。这是因为岛上的地下水水位一直呈下降态势,而且地下水的质量也在降低。

然而,在岛屿旅游业环境负荷能力评估与管理方面,采取的主要方式是控制当地人造环境的建设。岛屿的管理条例中规定,人造环境建筑的总面积不得超过旅游岛屿总面积的20%,每一个房间必须要对应相当于5米长的沙滩。沙滩上68%的总面积必须被用于建造客房,20%的总面积必须被用来建设游客需要的其他设施(码头、接待中心和餐厅等),余下的12%才是客房之间的空地。建在水上的度假小屋可以用来加强旅游地的吸引力,但是实际上,现在越来越多的水上小屋建设都是被用作客房短缺的弥补手段。由于有许多客房建在水上,因此就人为地增加了旅游岛屿在物理方面的负荷能力。负荷能力理念可能是用来限制旅游业发展对环境影响的最有力理念,但是,当对经济增长需求的约束和经济扩张能力的需求发生在规划进程之前时,这种理念就没那么有效了。

国家环境规划进程

1998年,马尔代夫在联合国开发计划署(United Nations Development Programme)

(UNDP)和联合国环境规划署(United Nations Environment Programme)(UNEP)的帮助下,实施了它的第一个国家环境行动规划(National Environment Action Plan)(NEAP)。这是马尔代夫第一次提出一个政策框架来监督与环境管理相关的所有方面的项目,也是第一次从全国范围出发进行规划(住房、交通和环境部,2009a)。政府原本计划花费7年时间来完成这项规划。在对每一项规划审核之后,进一步的环境行动规划开始相继出台。马尔代夫现在正在进行第三周期的国家环境行动规划(NEAP3)。此项规划规定,所有环境管理相关部门必须共同努力,实现国家环境行动规划提出的主要目标,通过该规划中制定的货币政策,达成国家环境行动规划目标。在第三周期的国家环境行动规划中,制定了30个必须实现的目标,其中包括以下几个与可持续有关的目标(住房、交通和环境部,2009b):

保护重要的基础设施;

保护人们的居住环境;

提高珊瑚礁应对气候变化的能力;

降低气候变化对旅游业的影响;

保护人的健康免受气候变化引起的疾病伤害;

提高渔业和食品产业应对气候变化的能力;

预防和减少自然灾害。

每一个整体目标之下有各个小目标,在第三周期的国家环境行动规划中,就这些目标有详细说明,实现这些目标的计划起始期是2010—2012年,目标不但涵盖广泛,而且令人印象深刻。现在,马尔代夫正在进行一些实验项目,例如环状珊瑚岛生态系统保护项目(Atoll Ecosystem Conservation Project),联合国开发计划署和马尔代夫政府在全球环境基金(Global Economic Facility)(GEF)的资助下,于2009年在巴阿环礁(Baa Atoll)上启动了该项目,实施该项目的目的是为了设计一种有效的管理体系,并对这个管理体系进行论证,目的在于保护环状珊瑚岛的生态系统,实现岛屿旅游发展的可持续(AEC,2009)。

马尔代夫的实验项目一直持续到2011年,到了2011年底,有关方面便可以通过评估规划项目取得的结果,来决定是否要在全国其他环状珊瑚岛上同样开展这一项目。巴阿环礁之所以在战略上被选中作为进行试点项目的场所,是因为它具有生物多样性的特点,岛上及岛屿周围有许多种类的海龟、许多其他种类的海洋生物,以及多种多样的动植物群,所有的这一切,自古以来便大量存在于巴阿环礁上。

马尔代夫旅游业的主要规划进程

1983年,马尔代夫制定了《首期旅游业主要规划》(*First Tourism Master Plan*),马尔代夫政府委托丹麦的DANGROUP集团全权负责该规划的实施执行。从某种意义上讲，首期形式上的规划还是很有效的，因为马尔代夫政府认识到了为了发展旅游业建设的任何设施或基础设施都需要遵循环境保护原则。而且，马尔代夫政府还认识到对自然植被及自然景色的任何改变，都一定要考虑到每个岛屿的物理负荷能力，只有这样，才可以实现对岛屿的改变。不允许建设层高超过两层的建筑，不管是为了建设目的，还是为了其他目的，严格禁止在群岛的任何地方采集珊瑚和沙子等原料。今天，这些原则在马尔代夫仍在执行，他们在发展旅游业的同时，通过上述原则的贯彻执行，来保护当地的环境。

《首期旅游业主要规划》是马尔代夫第一个考虑到环境保护问题的规划。该规划推崇极端保守主义，该计划留下的传统思考点燃了马尔代夫发展者推行环境保护的热情。尽管在其他方面各方仍然存在一些分歧，但无论是公立企业，还是私立企业，各个机构都做到了通力合作，全力以赴地落实保护国家海洋资源和自然环境的措施。《首期旅游业主要规划》旨在实现旅游业基础设施的效能。该规划呼吁引入带状发展方式(zonal development)，选择3~4个较大的岛屿作为全国旅游业的中心服务区。规划中还规定旅游业的发展必须严格控制在这些节点岛屿上进行，或在这些节点岛屿附近的地方进行，以促使被推荐的节点岛屿的服务水平更加高效。从之后的情况看，这种想法似乎不太可行。因为，由于岛屿所处的地理位置等因素，从节点岛屿向附近岛屿提供基本物理供应品及基础设施，例如电、下水系统和通信系统等，实际动作起来很难实现。先不管节点岛屿是否能够最终建成，由于所有岛屿都是被大海分割开来的，所以有必要在每一个岛屿上建设相应的基础设施。无论是从字面上看，还是从环境保护的实际操作上看，在每个岛屿上建设所有基础设施所需成本都是巨大的。可是，由于每个岛屿都被海洋分开独立存在着，所以人们已经没有其他选择。通过在水下建设隧道来连接节点岛屿和其他旅游岛屿的做法，已经被证明是不可行的，而且也不利于环境保护。

表面看来，似乎在每个岛屿都配备上各自的基础设施，那么每个岛屿就可以做到自给自足了。事实是，无论从哪个方面来看，《首期旅游业主要规划》中的带状发展概念都不具备可行性，即使是在该规划的实施过程中，它也是不可行的。开发商获权开发的环状珊瑚岛中的岛屿全部位于马累国际机场周围，马累国际机场可以提供水上飞机服务和直升机服务。《首期旅游业主要规划》没有料到的是，水上飞机等服务经营对环境保护是非常有利的。仅就水上飞机而言，它的起降是在浮动设施上进行的，这些浮动设施可以拆卸，因此它们对陆地或海洋环境造成的伤害非常微不足道。正因为如此，水上飞机服务项目经历了很大的变革，从而扩大了可以用作发展旅游业的岛屿的规模。

1996年，马尔代夫又制定了《二期旅游业主要规划》(Second Tourism Master Plan)，在《二期旅游业主要规划》中明确表达接受欧盟(EU)的赠与型援助。《二期旅游业主要规划》中重新构建了《首期旅游业主要规划》中有关节点式发展的主题，其中包括区域发展理念。与此同时，二期规划中还认识到为旅游业建设特定区域机场的必要性。首期规划为环境保护立法提供了平台，二期规划则呼吁要更多地融合国家环境行动规划中的内容,并且制定出促进旅游业发展的政策。依据二期规划的原则,马尔代夫根据潜水者经过的频率,在全国范围内选出了25个不同的地点作为海洋保护区(MPAs),他们还保留了《首期旅游业主要规划》中引入的绿色度假村奖励(Green Resort Award)制度,以鼓励人们保护环境的精神和做法。必须引起大家注意的是,现在大部分海洋保护区都位于马累环状珊瑚岛和阿里环状珊瑚岛(紧邻马累环状珊瑚岛)附近。对于海洋保护区的选择,其实还没有在全国范围内进行。即使现状如此,《二期旅游业主要规划》依然是值得推崇的。这项规划重新定位了马尔代夫,使马尔代夫成为具有很高附加值的生态旅游地,这个理念在《三期旅游业主要规划》中得到了延伸。

《三期旅游业主要规划》继续提醒人们,马尔代夫的旅游业仍然处于脆弱的环境当中。在《三期旅游业主要规划》中,人们认识到继续在每个岛屿上用仅够20%的岛屿面积发展旅游业的必要性,规划中还制定了许多其他方面必须遵守的规定,例如保护海岸线,防止海洋逆流(setback limits)等。然而,在表面上,马尔代夫似乎一直在遵守着这些规定,但在实际操作上,当地却一直采取许多方式钻土地建设限制的空子。几乎所有旅游地岛屿都在水上建造了度假小屋,人们通过这种方式来逃避规划中对土地规划原则做出的规定和约束。更重要的是,《三期旅游业主要规划》提醒那些利益相关者,他们采取的上述做法或其他一些做法将面临的挑战,随着旅游业发展在物理方面的不断扩张,这些挑战将不断出现。《三期旅游业主要规划》第一次认识到马尔代夫的其他主要产业,并第一次对其进行了概述,例如捕鱼业也需要自然资源的必要性,同时概述了产业间进行联合管理的必要性。

尽管时至今日,都没有对这些战略进行过中期评估,也没有进行过其他战略性评估,但是这些战略都需要遵循行动规划中的规定。

《三期旅游业主要规划》中提出的建议都很复杂,规划中号召在全国范围内实施环境管理系统,而且还要细化到相关的重点内容,例如固体废弃物的处理、工程解决方案及下水处理等。要想使未来的发展能够实现,并且是负责任的,所有这些因素都必须考虑到。《三期旅游业主要规划》提出的建议非常符合现行环境法草案的规定,对于环境管理系统在全国范围内将如何发展,我们拭目以待。《三期旅游业主要规划》显然区别于前两期规划,这主要是因为在三期规划中,马尔代夫第一次呼吁未来发展应该是一种基于可再生能源的发展。考虑到旅游业对经济的重要性,《三期旅游业主要规划》中的这些建议,毫无疑问会成为全国范围内综合环境管理规划的基础。

旅游法律法规

与旅游业发展相关的所有程序都需要得到旅游、艺术和文化部的批准,旅游、艺术和文化部还需要征询住房、交通和环境部专家们的意见(MHTE,现更名为住房和环境部)。

现在，马尔代夫执行的法律是《马尔代夫旅游法1999》(Maldives Tourism Act 1999)(法案编号:2/99)。《马尔代夫旅游法1999》第十五条明确阐述了"为发展旅游地而在出租岛屿或土地上砍伐椰子树或其他种类的树、在发展旅游业的岛屿上挖掘环礁湖、开垦土地或进行其他活动……都可能会给当地自然环境带来永久性伤害"。如果要进行此类活动，必须要获得相关部门的书面批准，而且要符合相关法律法规的规定。《关于保护和建设旅游业环境的法规》(Regulation on the Protection and Conservation of Environment in the Tourism Industry)(旅游、艺术和文化部，2010年)中的相关规定是根据《马尔代夫旅游法1999》制定的，法规中详细规定了在岛屿上发展任何活动的开发者可以做什么和不可以做什么。

马尔代夫监管环境保护的主要部门是住房、交通和环境部。在法律上，一个名为《环境保护和保留法案1993》(Environment Protection and Preservation)的法规，是目前马尔代夫政府治理和管理环境的主要法律依据。该法规赋予马尔代夫政府制定政策、规则和法规的权力。根据该法规，在马尔代夫政府拥有的其他方面的权力中，还包括可以确定需要保护和保留的区域(第四部分)。根据该法规的第六部分，政府可以终止所有会对环境产生不利影响的项目，而且可以不给予赔偿。第七部分规定，政府可以禁止进行废弃物、石油和有毒气体的排放。对于违反该法规的组织和个人，马尔代夫政府有权对其进行罚款，罚款的最高金额可达100万马尔代夫拉菲亚，相当于10万美元。

《环境保护和保留法案1993》根据该法律在2007年制定的相关法规和《环境影响评估规定》(Environmental Impact Assessment Regulations)是对当地环境保护实施管理的主要法律武器。现在，是由住房、交通和环境部负责监管该法律的执行。此外，旅游、艺术和文化部还在执行着另外一套已经在上述提及的法规——《关于保护和建设旅游业环境的法规》。

现在，马尔代夫正在针对《环境保护和保留法案1993》进行修改，在联合国环境规划署的帮助下，他们起草了一项新的立法草案。在环境政策制定方面，新的立法草案可能会赋予政府更大的权力，而且还可能会引入更多样的罚款方式，用以惩戒违反规定的组织和个人。该草案被贴上了马尔代夫环境保护法的标签，预计将于2010年末或2011年初送交议会进行审议。

在环境部这把大伞下制定的草案具有更多的功能，例如引入了可再生能源概念(已经在《三期旅游业主要规划》中有所提及)，划分海岸保护区域，在马尔代夫第一次提到保护基因资源。该草案对于废弃物管理问题给予了更多的重视，现在，已经把必须控制全国进口塑料袋的规定写入了即将制定的法规里面。废弃物管理公司(Waste Management Corporation)属于政府的另一管理部门，该公司寻求国外的援助，计划引入更现代化的废弃物管理措施。在政府架构之外，诸如马尔代夫旅游行业协会、马尔代夫旅行社协会(Maldives Association of Travel Agents)和马尔代夫侨民协会(Maldives Live - Aboard Association)等组织都是主要的利益相关者。政府在制定旅游业规划、发展问题及环境等相关方面政策和法律法规时,需要征询他们的意见。

未来面临的主要挑战

脆弱仍然是马尔代夫旅游业发展所面临的主要挑战。因为,旅游业对于马尔代夫全国的经济发展是如此重要,几乎没有其他的选择可以代替旅游业成为新的促进经济增长的动力。马尔代夫对于开发自然环境的需求不可能也不会消失,因为,从市场发展趋势来看,有证据表明马尔代夫的旅游产品将会继续长期地受到游客的欢迎。需要马尔代夫确保的是,一定要负责任地管理好环境资源。

就像以上曾经回顾的那样,马尔代夫具有足够的机制和政策手段,来表明马尔代夫在发展岛屿旅游业的同时可以实现负责任的环境管理的决心。然而,人们并没有充分地利用这些机制,这些机制在各个政府部门的利用情况也各有不同。尽管国家环境行动规划的开始实行时间是在2010年,但现在这项规划仍然没有完成。行动规划中禁止对环境的破坏,致力于解决针对环境存在的潜在影响。至今还没有进行过全国范围内的环境问题审查,马尔代夫实行的各种环境保护机制是否能继续找出现存的环境问题,是否能够保卫住未来的发展,仍待考察。

《三期旅游业主要规划》呼吁把旅游业发展和环境保护管理活动结合起来。像环状珊瑚岛生态保护项目这种试行项目很有发展前景,可惜它们还只是试行项目。就划定海洋保护区而言,早在《二期旅游业主要规划》时期,就已经开始在兴致勃勃地进行了,可是至今为止,划定的保护区仍然只位于马累和距马累很近的环状珊瑚岛附近。必须认识到,要实现旅游业的扩张,就必须保证此类环境保护措施在全国范围内的实施,必须走在游客设施建设的前面。

毫无疑问,所有环状珊瑚岛上的旅游业都会带来经济利益,但是,除非推行一套全国范围的管理体系,否则,有关环境保护的法律法规的实施十分有可能变得不再那么奏效。例如,禁止向海洋倾倒垃圾的法规一直没有被有效实施。同样,通过建设水上小屋来扩大现存岛屿度假村的面积,这个问题也始终存在。所有的土地开垦都应该进行环境影响评估(EIA),尽管如此,仍然有一些事情发生,证据表明,仍然有一些土地开发没有进行环境影响评估。建设水上小屋似乎是逃避人造环境法规规定的最好方法,但是,建设水上小屋可能会严重破坏岛上的环礁湖、珊瑚礁和周围的海洋资源。

结束语

很明显,马尔代夫正在实行恰当的规划、法律和法规,目的是更有效地实施环境影响管理,与此同时,确保未来旅游业的经济效益不变。从20世纪70年代开始,马尔代夫就开始实行系统化的、规划良好的旅游业发展项目，根据市场需求和旅游地的环境负荷能力，逐渐扩大交通和旅游地的基础设施。游客数量大幅度增加，通过控制旅游岛屿的开发，旅游地的负荷能力也变得更加扎实稳健。这种控制机制是通过许多规划进程最终得以实现的。这些规划包括：国家发展规划（National Development Plans）（NDPs）、旅游业主要规划（Tourism Master Plans）（TMPs）、国家环境行动规划（National Environment Action Plans）（NEAPs）。

在这些规划的进程和项目中，都建议马尔代夫政府进行环境负荷能力的审核，并对重大影响进行评估，如发现问题马上采取措施解决。但是，目前国家发展规划的筹备期实际上还没有结束，马尔代夫政府也没有进行过任何重大的审核，更没有进行过全国范围的影响评估。第三周期的国家环境行动规划概述了一些需要实现的目标，不过要实行这些环境项目，更重要的是未来对环境项目进行监管，实现这些，马尔代夫还有很长的路要走。

人们需要从像环状珊瑚岛生态保护项目这样的试行项目中总结经验，总结出如何在旅游业扩张的同时，在所有环状珊瑚岛上都执行统一的环境保护政策。例如在开发旅游业的岛屿周围划定海洋保护区。建立国家详细的数据库是一件至关重要的事情，这样就可以根据数据库里的数据进行环境影响评估。还有，在人造环境方面实行的负荷能力法规在应用上表现出的局限性越来越明显。当人们通过建设水上小屋来提高住宿容量的时候，他们只顾经济利益，却忽略了环境管理问题。

然而，面对旅游业越来越激烈的竞争，为了给现在和未来的马尔代夫人创造出更大的经济效益，为了能够同时限制发展给旅游业赖以生存的自然环境造成的影响，马尔代夫在过去的40年里一直在努力着，前行着。从某种程度上说，使马尔代夫向更加可持续的岛屿旅游地转变的想法，可以归功于马尔代夫旅游业的创建者和先驱者，他们认识到，马尔代夫良好的海洋环境是他们的生意乃至整个国家持续繁荣发展的基础。上面提及过的各种各样的规划进程和项目也是促进马尔代夫转变的原因，这些规划和项目的尝试和实行，有利于可持续发展的政策和措施，为马尔代夫在未来可持续发展中可能遇见的多种挑战和机遇打下了坚实基础。

参考文献

1. AEC (2009) AEC: Atoll Ecosystem Conservation Project. Our Vision and Implementation Strategy (2009) Available at: http://www.biodiversity.mv/aec/index.php? option = cam_content&view = article&id = 44 (accessed 15 September 2010).

2. Atoll Editions (2004) Atlas of the Maldives, Reference for Travellers, Divers and Sailors, 4th edn. Apollo Bay, Victoria, Australia.

3. Brown, K., Turner, R. K., Harneed, H. and Bateman, I. (1997) Environmental carrying capacity and tourism de-

velopment in the Maldives and Nepal. Environmental Conservation 24,316 – 325.

4. Ghina, F. (2003) Sustainable development in small island developing states: the case of the Maldives. Enviromnent, Development and Sustainability 5,139 – 165.

5. Maldivian Democratic Party(2008) Aneh Dhivehi Raajje: The Strategic Action Plan. National Framework for Developmen t 2009 – 2013. Malé, Maldives.

6. MATI(1998) Issues of concern to the Maldives tourism industry, Maldives Association of Tourism Industry, Malé, Maldives.

7. McKercher, B. (1993) The unrecognised threat to tourism: can tourism survive sustainability. Tourism Management 14,131 – 136.

8. Ministry of Housing, Transport and Environment(2009a) Our Vision and Implementation Strategy: Atoll EcoSystem Conservation Project. Malé, Maldives. Available at: http://www. biodiversity. mv/aec/index. php? option = com_docman&task = doc_download&: gid = 99&Itemid = (accessed 22 September 2010).

9. Ministry of Housing, Transport and Environment (2009b) Third National Environment Action Plan. Malé, Maldives. Available at: http://cde. com. nw/wp – content/uploads/2010/05/NEAP_3. pdf(accessed 1 3 September 2010).

10. Ministry of National Development(2007) Seventh National Development Plan 2006 – 2010: Creating New Opportunities. Malé, Maldives. Available at: http://www. planning. gov. mv/en/images/stories/ndp/seventh_ndp. pdf (accessed 15 September 2010).

11. Ministry of Wourisln (2004) Tourism Statistics 2004. Malé, Maldives. Available at: http://tourism. gov. mv/pubs/stat2004/index. htm(accessed 22 September 2010).

12. Ministry of Tourism and Civil Aviation (2007) Maldives Third Tourism Master Plan 2007 – 2011. Malé, Maldives. Available at: http://www. tourism. gov. mv/downloads/ttmp. pdf(accessed 15 September 2010).

13. Ministry of Tourism and Civil Aviation (2008) Fathuruveri kamuge tharaqqee ge 35 aham (Development of tourism in the last 35 years). Tharaqqee ge dhuveli(Speed of Development) No. 23. Malé, Maldives.

14. Ministry of Tourism, Arts and Culture (2009) Tourism Yearbook 2009. Malé. Maldives. 227 Available from: http://www. tourism. gov. mv/downloads/stat_yearbook_2009. pdf(accessed 15 September 2010).

15. Ministry of Tourism, Arts and Culture(2010) Regulation on the Protection and Conservation of Environment in the Tourism Industry. Malé, Maldives. Available at: http://www. tourism. gov. mv/downloads/unofficial – translation. pdf(accessed 15 September 2010).

16. MMA(1999) Annual Report of the Maldives Monetary Authority, 1998. Maldives Monetary Authority, Malé, Maldives.

17. Nethconsult/Transtec and Bard Failte(1996) Maldives Tourism Master Plan 1996 – 2005, Volume 1, Main Report. Prepared by Nethconsult/Transtec in association with Bard Failte. Ministry of Tourism, Malé, Maldives.

18. Reimer, K(2007) Paradise in the making: tourism, development, and the Maldive Islands. PhD thesis, York University, Toronto, Ontario.

19. UNWTO(1999) Compendium of Tourism Statistics, 17th edn. United Nations World Tourism Organization, Madrid.

20. UNWTO(2001) Tourism 2020 Vision – South Asia. United Nations World Tourism Organization, Madrid.

17 海岛可持续旅游的总结与启示

理查德·巴特勒[1] 杰克·卡尔森[2]
1. 苏格兰斯特拉斯克莱德大学 2. 西澳大利亚科廷大学

概述

在本章中，我们主要对前面各章节提及的问题和困难进行一个总结，以从中得到启示，从而了解是不是所有进入研究视野的岛上居民都迫切期待有一个可以持续发展的未来。正如我们所预料的，我们研究的情况很复杂，而且很让人感到困惑。造成这一现象的原因，是因为在实现可持续的过程中，是找不到简单方法的。除此之外，各个被调查的岛屿也没有更多的相似之处。被调查的岛屿确实是种类各异：有高海拔的，有低海拔的；有温水区域的，也有冷水区域的；有人口众多的，也有人口稀少的；有属于独立国家型的，也有隶属于其他国家的；有面积大的，也有面积小的。但是，它们具有的共同特性，就是它们都是岛屿。因此，尽管本书的编著者不尽相同，但是大家都就这些岛屿进行了探讨，而探讨的问题是相同的，具有共性——可到达性、较小的内部市场、易受外部力量伤害、旅游业和其他活动之间及游客和当地人之间很难保持良好关系。

就本书描述的一些岛屿而言，旅游业是这些岛上经济的中流砥柱。很难想象，如果没有旅游业，这些岛屿的生活和经济会变成什么样子。对于另外的一些岛屿来说，旅游业属于它们经济中的第二产业，或者是一个小产业，是为其他产业服务的，例如矿物资源产业。这一类岛屿主要从其他来源获得汇款和收入。然而，放下旅游业对这些岛屿经济的重要程度暂且不考虑，仅就旅游业对这些岛屿上的居民社群的生活质量来说，则是相当重要的。旅游业不仅仅影响着岛屿经济的发展，旅游活动本身也影响着岛屿的环境，影响着当地居民的社会文化生活，通过对上述的影响，进而影响到岛屿的政治和管理。尽管研究所面对的情况很复杂，但这些岛屿仍具有一些相同点，通过这些相同点，我们可以勾勒出一个实现可持续的途径或项目，使我们能够实现可持续发展的未来。其中，不仅仅要实现旅游业的可持续发展，而且还要实现岛屿社群、岛屿经济，以及岛屿环境的可持续性。

如果要找到可持续中的主要问题，我们必须全心致力于对每一章节的内容进行认真总结，从每章的内容中获得启示。在本书的 15 个章节中，作者们讨论、总结和论述到的问题将近50个,有些问题论述得比较具体,有些问题只是较粗线条的概括性论述。本章节已经把这些问题归纳为经济发展方面的四大问题:旅游对经济增长方面的限制、对环境变化的响应、当地对旅游业的投入程度,以及旅游的发展方向。决定经济发展、增长限制、当地投入程度及环境变化响应的主要问题,将在下一个小节内进行阐述,即:对于可持续旅游原则的政治承诺。在四大问题下,有关于每个章节所述问题的总结及在政治承诺标题下阐述的主要的决定性问题尚属于正在研究的问题,属于启示标题下的内容。在本章节中,我们同样介绍了各章节中产生的三个主要问题,毫无疑问,这些问题会引发我们的讨论和思考,它们不仅仅会引发我们对研究案例的讨论与思考,也会促进我们对岛屿旅游业整体可持续发展的讨论和思考。

经济发展

在本书中,许多作者都评论说岛屿当地政府推行的所有政治政策,都偏重于经济发展,忽略了与之相关的环境问题和社会文化问题,甚至就在政府将实现可持续性作为发展目标的时候,他们仍然仅偏重于经济发展(Dodds & Butler,2009)。偏重于经济发展,此种做法的原因可以理解,但是也令人感到遗憾。在世界范围内,我们可以假定无论经济发展到什么程度,政府当局(在整体上说,他们也有可能是正确的)都希望通过保经济增长保住他们手中的权力,获得连任的最佳结果,哪怕他们的这种做法要付出生活或其他方面的代价。扩大就业、增加收入是大部分公共部门制定政策的核心内容,而这些公共部分通常总会认为保护环境、保护文化会阻碍经济的增长。正如多兹(Dodds)于2007年指出的那样,在巴利阿里群岛,当地的地方政府已经通过立法向游客收取一定费用,用以扶助可持续发展,但是他们的这一措施未能在下任政府得到保留,新当选政府废除了他们的前任扶助可持续发展的措施。

偏重经济发展而忽略其他的方面,这在许多岛屿都有体现,而且偏重的方式多种多样。在这些岛屿中,也包括麦夸里岛、芬瑟岛(消耗优于保护)、圣克罗伊岛和圣诞岛(赌场盈利高于社群幸福)、毛里求斯岛(其发展已超出经济基础的负荷能力)和冲绳岛(不顾环境方面的限制,过度追求高端消费游客)。如果可持续旅游和可持续发展在大体上需要依靠“三重底线”(triple bottom line approach)的方法,那么就再清楚不过了,任何偏重经济发展的政府都不是真心诚意地希望实现可持续发展,因为这些政府根本没有对经济、环境和社会问题的规划与发展给予平等重视。

但是,由于当地面临人口不断增长、对就业岗位和收入的要求不断提高的政治现实,实现经济增长也十分重要,所以,我们在这里并不是说要停止发展需要,更不是说经济增长不重要。我们要说的是:如果要取得政治上成功的重新定位,就必须认识到人们的态度需要发生根本性的改变。

增长方面的限制

因为所有政府都偏重于经济增长，所以大部分政府在制定政治政策时，都会背地里放松实现经济增长时的各种限制。但是，从研究案例中可以清楚得知：许多岛屿旅游地关心的都只是眼前的发展问题，根本不考虑未来可能会发生的问题。限制，通常是以法规的形式出现，在许多案例岛屿上都有体现，麦夸里岛有严格的法规规定（包括清除外来物种）；芬瑟岛可能会失去它世界遗产的身份，因为它没能够有效地限制资源的使用；绿岛已经开始通过强行执行法规来改变其使用资源的本来方式，以使旅游业能够朝着可持续的发展方式转变；在拉克沙群岛，已经开始从空间上隔离和限制旅游业的发展了。本书也讨论了马来西亚需要制定更多的法规，讨论了毛里求斯、冲绳岛和马尔代夫的负荷能力概念（岛屿潜在的限制）。所有关于负荷能力、法规、限制或局限的讨论都是从整体上进行的，讨论还采用了整体分析的办法。限制并不需要完全减少旅游地的游客数量，也不需要减少就业岗位，或者轻视旅游业对经济的重要性。最好是可以限制一些特定形式的旅游业发展，发展其他形式的旅游业，在一些情况下，可以增加游客的人均经济回报；限制游轮游客的数量，与此同时增加岛上停留游客的数量，这些都是旅游业发展的好方式，是岛屿实现长期旅游业发展的可行战略（Wilkinson，1987）。

环境变化的回应

在诸多环境中都出现了自然环境变化问题，环境变化问题对岛屿来说尤为严重，因为岛屿的面积通常较小，生物种类有限，因此很容易受到环境变化的影响。麦夸里岛遭受到外来物种的严重影响。具有讽刺意味的是，一直是游客的存在在凸显外来物种造成的影响，这就导致了岛屿针对外来物种采取清除措施，也促使岛屿采取了降低旅游业影响的措施。麦夸里岛的情况有可能是个例外，但是在对芬瑟岛的讨论中，可以看到环境影响依然非常重要。例如，旅游业发展的物理因素受到岛上传统“采矿和伐木”经济的影响，“采矿和伐木”对于环境的影响是如此巨大，以至于芬瑟岛可能失去自己世界遗产的身份。

在绿岛上，那里采取的新型战略的大部分都旨在降低或消除当地的环境影响，例如限制捕鱼业、限制喂食海洋生物，减少对陆地的侵蚀。因为气候变化使海平面上升，马尔代夫（和其他的大洋群岛一样）最易受气候变化的潜在影响。在马尔代夫，可以说岛上的旅游业并不是造成上述现象的原因，不管气候变化是由马尔代夫当地因素造成的，还是由外部因素造成的，很明显，马尔代夫都必须采取战略措施以应对气候的变化。在马来西亚，他们的岛屿也遭遇了类似问题，马来西亚采取的应对战略，在某种意义上、某些部分上，取决于游客和当地人对气候变化问题的理解和认知。在设得兰，那里也在进行着具有进步意义的规划。因为，当地人担心石油开发将会对环境和社会造成大范围影响，而在过去，石油开发一直是有利于旅游业发展的。在冲绳岛，对于自然资源的需求，尤其是对水资源和能源的需求，以及基于不断增长的需求产生的影响和变化，是该岛必须解决的主要问题。对夏威夷岛来说，环境变化也是岛屿政治和法律需要考虑的潜在问题。在本书的最后，我们看到马尔代夫的负荷能力明显不足，尤其在环境方面的负荷能力，可以看到，马尔代夫的环境很难再承受住进一步开发了。对所有这些案例的研究结果，都从一个方面强调了对大部分岛屿实施保护的重要性，这种保护主要是海洋物理环境方面的保护和陆地物理环境方面的保护。众所周知，海洋物理环境和陆地物理环境是发展旅游业的首要条件，也是大多数岛屿的文化核心。物理环境变化所遭受的严重影响，会威胁到岛屿文化、生活和旅游业的长期可持续发展。

当地投入程度和发展方向

从当地人的角度出发，使当地的居民社群参与到岛屿规划和发展中来，是实现可持续发展的重要因素。缺少当地的投入和理解，是本书中许多案例正在面临的一个问题。在岛屿进行旅游业规划时，获得当地的投入尤为重要。事实上，所有岛屿旅游业的发展都是由海外人士发起进行的，就算岛屿上的旅游业基础设施（比如交通设施和食宿设施）并不属于那些外国人，但这些基础设施通常都是受外部势力掌控的。这种状况当然不属于岛屿上的内在问题，其内在问题是在现实中，当岛屿制定决策时总是缺少岛屿当地人的参与，所有决策几乎都是在维护旅游业基础设施所有者的利益。在绿岛上，尽管没有当地住民，但外部势力制定的岛屿相关政策都有利于岛屿环境的保护。在拉克沙群岛，由于旅游业与当地居民社群完全脱节，使当地旅游业发展的速度受到制约。从另一方面说，完全脱节的状态避免了游客与当地人之间不恰当的交流互动，避免了这种交流引发的问题。在马尔代夫（见第6章），当地居民还没有意识到环境变化给这个岛国所带来问题的严重性，在那里的社群中，这种现象并不罕见。这里的住民社群具有不可避免的、与世隔绝的岛国特性，从某种程度上说，他们与全球经济和政治的某些方面是隔绝的。

第6章中贝拉（Belle）和布拉姆韦尔（Bramwell）（2005）的评论非常恰当："小岛屿发展中国家（SIDS）未能够制定相应的政策以应对气候的变化，这将会使他们更加难以应付正在发生的不利改变，与此同时，还将增加他们承担严重后果的可能性。"从全球的视角来看，当地的投入方式及当地人的观点，可能并不总是正确的，或者说并不总是恰当的，但是毋庸置疑的是，从岛屿当地情况出发，与那些来自外部的势力相比，岛屿居民通常对岛屿存在的问题具有更为准确的看法。

马来西亚面临的亟待解决的问题是紧急告知当地居民和游客,让大家了解旅游业产生的影响,这一点很重要。对当地的投入需要有来自外部信息的支持和指导,特别是当岛屿上大部分居民尚不熟悉旅游业应该如何发展的时候。在圣克罗伊岛和圣诞岛,如果想要从社会文化角度实现旅游业可持续发展的目标,就必须考虑岛上居民和岛上政客之间为什么会对发展赌博型旅游业存在分歧,他们之间的分歧在哪里。在特立尼达岛和多巴哥岛,同样存在着与此相似的公众认识问题。布鲁尼岛和磁岛成功地处理了岛上居民与游客之间的互动关系,在这样的岛屿上,人们需要重点解决的是在当地举办一些本土活动,使当地居民自愿参与到活动中来,自愿参与到政治活动中来。在布鲁尼岛和磁岛,人们已经意识到,如果没有当地人的参与和投入,居民与游客之间的关系很难得到改善。在设得兰群岛,当地社群对于政治行动的理解和支持,是设得兰群岛成功加强岛屿规划和发展控制的关键性因素。毛里求斯在制定政策的时候,相对缺少对当地居民生活质量的关心,这显然是个很严重的问题。在地中海群岛,当地居民同意在解决旅游业问题上与政府合作,这对于地中海群岛来说,具有重要意义。在马尔代夫,如果人们想要成功地减少评估带来的影响,要想成功地采取缓和措施,很明显都需要依靠当地人的支持。

对于可持续旅游原则的政治承诺

所有前面提及的这些问题,对于大部分从事旅游业的岛屿来说,都很重要,但是重要程度各有不同。不过在这些问题中有一个问题最重要,那就是政治承诺。政治是我们迄今为止尚未被论述到的构成可持续发展方式的"第四条腿"。如果没有政治方面的支持,"三重底线"的方法将没有任何作用。政治上的花言巧语发挥不了什么作用,已经有太多的例子证明了这一点。许多候选者都表达了他们志在实现可持续发展的决心,但是他们都没能够完成自己提出的政策措施(Dodds & Butler,2009)。在民主国家里,各级政客都需要定期对选民提出的问题做出答复,因此,他们的回答总不可避免地受到各届选举期间四年或五年政策框架的影响。通过这一点,反过来我们可以得知,短期的"修理方案"或叫解决方法,在通常情况下更有利于可持续发展所需的长期政策框架。

在麦夸里岛,有一个问题很重要,这个问题就是联邦政府是否要继续在财政上支持旅游业管理和岛屿上的其他相关问题,在全球经济情况不明朗的情况下,这个问题就显得尤为重要。

芬瑟岛没有足够的政治承诺来保护岛屿上专为发展旅游业而设的地方,以及保护专为远离旅游业而设的供人们居住的地方。在绿岛,政治承诺并不是特别的重要,因为绿岛采取私立部门和国家机构联合管控的方法,这就意味着在绿岛采取更有利于可持续发展的方法成为可能,也意味着在缺少当地居民和政客的情况下,实现合作也成了可能。拉克沙群岛实行的当地政策到目前为止一直很有效,这些政策已经成功地缓和了,并减少了旅游业对当地居民及其生活方式的影响,这是表现当地管理有效性的很好例证,在此期间,尽管当地有可能已经付出了经济代价。设得兰群岛的情况也是如此。在设得兰群岛,当地政客坚决执行有利于当地居民社群的政策,他们甚至抵挡了来自于大型产业和政府高层的压力。不过,马尔代夫当地的政客们不能指望气候不再变化、海平面不再上升,他们需要考虑采取什么样的行动来应对这些问题,现实中,没有任何人会有什么办法来帮助马尔代夫应对这些问题。

在制定当地政治政策时,马来西亚向当地居民和游客散播信息的做法在岛屿上更有效,而且他们还将可持续发展的理念引入到规划中。在圣克罗伊岛和圣诞岛,就赌博旅游业问题,在已经制定的政策与当地人的观点之间,似乎一直存在矛盾,至少就社会文化问题,政策与当地人之间是存在矛盾的,而且很多。在特立尼达岛和多巴哥岛,在当地不同文化种族(由于经济不平等而产生分裂)在特立尼达狂欢节期间的不同表现,充分表明当地需要强硬的政治领导和政治行动。布鲁尼岛和磁岛也遭遇了同样的情况,在布鲁尼岛和磁岛上,要推行改善游客与居民互动关系的政策,必须得到游客和居民双方对互动关系的理解,改善游客与居民之间的互动关系,是可持续发展政策中希望获得的最直接结果。在毛里求斯,从居民的角度出发,似乎并没有对于变化接受程度的明显指示,似乎毛里求斯可能会在未来制定一些政治政策,并让当地居民参与到政策的制定过程中来。在冲绳岛,当地政客需要着重解决由于旅游人口和当地人口都不断增加所导致的资源需求问题,最突出的问题是必须解决水资源问题和能源资源问题,这些问题都必须在制定的政策中有所体现。

地中海岛屿同样面临此类问题,由于各岛屿之间缺乏政治合作,致使各个岛屿的经营管理都不具备可持续性。这个结果在社会文化方面,自然会对当地居民产生不同程度的影响。在夏威夷,同样需要解决政治承诺问题。目前,夏威夷需要从整体上拿出办法,来解决环境、经济、法律和政治方面存在的问题。在解决问题的方法中,还有一种方法可供选择,那就是司法裁决方法。但是,采用司法裁决方法解决问题,有可能会背离当地情况,甚至有可能有悖于可持续发展的目标。最后要讲的是马尔代夫,很明显,决定旅游业合理发展的政治决定,往往是从多个够级别的角度出发做出的,决不仅只是靠对经济因素的重视做出的。此外,还要注重海洋环境的保护,由此可见,所谓政治决定,对于岛屿旅游业朝着可持续道路发展来说,起着非常重要的作用。

研究问题和启示

正如本书所论述的复杂内容所示,针对岛屿朝着生态、社会和经济可持续道路发展这个命题,本书也对许多问题进行了探讨。以下部分概述了每个章节涉及的问题,希望大家能够站在可持续的视角对这些岛屿做进一步的研究比较。

第2章节的核心问题是坐落在南大洋的麦夸里岛应该如何管理岛上艰苦脆弱的自然环境。这个问题包括：

• 在没有任何经验数据和科学证据的情况下，如何进行旅游生态影响的管理？

• 不断变暖的气候是如何影响岛屿的生态价值的，进而又是如何影响岛屿的旅游经历的？

• 在如今全球金融危机形势下，做生意的成本会发生怎样的变化，南极旅游市场中其他独特性会发生怎么的变化？联邦政府是否应该继续保护塔斯马尼亚国家公园，是否应该限制岛屿旅游业的发展？

在第3章节中追溯了芬瑟岛朝着可持续发展的过程，进一步研究了实现可持续发展的建议和必须采取的方法，具体如下所述。

• 从本质上说，岛屿会受到自身规模的限制，岛屿在旅游活动的压力下，在环境方面实现稳定可持续发展的能力非常有限，因此，所有的保护方法的采用和政策的制定，都必须基于这一事实做出。针对如何实现环境保护与旅游活动之间的平衡所进行的系统的比较研究，具有非常重要的意义。

• 资金不充裕的组织机构无法进行环境管理，芬瑟岛的情况就是如此。这些机构需要进一步研究其他有效的资金模式，用以资助国家公园进行负责任的管理（此举不仅只局限于对一个岛屿的环境问题）。

• 急需针对政府采取的环境保护行动所产生的效果做出评估，这些行动在很大程度上都违背了当地社群的意愿，例如在我们所述案例中讲到的关于政府对付野狗时所采取的行动。

国家公园组织在管理可持续旅游业的时候，需要得到适当的立法支持，也需要咨询本土社群的意见，这一点在绿岛（第4章）有关管理中体现得很充分。尽管如此，绿岛仍然出现了许多问题，其中包括：

• 针对旅游业对脆弱岛屿环境产生的各种影响，国家公园组织拥有足够的管理资源吗？

• 如何通过谈判和执行法规来逐步禁止传统狩猎活动和非法捕鱼活动？

• 旅游经营者们愿意中止他们的喂鱼活动吗？愿意转而教育游客保护国家的自然海洋生物吗？

第5章中介绍了拉克沙群岛，那里通过隔离游客的方法来对旅游产生的环境社会影响实施管理，但是拉克沙群岛仍然必须面临一些问题。这些问题包括：

• 隔离是保护文化上十分敏感的社群远离旅游业所产生的不利社会影响的最有效的方式吗？

• 当地面临的人口压力在多大程度上影响了岛屿旅游业的社会可持续性？

• 限制游客的数量是一项“高回报、低投入”的旅游发展战略吗？限制游客数量能够保护岛屿居民的生活方式不受影响吗？

第 6 章所述的马尔代夫经历了许多因气候变化产生的影响问题。其中包括：

- 在马尔代夫的旅游业中，哪个方面最容易受到气候变化的影响？
- 由马尔代夫总统领导的关于气候变化的外部运动是如何帮助旅游业适应气候变化的？是如何通过恰当的国内运动和国内政策加强了这些活动能够取得的效果？
- 应该由谁带头应对气候变化，在实现旅游业可持续发展这个大目标上，什么样的合作关系才能够最有效地降低岛屿的脆弱性？

第 7 章中针对马来西亚，分析了对主人和客人是岛屿可持续重要构成的理解，但是仍然需要对一些问题做进一步的分析。其中包括：

- 在岛屿旅游环境下，什么是向主人和客人传达文化环境价值的最有效方式？
- 对于岛屿旅游业的态度，从人口情况（年龄、工作和种族）上看，主人和客人之间究竟有多大的区别？
- 对于岛屿旅游业的态度，从岛屿的物理大小方面和满足旅游业增长而带来的对食宿的需求能力方面看，主人和客人之间有多大的区别？

一些形式的旅游业模式可能会影响到岛屿可持续旅游业的发展，在第 8 章中，圣克罗伊岛和圣诞岛上开展的赌博业，就属于这种模式，在圣克罗伊岛和圣诞岛上出现了如下问题。

- 为什么政府不考虑岛屿上社群的社会脆弱性，而热衷于继续支持发展赌博业呢？
- 发展赌博业获得的经济效益能够弥补得上社会成本吗？
- 发展岛屿赌博业可以与发展岛屿社会可持续发展的旅游业同时进行吗？

在第 9 章中描述了特立尼达岛和多巴哥岛上的社会矛盾。在这两个岛屿上，主人和客人之间在道德准则上存在着巨大差异。这种差异给岛屿旅游活动和社会可持续性带来了严重问题。其中包括：

- 可持续的岛屿旅游活动将如何取代其他的不可持续的经济活动（例如石油生产）？
- 岛屿上类似狂欢心态这种基本价值观念是否应该被净化？是否可以使其变成有利于岛屿旅游业实现社会可持续发展的价值观念？
- 在特立尼达岛和多巴哥岛，存在着许多严重问题，例如这些问题可能包括有些人无家可归、存在犯罪、人与人之间存在不平等，在这种情况下，如何实现岛屿旅游业的社会可持续发展呢？

第 10 章中通过对布鲁尼岛和磁岛进行社会可持续性研究，发现了三个主要问题。这三个主要问题的解决，可以唤起积极的行为结果，进而有利于岛屿可持续发展的实现。这三个主要问题都是关于如何通过旅游环境中的社会互动，建立起健康可持续的主客关系的。

- 限制主客关系可持续发展的主要因素是什么，如何解决掉这些限制，从而实现岛屿旅游业的可持续发展？

- 促进和阻碍主人与客人关系发展的因素，在不同类型的岛屿上有怎么样的区别？
- 使游客养成有利于可持续发展的态度和行为，在游客走后，相对于岛屿环境来说，到底有哪些好处？

第 11 章中的设得兰群岛也出现了三个与旅游业未来可持续发展有关的主要问题。其中包括：

- 地理位置上的孤立、交通资源的限制和旅游地的季节性，是如何保护岛屿在某种程度上避免不可持续性的游客数量增加的？
- 在设得兰群岛，保证群岛生活质量，保证独特性的政府手段，对于岛屿实现旅游业的可持续发展到底有多重要？
- 在设得兰群岛，文化和自然旅游的兴起，在未来会促进岛屿旅游业的可持续发展吗？

第 12 章中研究的重点内容是经济的可持续性，是毛里求斯在环境和社会可持续方面的软弱政策，对于毛里求斯未来的旅游业发展而言，同样存在着多种多样的问题。其中包括：

- 岛屿应该如何提供丰富的游客市场，从而实现岛屿旅游业经济的可持续发展？
- 表现在酒店、私人别墅和私人住宅方面的外商所有权，会危害到岛屿旅游经济的可持续发展吗？
- 在旅游地生命周期（TALC）的哪一个阶段，经济可持续的重要性要高于社会和环境可持续的重要性？在旅游地生命周期（TALC）的哪一个阶段，社会和环境可持续重要性会高于经济可持续的重要性？

第 13 章中追溯了冲绳岛旅游业的发展历史，冲绳岛面临的问题也与经济可持续性有关。这些问题主要包括：

- 如何通过增加国内产品和服务，使游客消费的增长国内化，如何减少经济方面的漏损？
- 如何从游客和旅游相关产业的相关利益者双方面去丰富旅游业，借以实现经济的可持续性？
- 由于旅游业的发展、人口数量不断上升，在这种情况下，如何评估冲绳岛的社会和环境负荷能力？

同样，经济可持续性也是地中海岛屿需要优先考虑的事情，但在欧盟（EU）岛屿发展旅游业的过程中，不同岛屿遇到的问题也不尽相同（见第 14 章）。这些问题主要包括：

- 加强岛屿之间的合作是如何促进岛屿旅游业经济的可持续发展的？
- 为了实现岛屿旅游业经济的可持续发展，可以将一组岛屿看做一个单独的孤立地区吗？
- 如何降低由于土地过度开发和游客数量过度增长造成的岛屿压力指数？

如果要实现岛屿的可持续发展，采取整体方法分析岛屿的交通系统（实际上是所有与旅游业发展相关的设施)具有重要意义。但是,这种方法在岛屿旅游业的发展过程中很少见,即使在夏威夷(见第 15 章)这种旅游业历史悠久的岛屿,采用整体方法进行分析也并不常见。由此而导致的问题包括:

- 如何从整体视角研究岛屿旅游业交通系统的可持续性?
- 为什么整体方法对理解岛屿旅游业的交通系统那么重要?
- 在提供旅游业可持续交通系统方面,岛屿面临哪些挑战?

最后,下面的问题是关于马尔代夫的,为了促进岛屿旅游业的可持续发展实行规划和政策的进程(见第 16 章)。

- 政策和规划进程是如何体现可持续旅游业概念的?
- 阻碍实施旅游业发展的条条框框其因素是什么?这些条条框框都是为了促进岛屿旅游地可持续发展设定的。
- 在岛屿旅游业的发展过程中,如何通过政治和立法体系对大众实施可持续发展理念教育?

结语

所有的岛屿,不管它们的地理位置、政治形态、面积大小有什么不同,不管它们的环境有什么不同,它们在朝可持续发展的道路上,都面临着类似的问题,这些问题可能存在于旅游活动中,也可能存在于其他的经济活动中。就重点研究旅游业可持续发展而言,本书在某种程度上有可能偏离了这个概念。因为很明显,实现旅游业可持续发展是一个整体的目标,而不是一个专题性目标。第 15 章中已经阐述了这一内容,在第 15 章中,总结出一种"必须进行整体的研究的方法"。尽管在该章节中详细论述了交通项目的问题,但是实际上交通问题却涉及了几乎所有方面的发展问题。采用整体方法需要各个级别的决策者在制定政策的时候能够相互合作,不仅要考虑到所有的经济活动问题,而且还要考虑环境和社会文化问题。而更重要的可能是,政治家们必须履行他们实施政策的承诺,不要像人们在绝大部分的案例中所述的岛屿上那样,承诺得天花乱坠,落实到实际行动中,却没有采取任何必要的行动。在岛屿上,因承诺不兑现所产生的问题要比在许多大的国家和地区因承诺不兑现产生的问题严重。如上所述,脆弱的岛屿地区面临着诸多阻碍其发展的问题,包括交通和管理成本高;内部市场小;缺乏与大的跨国利益集团竞争的实力;优先满足大陆城镇人口需求的不公平性;以及全球旅游业日益增强的竞争压力。如果本地的政治代表们一味屈从于短期经济利益,对可持续发展只是空口而谈,而忽视长远利益诉求,不践行可持续发展之路,那么最终可能导致岛屿的不健康发展。

参考文献

1. Belle, N. and Bramwell, B. (2005) Climate change and small island tourism: policy maker and industry perspectives in Barbados. Journal of Travel Research 44, 32 – 41.
2. Dodds, R. (2007) Sustainable tourism and policy implementation: lessons from the case of Calvia, Spain. Current Issues in Tourism 10, 296 – 322.
3. Dodds, R. and Butler, R. W. (2009) Inaction more than action: barriers to the implementation of sustainable tourism policies. In: Gosslin9, S., Hall, C. M. and Weaver, D. B. (ads) Sustoinoble Tourism Futures. Routledge, London, pp. 43 – 57.
4. Wilkinson, P. F. (1987) Tourism in small island nations: a fragile independence. Leisure Studies 6(2), 127 – 146.